Konzeption und Realisierung eines integrierten Mikroblog-basierten Kommunikationsansatzes für die verteilte Softwareentwicklung

INFORMATIONSTECHNOLOGIE UND ÖKONOMIE

Herausgegeben von Christian Becker, Wolfgang Gaul,
Armin Heinzl, Alexander Mädche und Martin Schader

Band 51

PL ACADEMIC RESEARCH

Lars Klimpke

Konzeption und Realisierung eines integrierten Mikroblog-basierten Kommunikationsansatzes für die verteilte Softwareentwicklung

PL ACADEMIC RESEARCH

Bibliografische Information der Deutschen Nationalbibliothek
Die Deutsche Nationalbibliothek verzeichnet diese Publikation in der Deutschen Nationalbibliografie; detaillierte bibliografische Daten sind im Internet über http://dnb.d-nb.de abrufbar.

Zugl.: Mannheim, Univ., Diss., 2013

Gedruckt auf alterungsbeständigem, säurefreiem Papier.

D 180
ISSN 1616-086X
ISBN 978-3-631-64309-9 (Print)
E-ISBN 978-3-653-03218-5 (E-Book)
DOI 10.3726/978-3-653-03218-5

PL Academic Research ist ein Imprint der Peter Lang GmbH.
Peter Lang – Frankfurt am Main · Bern · Bruxelles · New York · Oxford · Warszawa · Wien

www.peterlang.de

Danksagung

Das Entwickeln und Schreiben meiner Dissertation war ein herausfordernder Prozess, zu dessen Gelingen eine Reihe von Personen beigetragen haben. An dieser Stelle möchte ich daher denjenigen Personen danken, die mich auf diesem Weg begleitet haben.

Zunächst möchte ich mich bei meinem Doktorvater Professor Dr. Armin Heinzl für das Vertrauen und die Unterstützung in den vergangenen Jahren bedanken. Ich habe insbesondere die Freiheiten, den eigenen Weg zu gehen, sehr zu schätzen gewusst. Bei meinem Promotionsvorhaben stellte er mir darüber hinaus nicht nur optimale Rahmenbedingungen zur Verfügung, sondern ermunterte mich auch dazu, meine Arbeit auf Kolloquien und Konferenzen zur Diskussion zu stellen.

Als Mitglieder meines Prüfungskommittees waren Professor Dr. Hans H. Bauer, Professor Dr. Alexander Mädche, Professor Dr. Thomas Tröger und Professor Dr. Michael Woywode tätig. Bei diesen möchte ich mich für die interessanten und konstruktiven Diskussionen bedanken, die zum Gelingen meines Promotionsvorhabens beigetragen haben.

Die Möglichkeit der Promotion wurde mir nicht zuletzt von Tobias Hildenbrand aufgezeigt. Daher möchte ich bei ihm dafür bedanken, dass er mir mit seinem steten Eifer und Ideenreichtum mit gutem Beispiel vorangegangen ist und letztlich den Weg in die Wissenschaft geebnet hat.

Außerdem möchte ich mich herzlich bei meinen Praxispartnern bedanken, mit denen ich meine Ideen in den verschiedenen Phasen der Entstehung dieser Dissertation diskutiert habe. Von diesen habe ich viel gelernt und wichtiges Feedback zu meiner Arbeit erhalten. Durch diese Unterstützung wurde es mir erleichtert, neben der theoretischen Arbeit den Praxisbezug nicht aus den Augen zu verlieren.

Für die großartige Zeit am Lehrstuhl möchte ich mich darüber hinaus bei meinen aktuellen und ehemaligen Kollegen Jens Dibbern, Erik Hemmer, Miroslav Lazic, Tommi Kramer, Thomas Kude, Marko Nöhren, Tillmann Neben, Boris

Quaing, Alexander Scheerer, Sven Scheibmayr, Kai Spohrer, Christoph Schmidt, Sebastian Stuckenberg, Aliona von der Trenck und Jessica Winkler bedanken. Vielen Dank außerdem an Luise Bühler, Ingrid Distelrath, Nina Jäger, Melanie Marnet, Lea Oppermann und Olga Oster für die administrative Hilfe am Lehrstuhl sowie an Simon Seiter für die Unterstützung bei der Entstehung dieser Dissertation.

Schließlich möchte ich meiner Familie für die Unterstützung in den vergangenen Jahren danken. Insbesondere möchte ich mich bei meinen Eltern und meiner Schwester Dorit bedanken, die mir stets mit Rat und Tat zur Seite standen. Ganz besonderer Dank geht an Tanja, die mir während der gesamten Promotion den Rücken freigehalten und somit ein geregeltes Leben ermöglicht hat.

Hemsbach, den 6. April 2013

Inhaltsverzeichnis

Abbildungsverzeichnis

Tabellenverzeichnis

Abkürzungsverzeichnis

API	*Application Programming Interface*, Programmierschnittstelle
IDE	*Integrated Development Environment*, integrierte Entwicklungsumgebung
KAMOK	Kognitiv-Affektives Modell der organisationalen Kommunikation
RSS	Really Simple Syndication

1. Einleitung

In diesem einführenden Kapitel wird zunächst das Problemfeld der vorliegenden Arbeit vorgestellt. Danach werden die Zielsetzung und die Forschungsfragen aufgezeigt, bevor die Vorgehensweise und der Aufbau der Arbeit dargestellt werden.

1.1. Problemfeld

In Zeiten des Fachkräftemangels und des hohen finanziellen Drucks, der auf Softwareherstellern lastet, wird Software zunehmend in verteilten Szenarien entwickelt, sei es durch Mitarbeiter an verschiedenen, weltweit verteilten Standorten oder durch die Zusammenarbeit mit Zulieferbetrieben (Herbsleb, 2007). Neben den üblichen Herausforderungen der Softwareentwicklung – wie etwa dem Zielkonflikt zwischen Zeit, Kosten und Qualität (Avison und Fitzgerald, 2003) – stehen Mitarbeiter in verteilten Softwareentwicklungsprojekten vor zusätzlichen Schwierigkeiten. Beispielsweise erschweren die geografische, zeitliche, sprachliche und kulturelle Distanz den verteilt agierenden Teams den Wissenstransfer, die Kommunikation und die Kollaboration (Dibbern et al., 2008; Noll et al., 2010). Die nach wie vor hohe Aktualität der genannten Schwierigkeiten wurde von einer Studie im Vorfeld dieser Arbeit bestätigt (Klimpke et al., 2011). Demnach stellt die unzureichende Kommunikation zwischen den Projektbeteiligten nach wie vor ein großes Problem der verteilten Softwareentwicklung dar, obwohl seit vielen Jahren an der Verbesserung der Kommunikationswerkzeuge gearbeitet wird.

Einhergehend mit der erschwerten Kommunikation ist es in verteilten Szenarien schwieriger, die Informiertheit über die Arbeit in den verteilten Teams zu gewährleisten (Herbsleb, 2007). Dies schließt beispielsweise das Wissen der beteiligten Personen darüber ein, welcher Mitarbeiter an welcher Aufgabe arbeitet, wer Experte für ein spezielles Themengebiet ist oder welche Mitarbeiter zu einem bestimmten Zeitpunkt überhaupt arbeiten und somit erreichbar sind (Seebach et al., 2011). Solche Informationen werden unter anderem dann benötigt, wenn

Mitarbeiter vor Fragen stehen, die sie alleine nicht beantworten können. Diese Aspekte werden auch unter dem Begriff *transaktives Gedächtnis* (englisch: *transactive memory*) diskutiert (Schmidt et al., 2012; Wegner, 1995; Wegner et al., 1985). Daneben sind auch die Möglichkeiten zur *informellen* Kommunikation zwischen den Projektbeteiligten an verschiedenen Standorten stark eingeschränkt (Redmiles et al., 2007).

Auch dem Aufrechterhalten der Nachvollziehbarkeit (englisch: *traceability*) sowie der Dokumentation von Begründungszusammenhängen (englisch: *rationale management*) kommt in verteilten Entwicklungsprojekten eine besondere Bedeutung zu (Hildenbrand, 2008; Mohan et al., 2009). Diese Aspekte, die auf das Verständnis des Quellcodes und der zugrundeliegenden Entscheidungen abzielen, sind zwar auch in nicht-verteilten Entwicklungsprojekten wichtig; allerdings ist es in solchen Projekten einfacher, fehlende Informationen durch informelle Kommunikation mit (ehemaligen) Projektmitarbeitern zu bekommen. In verteilten Entwicklungsprojekten ist dies aufgrund der erwähnten Distanzen zwischen den Projektmitarbeitern häufig nicht möglich, so dass dieser Dokumentation besondere Aufmerksamkeit gewidmet werden muss.

Neben dem Trend zur verteilten Softwareentwicklung ist in den letzten Jahren ein weiterer Trend bezüglich des verstärkten Einsatzes von sozialen Medien zu beobachten. Diese Medien, zu denen etwa Wikis, Blogs oder soziale Netzwerkseiten zählen, wurden zunächst meist im privaten Umfeld eingesetzt, bevor auch Unternehmen das Potenzial sozialer Medien erkannt und diese daraufhin eingeführt haben (Pietsch, 2012). Neben der Nutzung von sozialen Medien als Marketingkanal oder für die direkte Kommunikation mit Kunden wird inzwischen auch die unternehmensinterne Nutzung populärer. Als Beispiele können hierfür der Einsatz von Wikis zur Projektdokumentation oder die Einführung von sozialen Netzwerkseiten im Unternehmensintranet genannt werden (Geisser et al., 2008; Richter und Koch, 2009).

Schließlich werden auch zunehmend sogenannte Mikroblogging-Werkzeuge im Unternehmensumfeld eingeführt. Diese Werkzeuge ermöglichen das Versenden von Kurznachrichten, die auf einer öffentlichen Zeitleiste dargestellt werden (Riemer et al., 2011). Mit Hilfe dieser Kurznachrichtendienste können beispielsweise Ankündigungen gemacht oder dringende Fragen, zu denen kein Ansprechpartner bekannt ist, gestellt werden. Unternehmen erhoffen sich dadurch unter anderem eine Reduktion der Menge an E-Mails, die Mitarbeiter bekommen, um so der zunehmenden Informationsüberlastung entgegenzuwirken (Böhringer und Röhrborn, 2009; Günther et al., 2009).

Mikroblogging findet mittlerweile nicht nur in der Praxis, sondern auch in der Wissenschaft zunehmend Akzeptanz. Untersuchungen beschränken sich jedoch bislang meist entweder auf das Nutzerverhalten in öffentlichen Mikroblogs oder auf die Nutzung von Mikroblogging für Marketingzwecke (Java et al., 2007; Riemer et al., 2011). Vereinzelt finden sich Untersuchungen über unternehmensinternes Mikroblogging (Ehrlich und Shami, 2010; Richter und Koch, 2009; Riemer und Richter, 2010). Diese befassen sich jedoch im Wesentlichen mit der allgemeinen Kommunikation im Unternehmen. Durch die spezifischen Eigenschaften des Mikroblogging-Konzepts, wie etwa dem informellen Charakter und der Kürze der Nachrichten sowie der Möglichkeit, sowohl synchron als auch asynchron zu kommunizieren, bietet Mikroblogging ein großes Potenzial zur Lösung der Probleme in der verteilten Softwareentwicklung (Klimpke, 2011). Allerdings wird der Einsatz sozialer Medien im Allgemeinen und des Mikrobloggings im Besonderen in der verteilten Softwareentwicklung in der aktuellen Forschung und Praxis bislang weitgehend vernachlässigt.

1.2. Zielsetzung

Im vorherigen Abschnitt wurde deutlich, dass sowohl die Nachvollziehbarkeit von Begründungszusammenhängen als auch die Weitergabe von Informationen über den Status des Projekts und über die Aktivitäten der Mitarbeiter in verteilten Softwareentwicklungsprojekten besonderen Herausforderungen unterliegen. Zudem erscheint insbesondere eine bessere Unterstützung der (informellen) Kommunikation in verteilten Softwareentwicklungsprojekten erstrebenswert (Klimpke et al., 2011). Durch bessere Dokumentation von Entscheidungen und verbesserte Kommunikation in der Entwicklungsphase kann letztendlich die Erfolgswahrscheinlichkeit des Entwicklungsprojekts verbessert werden. Als Lösungstechnologie für die genannten Aspekte bietet sich die Nutzung eines sozialen Mediums an.

Um durch die Adressierung der angesprochenen Aspekte die Arbeit von verteilt arbeitenden Softwareentwicklern zu erleichtern, bedarf es eines Kommunikationsansatzes, der die speziellen Anforderungen dieser Personengruppe aufgreift. Der Fokus dieser Arbeit liegt auf der Unterstützung der Kommunikation in der Softwareentwicklungsphase, da dies die Phase des Softwareentwicklungsprozesses ist, die mit der größten Wahrscheinlichkeit in verteilten Szenarien durchgeführt wird (Kramer et al., 2013). Aufgrund des aktuellen Trends der Nutzung sozialer Medien im Unternehmenskontext soll dieser Kommunikationsansatz mit der Mikroblogging-Technologie einen dieser neuen Medientypen einbeziehen.

Die konkrete Zielsetzung dieser Arbeit besteht daher darin, einen solchen Kommunikationsansatz zu konzipieren und zu realisieren. Dieser Ansatz soll insbesondere die Kommunikation der verteilt arbeitenden Softwareentwickler untereinander verbessern. Daneben sollen auch die übrigen Projektbeteiligten die Möglichkeit haben, mittels des Ansatzes zu kommunizieren. Zudem sollen die angeführten Aspekte der Nachvollziehbarkeit und der Informiertheit von Softwareentwicklern einbezogen werden. Weiterhin soll eine Werkzeugunterstützung für den entwickelten Kommunikationsansatz prototypisch implementiert und systematisch evaluiert werden.

1.3. Vorgehensweise und Aufbau der Arbeit

Zur Erreichung des dargestellten Ziels folgt diese Arbeit dem konstruktionswissenschaftlichen Forschungsparadigma (englisch: *design science research*) nach Hevner et al. (2004). Im Folgenden wird zunächst auf das methodische Vorgehen und anschließend auf den Aufbau der Arbeit eingegangen.

Das konstruktionswissenschaftliche Forschungsparadigma hat seine Wurzeln in der Ingenieurswissenschaft und in den sogenannten *„sciences of the artificial“* (Simon, 1996). Bei diesem innovationsgetriebenen Forschungsansatz stehen Artefakte im Mittelpunkt der Forschung. Unter einem Artefakt versteht man im Sinne dieses Paradigmas Konstrukte, Modelle, Methoden und Instanzen, d.h. Artefakte müssen nicht zwangsläufig Informationssysteme sein (March und Smith, 1995). Vielmehr handelt es sich (im Gegensatz zu Dingen, die in der Natur auftreten) um Innovationen, die Ideen, Praktiken, technische Möglichkeiten und Produkte definieren, durch die die Analyse, den Entwurf, die Implementierung oder die Nutzung von Informationssystemen effektiver und effizienter bewerkstelligt werden können (Hevner et al., 2004; Simon, 1996). Die Erstellung solcher Artefakte baut auf zugrundeliegenden Theorien (sogenannte *kernel theories*) auf, die angewendet, getestet, modifiziert und erweitert werden (Markus et al., 2002; Walls et al., 1992). Das konstruktionswissenschaftliche Paradigma ergänzt durch seinen pragmatischen Charakter somit die behavioristische (d.h. verhaltenswissenschaftliche) Forschung (englisch: *behavioral science*), die die Entwicklung und Begründung von Theorien zur Erklärung von Phänomenen in den Vordergrund stellt (Ågerfalk, 2010; Hevner et al., 2004).

Der konstruktionswissenschaftliche Forschungsansatz beinhaltet vier zentrale Bestandteile. Neben einer Problemanalyse, die die Praxisrelevanz herausstellen soll, umfasst dies den Zugriff auf das bestehende Wissen und auf die Theorien, die dem konkreten Entwurf des neuen Artefakts zugrundeliegen. Basierend auf diesen Grundlagen wird das Artefakt iterativ entwickelt und evaluiert (Hevner et al., 2004; March und Smith, 1995; Simon, 1996). Aufgrund der Innovationsorientierung dieses Forschungsansatzes muss ein solches Artefakt existierende Problemlösungen verbessern oder eine erste Lösung zu einem Problem liefern (Hevner und Chatterjee, 2010). Anzumerken ist, dass der konstruktionswissenschaftliche Forschungsansatz nicht mit der professionellen Systementwicklung gleichzusetzen ist. Von dieser unterscheidet er sich im Wesentlichen durch die klare Identifikation eines Beitrags zum bestehenden Wissen, durch die explizite Anwendung eines theoretischen Fundaments, durch die Verwendung rigoroser Evaluationsmethoden sowie durch die Kommunikation und Publikation der Forschungsergebnisse (Hevner und Chatterjee, 2010; Hevner et al., 2004).

Die vorliegende Arbeit ist gemäß dieser Kernbestandteile des konstruktionswissenschaftlichen Forschungsansatzes aufgebaut. Nachdem das zugrundeliegende Problem bereits eingangs aufgezeigt wurde, folgt im nächsten Kapitel die Darstellung der konzeptionellen und definitorischen Grundlagen. Diese umfassen sowohl die besonderen Schwierigkeiten der verteilten Softwareentwicklung als auch die Konzepte der Nachvollziehbarkeit von Begründungszusammenhängen sowie der Informiertheit, die insbesondere in verteilten Szenarien besonderen Herausforderungen unterliegen. Schließlich wird in diesem Kapitel auf soziale Medien als mögliche Lösungstechnologie eingegangen.

In Kapitel 3 folgt der theoriegeleitete Entwurf des in dieser Arbeit entwickelten Artefakts. Dazu wird zunächst allgemein auf drei in Frage kommende Basistheorien und anschließend detailliert auf das kognitiv-affektive Modell der organisationalen Kommunikation von Te'eni (2001) eingegangen, um so die theoretischen Grundlagen für die Konzeption des neu entwickelten Ansatzes zu legen. Daraufhin werden aus diesem Modell Anforderungen an einen integrierten Kommunikationsansatz abgeleitet.

Anschließend wird in Kapitel 4 das zentrale Artefakt in Form eines integrierten Kommunikationsansatzes für die verteilte Softwareentwicklung konzipiert. Dazu wird zunächst ein Konzept für einen Ansatz entwickelt, der die Kommunikation und die damit einhergehende Informiertheit verteilt arbeitender Teams und die Nachvollziehbarkeit von Entwicklungsprojekten verbessern soll. Basierend auf den im dritten Kapitel aus der Theorie abgeleiteten Anforderungen wird anschließend die Mikroblogging-Technologie als Lösungsgrundlage begründet ausgewählt, bevor auf die exemplarische Implementierung einer Werkzeugunterstützung für diesen Ansatz eingegangen wird. Anzumerken ist, dass das Ziel des konstruktionswissenschaftlichen Forschungsparadigmas die Demonstration des Nutzens eines neuen Artefakt ist (Hevner et al., 2004). Marktreife Implementierungen sind hingegen im Rahmen dieses Forschungsansatzes kaum möglich und entsprechend auch nicht das primäre Ziel dieser Arbeit (Vanderhaeghen et al., 2010).

In Kapitel 5 erfolgt schließlich die Evaluation des entwickelten Ansatzes in Form einer Fallstudie mit Fachexperten eines verteilt entwickelnden Softwareherstellers[1], bevor in Kapitel 6 der Forschungsbeitrag sowie die Limitationen dargelegt werden. Daneben wird in diesem Kapitel das methodische Vorgehen bewertet. Die Arbeit schließt mit einer Zusammenfassung der Forschungsergebnisse sowie einem Ausblick auf zukünftige Forschungsfragen.

Im Verlauf dieser Arbeit wird folgenden Konventionen gefolgt: Eigennamen, wie etwa Firmennamen und Produktbezeichnungen, werden kursiv geschrieben. Das Gleiche gilt für englische Begriffe, sofern diese nicht der üblichen Bezeichnung im deutschsprachigen Raum entsprechen. Quellcode und die Bezeichnungen der Quellcodedateien werden hingegen in `Schreibmaschinenschrift` dargestellt.

1 Da die Entwicklung des Artefakts beim konstruktionswissenschaftlichen Forschungsansatz iterativ erfolgen sollte, wird bereits in Kapitel 4 auf einen ersten Test des entwickelten Werkzeugs im Rahmen eines Studentenprojekts eingegangen. Anhand der Resultate dieser Vorevaluation wurde der Ansatz kontinuierlich weiterentwickelt.

2. Konzeptionelle und definitorische Grundlagen

Das Ziel des konstruktionswissenschaftlichen Forschungsansatzes ist der Entwurf neuartiger Artefakte (Hevner et al., 2004). Um diese adäquat entwerfen zu können, bedarf es eines Überblicks über die zugrundeliegende Wissensbasis, die durch das neue Artefakt erweitert werden soll (vgl. Abschnitt 1.3). In diesem Kapitel werden entsprechend die Grundlagen für das Verständnis dieser Arbeit gelegt. Nach einer Einführung in die verteilte Softwareentwicklung im folgenden Abschnitt wird zunächst auf zwei zentrale Herausforderungen von verteilten Entwicklungsprojekten eingegangen: das Aufrechterhalten der Nachvollziehbarkeit des Softwareentwicklungsprojekts (Abschnitt 2.2) sowie die Informiertheit der Projektbeteiligten untereinander (Abschnitt 2.3). Anschließend wird in Abschnitt 2.4 auf soziale Medien als mögliche Lösungstechnologien eingegangen. Das Kapitel schließt mit einer kurzen Zusammenfassung der Erkenntnisse.

2.1. Verteilte Softwareentwicklung

In der Softwarebranche ist heutzutage ein zunehmender Trend zur verteilten Entwicklung zu beobachten (Ågerfalk et al., 2008; Espinosa et al., 2012; Herbsleb, 2007). Gründe hierfür liegen unter anderem in der Hoffnung auf schnellere Entwicklungszeiten durch die Ausnutzung von Zeitzonenunterschieden und der damit verbundenen Möglichkeit, rund um die Uhr zu arbeiten, erhöhter Flexibilität in Softwareentwicklungsprojekten, der Hoffnung auf Kostenersparnisse durch die Ausnutzung von Lohnkostenunterschieden sowie dem Zugriff auf qualifizierte Entwickler in Zeiten des Fachkräftemangels und der Nähe zu Kundenmärkten (Carmel und Agarwal, 2001, 2002; Conchúir et al., 2009a,b; Herbsleb, 2007; Herbsleb et al., 2001; Herbsleb und Moitra, 2001; Klimpke et al., 2011; Maicher et al., 2011). Einer der wichtigsten Treiber für die verteilte Durchführung von

Entwicklungsprojekten ist dabei die Einführung von fortschrittlichen Kollaborationstechnologien (Malhotra und Majchrzak, 2005b).

Verteilte Softwareentwicklungsprojekte werden in der Regel von sogenannten *virtuellen Teams* durchgeführt (Noll et al., 2010). Diese ermöglichen es Menschen, gemeinsam an Aufgaben zu arbeiten, ohne dass diese in der selben Organisation, am selben Ort oder in der gleichen Zeitzone sein müssen (Casey und Richardson, 2006; Lipnack und Stamps, 1997). Die Kommunikation zwischen den Mitgliedern eines virtuellen Teams erfolgt üblicherweise durch Informationstechnologien, die jedoch oft nur limitierte Möglichkeiten für informelle persönliche Kontakte bieten (Jarvenpaa und Leidner, 1999; Lipnack und Stamps, 1997). Die Verwendung der Informationstechnologien verändert jedoch wichtige Teamprozesse, wie etwa die Bildung von Vertrauen und Beziehungen, Kommunikations- und Koordinationsprozesse sowie die Wissensteilung (Meyer und Dibbern, 2010; Powell et al., 2004). Teams, die an geografisch getrennten Standorten an nicht voneinander abhängenden Arbeitspaketen arbeiten, werden als *verteilte Teams* bezeichnet. Virtuelle Teams sind hingegen stets dadurch charakterisiert, dass die Mitarbeiter an voneinander abhängenden Aufgaben arbeiten (Maznevski und Chudoba, 2000; Noll et al., 2010).

Projektmanager von Softwareentwicklungsprojekten stehen vor der Herausforderung, den benötigten Funktionsumfang des Produkts innerhalb der vorgegebenen Zeitspanne und des vorgegebenen Budgets mit einer hohen Qualität abzuliefern (Avison und Fitzgerald, 2003). Zusätzlich zu diesem Zielkonflikt müssen Mitarbeiter virtueller Teams in verteilten Softwareentwicklungsprojekten auf Herausforderungen reagieren, die aus der geografischen, zeitlichen, kulturellen und sprachlichen Distanz resultieren (Carmel, 1999; Conchúir et al., 2009a; Herbsleb, 2007; Holmström et al., 2006; Krishna et al., 2004; Prikladnicki et al., 2012). Insgesamt kann dies zu höheren Kommunikations- und Koordinationskosten und schließlich zu höheren Entwicklungskosten führen. Intuitive Ansätze zur Überwindung dieser Distanzen sind etwa gegenseitige Besuche an den unterschiedlichen Standorten, der Einsatz von synchronen Kommunikationsmedien oder eines gemeinsamen Informationssystems, mit dem das Wissen der unterschiedlichen Mitarbeiter explizit erfasst werden kann (Noll et al., 2010). Im Folgenden wird detailliert auf die positiven und negativen Auswirkungen der angeführten Distanzen eingegangen.

2.1.1. Geografische Distanz

Die geografische Distanz zwischen den Mitarbeitern in verteilten Softwareentwicklungsprojekten ergibt sich notwendigerweise daraus, dass Teammitglieder an unterschiedlichen Standorten arbeiten (Cummings et al., 2009; Noll et al., 2010). Diese räumliche Trennung hat wiederum vielfältige Auswirkungen auf die Zusammenarbeit. Zu den größten Herausforderungen zählen dabei die erschwerten Bedingungen für die informelle Kommunikation und damit für den Austausch von implizitem Wissen zwischen den Mitarbeitern sowie der schwierigere Aufbau von persönlichen Beziehungen (Bhat et al., 2006; Cusick und Prasad, 2006; Lane und Ågerfalk, 2008; Lings et al., 2007). Da die technischen Aufgaben im Allgemeinen sehr komplex sind und die Mitarbeiter voneinander abhängige Aufgaben durchführen, ist eine gute Koordination besonders wichtig (Espinosa et al., 2012).

Weitere aus dieser Distanz resultierende Herausforderungen liegen im verstärkten Bedarf an effektiven Kommunikationsmethoden sowie in der Gewährleistung der Sichtbarkeit bzw. Informiertheit zwischen den verschiedenen Standorten (Damian et al., 2007; Gutwin et al., 2004; Noll et al., 2010). Unter Informiertheit (englisch: *awareness*; vgl. auch Abschnitt 2.3) versteht man in diesem Zusammenhang Informationen darüber, wer an welcher Aufgabe arbeitet, wer zu einem bestimmten Zeitpunkt arbeitet und wer Experte zu bestimmten Themen ist (Conchúir et al., 2009a; Herbsleb, 2007; Herbsleb und Moitra, 2001; Kotlarsky und Oshri, 2005). Die fehlende Informiertheit über das, was an anderen Standorten passiert, kann in Skepsis gegenüber der Moral und dem Einsatz der entfernt arbeitenden Kollegen enden. Aus diesem Grund spielen vor allem vertrauensbildende Maßnahmen eine große Rolle in verteilten Teams (Piri et al., 2009).

Daneben müssen sich Mitarbeiter von geografisch verteilten Teams in weiten Teilen auf die Kommunikationsinfrastruktur verlassen können, um die Kollaboration sowie den Wissensaustausch zwischen den unterschiedlichen Standorten zu ermöglichen (Malhotra und Majchrzak, 2005a; Malhotra et al., 2001). Zudem wird es durch die geografische Verteilung erschwert, zu einem gemeinsamen Verständnis in Bezug auf entwicklungsspezifische Fragen zu gelangen (Cramton, 2001; Jarvenpaa und Leidner, 1999). In Fällen, in denen Projektmitarbeiter an einem gemeinsamen Standort arbeiten, ist es beispielsweise möglich, kurze informelle Treffen abzuhalten, um offene Fragen direkt zu klären. Dies ist in verteilten Szenarien deutlich schwieriger (Klimpke et al., 2011). Das Fehlen von informeller Kommunikation kann zusätzlich die Prozesssichtbarkeit beeinträchtigen; dies kann zu Missverständnissen und Frustration in den verteilten Teams führen (Bruegge et al., 2006; Mullick et al., 2006).

Der verteilten Softwareentwicklung werden zudem Kosteneinsparungspotenziale zugeschrieben (Carmel und Agarwal, 2002; Herbsleb und Moitra, 2001). Die geografische Distanz führt jedoch ebenfalls zu zusätzlichen, vorab oft unterschätzten Transaktionskosten (Dibbern et al., 2008). Diese entstehen beispielsweise durch notwendige Reisen zwischen den Standorten oder durch den höheren Aufwand, der für die Kommunikation und Koordination betrieben werden muss (Ågerfalk et al., 2009; Conchúir et al., 2009a; Espinosa et al., 2012). Unternehmen, die verteilte Softwareentwicklung betreiben, sind sich der Abwägung zwischen Kosten und Nutzen heutzutage allerdings zunehmend bewusst (Klimpke et al., 2011).

2.1.2. Zeitliche Distanz

Zeitliche Distanz zwischen verschiedenen Standorten existiert in Szenarien, in denen die geografische Verteilung in Ost-West-Richtung besteht (Espinosa et al., 2012). Der durch Zeitzonenunterschiede zwischen verschiedenen Standorten bedingten zeitlichen Distanz werden in Softwareentwicklungsprojekten durchaus positive Effekte zugeschrieben (Carmel und Agarwal, 2001; Olson und Olson, 2000). Einerseits ergeben sich durch die Zeitzonenunterschiede in den Randstunden Zeiten, in denen ohne Störung gearbeitet werden kann (Carmel und Prikladnicki, 2010), andererseits ist es durch die Ausnutzung von Zeitzonenunterschieden in der Softwareentwicklung[1] möglich, nahezu rund um die Uhr an einem Projekt zu arbeiten, um ein Produkt auf diese Art und Weise schneller zur Marktreife zu führen (Carmel et al., 2009, 2010).

Dieser Vorteil der verteilten Entwicklung kann sich jedoch gleichzeitig auch zu einem der größten Nachteile entwickeln. Dieser ergibt sich aus der geringen Überlappung von Arbeitszeiten zwischen Standorten in verschiedenen Zeitzonen,

1 In anderen Branchen ist dies häufig nicht in dieser Form umsetzbar, da physische Güter zwischen den Standorten transportiert werden müssen, was in der Softwareentwicklung aufgrund der Immaterialität von Software nicht der Fall ist.

insbesondere wenn Mitarbeiter mehrerer Standorte an synchronen Treffen teilnehmen sollen (Carmel, 2006; Espinosa et al., 2012; Klimpke et al., 2011; Noll et al., 2010).

Die Zusammenarbeit über verschiedene Zeitzonen hinweg ist von verschiedenen Technologien abhängig, um die Kommunikation, Koordination und Informiertheit über das Projekt zu gewährleisten (Prikladnicki et al., 2012). Der erhöhte Bedarf an asynchronen Kommunikationsmethoden kann jedoch zu Verzögerungen und erhöhten Koordinationskosten aufgrund fehlender oder verzögerter Feedbackschleifen führen (Ågerfalk et al., 2009; Conchúir et al., 2009a). Herbsleb und Mockus (2003) haben in diesem Zusammenhang beobachtet, dass die Bearbeitung von Änderungsanfragen in Projekten, die über verschiedene Zeitzonen verteilt sind, doppelt so lange wie in lokalen Projekten dauern kann. Somit kann die zeitliche Distanz also als Ursache von höheren Transaktions- und damit höheren Produktionskosten herangeführt werden (Dibbern et al., 2008). Ebenso wie die geografische Distanz führt auch die zeitliche Distanz dazu, dass Teammitglieder über das Entwicklungsprojekt schlechter informiert sind (Herbsleb, 2007).

Als Reaktion auf die genannten Schwierigkeiten, die sich durch die zeitliche Distanz ergeben, kristallisiert sich mit der sogenannten *„verteilten Zeit“* (englisch: *scattertime*) eine neue Kommunikationsform neben der synchronen und asynchronen Kommunikation heraus (Prikladnicki et al., 2012). Diese verteilte Zeit wurde durch die Verbreitung des Internets und mobiler Kommunikationsmedien ermöglicht: Mitarbeiter teilen ihre Arbeitszeit in Abschnitte, die durch Freizeit unterbrochen werden (Carmel und Espinosa, 2011). Auf diese Art und Weise können Entwickler, die in verteilten Teams keine überlappenden Bürozeiten haben, ihre Arbeitszeiten so verschieben, dass sie sich nachts von zu Hause aus zu Besprechungen hinzuschalten können. Durch die Flexibilität der Mitarbeiter ist somit synchrone Kommunikation auch in Projekten mit hoher zeitlicher Distanz möglich (Prikladnicki et al., 2012).

2.1.3. Kulturelle Distanz

Verteilte Teams bestehen oft aus Mitgliedern mit unterschiedlichen kulturellen Hintergründen, da in solchen Teams Mitarbeiter aus verschiedenen Teilen der Welt zusammenarbeiten. Dies kann wiederum einen Einfluss auf Projektergebnisse haben (Gregory, 2010). Zum einen können die komplementären Qualifikationen und Fähigkeiten der Teammitglieder zu neuen kreativen Problemlösungen führen (Carmel und Agarwal, 2001). Dieser positive Effekt konnte bisher allerdings nur selten nachgewiesen werden (Conchúir et al., 2009a). Zum anderen kann die kulturelle Distanz zwischen den Teammitgliedern auch zu Problemen führen (Casey, 2010; Herbsleb und Moitra, 2001; Noll et al., 2010; Olson und Olson, 2000; Winkler et al., 2008).

Da Teammitglieder aus unterschiedlichen Kulturräumen unterschiedliche Hintergründe, Werte und Normen haben, besitzen sie auch unterschiedliches Domänenwissen. Dies kann unter Umständen eine Ursache für Missverständnisse sein (Avison und Banks, 2008; Conchúir et al., 2009a). Beispielsweise kennen indische Entwickler nicht notwendigerweise die spezifischen Charakteristika des amerikanischen Steuersystems während sich deren amerikanische Kollegen nicht darüber im Klaren sind, welche Aspekte des Steuersystems den indischen Kollegen, die ein neues System zur Erfassung der Steuererklärung implementieren sollen, nicht bekannt sind. Zudem können kulturelle Unterschiede zu problematischem Kommunikationsverhalten führen (Avison und Banks, 2008; Cramton und Hinds, 2007; Dibbern et al., 2008; Noll et al., 2010). Da Mitglieder verteilter Teams unterschiedliche Wahrnehmungen der Realität haben können, kann es in solchen Teams häufiger zu Misstrauen, Konflikten und Fehlinterpretationen kommen (Cronin und Weingart, 2007; Vlaar et al., 2008).

Allerdings können kulturelle Unterschiede auch dann auftreten, wenn Teams eine gemeinsame Sprache und eine gemeinsame Nationalität haben. Solche Unterschiede in der Unternehmenskultur können zu konfligierenden Problemlösungsansätzen und Kommunikationsansätzen führen, was als Unhöflichkeit oder Inkompetenz interpretiert werden kann. So wurde beispielsweise beobachtet, dass Europäer und Amerikaner unterschiedliche Auffassungen bezüglich des Nutzens von Designentscheidungen haben, die vor der eigentlichen Implementierungsphase getroffen werden (Herbsleb et al., 2005).

Gesellschaftliche und organisationale Werte und Normen können also in der Art und Weise ausgedrückt werden, wie Menschen arbeiten und interagieren. Daher sind diese Ausprägungen nicht statisch, sondern dynamisch. Dies kann zu einer Neudefinition von Normen und Werten im Laufe von Projekten führen und dabei die Kultur selbst verändern (Levina und Vaast, 2008). Da in dieser Arbeit weder eine besondere Organisationsform noch eine spezifische Kombination von Nationalitäten betrachtet wird, wird hier eine dynamische Sicht des Kulturbegriffs verwendet und angenommen, dass kulturelle Interaktion situativ ist und sich im Lauf der Zeit verändern kann.

2.1.4. Sprachliche Distanz

Englisch ist heutzutage als *Lingua Franca* der verteilten Softwareentwicklung anzusehen (Lutz, 2009). Das bedeutet, dass beispielsweise Teammitglieder aus Deutschland und Russland auf Englisch kommunizieren. Dies beeinflusst jedoch nicht nur die Qualität der Kommunikation (da Englisch für beide Kommunikationspartner eine Fremdsprache sein kann), sondern auch die Auswahl der Kommunikationsmedien (Noll et al., 2010). Teammitglieder, die eine Sprache nicht fließend beherrschen, bevorzugen beispielsweise Instant Messaging-Dienste vor Telefon- und Videokonferenzen (vgl. Abschnitt 2.4.2). Dies liegt daran, dass textbasierte Medien mehr Zeit bieten, um Nachrichten zu verstehen und Antworten zu formulieren (Niinimäki et al., 2009).

Ein Mangel an Sprachkenntnissen in der geforderten Sprache kann also zu einer Präferenz für asynchrone Kommunikationsmedien führen (Ågerfalk et al., 2005). Dies kann dann ein Hindernis sein, wenn Video- und Telefonkonferenzen als wichtige Kommunikationsmittel in dem entsprechenden Umfeld angesehen werden (Lings et al., 2007). In manchen Fällen werden die Projektziele aufgrund von Missverständnissen durch mangelnde Sprachkenntnisse verfehlt, da durch die Übersetzungen Informationen verloren gehen können (Klimpke et al., 2011).

2.1.5. Implikationen

Aus den in den vorherigen Abschnitten dargestellten Herausforderungen der verteilten Softwareentwicklung resultiert Handlungsbedarf für verschiedene Aspekte des Entwicklungsprojekts. So ist es insbesondere in verteilten Szenarien notwendig, das Softwareentwicklungsprojekt und die aktuellen Arbeitspakete gut zu dokumentieren, um auf diese Art und Weise die *Nachvollziehbarkeit* zu gewährleisten (Hildenbrand, 2008; Mohan et al., 2009). Ein nachvollziehbar dokumentiertes Entwicklungsprojekt ist beispielsweise dann von Vorteil, wenn neue Projektmitarbeiter zu einem Projekt hinzukommen oder bereits entwickelte Produkte gewartet werden müssen. Diese Nachvollziehbarkeit ist zwar auch in lokalen Entwicklungsprojekten von Vorteil, allerdings fällt es in solchen Projekten leichter, sich auf informelle Art und Weise zu informieren und auszutauschen, als dies in verteilten Szenarien der Fall ist.

Da die Möglichkeiten für die informelle Kommunikation (sogenannte *water cooler talks*) in verteilten Szenarien stark eingeschränkt sind, ist es zudem notwendig, das Aufrechterhalten der *Informiertheit* elektronisch zu unterstützen (Whitehead, 2007). Schließlich ist durch Zeitzonenunterschiede sowie Sprach- und Kulturbarrieren auch die Kommunikation selbst nur unter erschwerten Bedingungen möglich. Als Lösungsansatz bieten sich hierzu *soziale Medien* an (Majchrzak et al., 2009). Auf die Aspekte der Nachvollziehbarkeit und der Informiertheit wird in den folgenden beiden Abschnitten detaillierter eingegangen. Anschließend werden soziale Medien und ihre spezifischen Eigenschaften näher beschrieben.

2.2. Nachvollziehbarkeit und Begründungszusammenhänge

Neben den im vorherigen Abschnitt dargestellten allgemeinen Herausforderungen in der verteilten Softwareentwicklung ist das Aufrechterhalten der Nachvollziehbarkeit des Entwicklungsprozesses und der entwickelten Artefakte eine weitere zentrale Aufgabe der (verteilten) Softwareentwicklung (Cleland-Huang et al., 2007; Hildenbrand, 2008; Mohan et al., 2009). Dieses Aufrechterhalten der Nachvollziehbarkeit ist insbesondere zur Verbesserung der Dokumentation für spätere Projektphasen notwendig, beispielsweise um Änderungsanfragen effizienter bearbeiten zu können. Die Umsetzung solcher Änderungsanfragen in späten Projektphasen führt oft zu unerwünschten und unerwarteten Effekten auf andere Teile der Software (Avison und Fitzgerald, 2003).

In diesem Abschnitt wird zunächst der Begriff „*Nachvollziehbarkeit*“ (englisch: *traceability*[2]) definiert und auf die verschiedenen Arten der Nachvollziehbarkeit eingegangen. Anschließend erfolgt eine Darstellung des Managements von Begründungszusammenhängen.

2 Da auch in der deutschsprachigen Literatur häufig der englische Begriff verwendet wird, werden im Laufe dieser Arbeit beide Begriffe synonym verwendet.

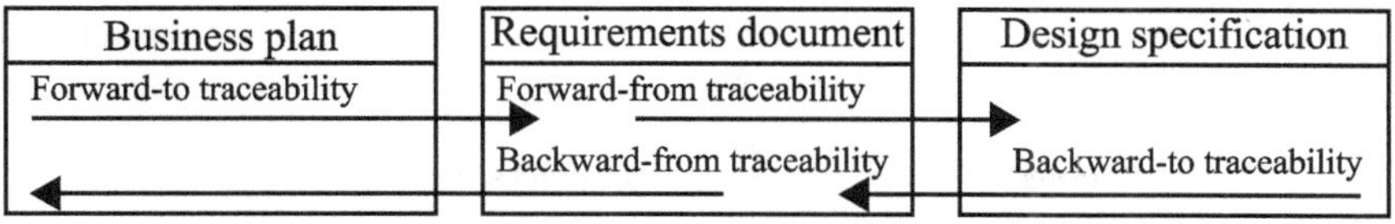

Abbildung 2.1.: Vorwärts- und rückwärtsgerichtete Nachvollziehbarkeit (Kotonya und Sommerville, 1998, S. 129)

2.2.1. Nachvollziehbarkeit

Die Ursprünge des Forschungsgebiets der Nachvollziehbarkeit liegen im Anforderungsmanagement. Gotel und Finkelstein (1994, S. 97) definieren Anforderungsnachvollziehbarkeit wie folgt:

> *„Requirements traceability refers to the ability to describe and follow the life of a requirement, in both a forwards and backwards direction (i.e. from its origins, through its development and specification, to its subsequent deployment and use, and through all periods of on-going refinement and iteration in any of these phases).“*

In dieser Definition ist insbesondere die in Abbildung 2.1 dargestellte Unterscheidung zwischen vorwärts- und rückwärtsgerichteter Nachvollziehbarkeit hervorzuheben. Nach Kotonya und Sommerville (1998) umfasst die Nachvollziehbarkeit insbesondere auch das Erfassen von zusätzlichen Informationen im Zusammenhang mit den Anforderungen. Die Verknüpfung der Anforderungen mit den Projektbeteiligten (rückwärtsgerichtete Nachvollziehbarkeit, englisch: *pre-traceability*) nennt Sommerville (2010) *Entwurfsnachvollziehbarkeit*, die vorwärtsgerichtete Nachvollziehbarkeit (englisch: *post-traceability*) nennt er *Entwurfsverfolgung*. Weiterhin unterscheidet er Informationen zur Anforderungsverfolgung, womit die Verknüpfung der Anforderungen mit dem Pflichtenheft gemeint ist. Hinzu kommen die Verknüpfungen zwischen den Anforderungen. Diese werden gemeinsam mit den Nachvollziehbarkeitsinformationen zwischen Anforderungen und Design am häufigsten gepflegt (Kotonya und Sommerville, 1998).

Aus der oben angeführten Definition von Gotel und Finkelstein (1994) folgt ebenfalls, dass sich Nachvollziehbarkeit auf den gesamten Lebenszyklus einer Anforderung bezieht und Anforderungen demzufolge nicht als statisches Konzept anzusehen sind. Bei Mohan et al. (2008, S. 61) wird Nachvollziehbarkeit entsprechend allgemeiner definiert. Dort bezieht sich das Konzept nicht nur auf Anforderungen, sondern allgemeiner auf Softwareartefakte:

> *„Traceability is the ability to describe and follow the life of software artifacts, such as requirements, designs, and implementation of the system.“*

Nachvollziehbarkeit kann demzufolge als jede Art von Beziehung zwischen verschiedenen Artefakten der Softwareentwicklung verstanden werden, was auch die unterschiedlichen Stakeholder[3] sowie Begründungen für die Ausgestaltung der Artefakte umfasst (Aizenbud-Reshef et al., 2006; Spanoudakis und Zisman, 2004). Watkins und Neal (1994, S. 104) abstrahieren entsprechend vollkommen von den zu verfolgenden Artefakten, wenn sie Nachvollziehbarkeit als *„Link oder definierbare Beziehung zwischen Entitäten“* definieren.

Neben vorwärts- und rückwärtsgerichteten Beziehungen wird häufig ebenfalls zwischen horizontaler und vertikaler Nachvollziehbarkeit unterschieden (Lindvall und Sandahl, 1996). Horizontale Nachvollziehbarkeit bezieht sich auf Beziehungen zwischen Artefakten verschiedenen Typs, beispielsweise zwischen Entwürfen und Quellcode, wohingegen sich vertikale Nachvollziehbarkeit auf Beziehungen zwischen Artefakten des gleichen Typs bezieht, etwa zwischen Anforderungen. Die dargestellten Zusammenhänge werden in Abbildung 2.2 verdeutlicht.

Das Aufrechterhalten der Nachvollziehbarkeit liefert einige Vorteile in der Softwareentwicklung. Diese umfassen beispielsweise eine verbesserte Auswirkungsanalyse (englisch: *impact analysis*) bei Änderungen (Hildenbrand, 2008; Li et al., 2008; Mohan et al., 2008; Uusitalo et al., 2008), geringe Wartungskosten sowie bessere Beurteilung der Produktqualität (Asuncion et al., 2007). Außerdem kann höhere Nachvollziehbarkeit zu einem verbesserten Verständnis des Systems führen, die Fehlersuche und -beseitigung erleichtern sowie die Kommunikation zwischen den Entwicklern und den anderen Stakeholdern verbessern (Asuncion et al., 2007). Das Pflegen der Beziehungen zwischen den Artefakten (beispielsweise in wöchentlichen Intervallen) kann zudem dazu führen, dass die Entwickler einen besseren Überblick darüber haben, welche Anforderung an welcher Stel-

3 Stakeholder sind Personen oder Unternehmen, die ein Interesse an dem geplanten System haben (Pohl, 2008, S. 14).

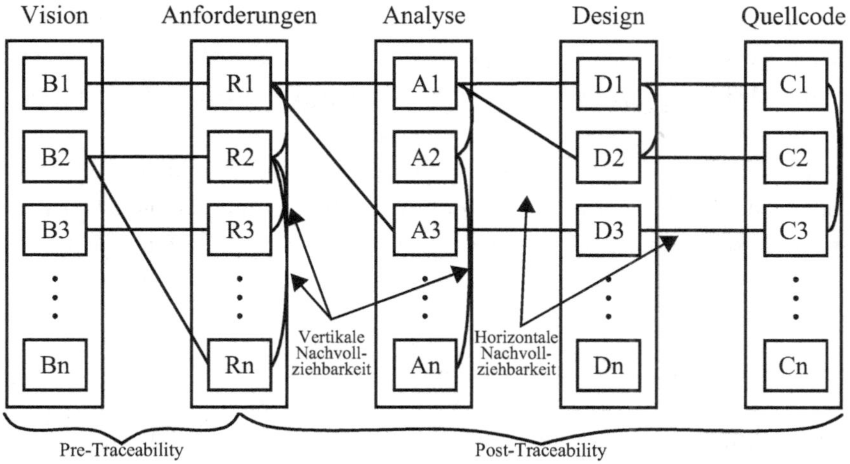

Abbildung 2.2.: Horizontale und vertikale Nachvollziehbarkeit (Lindvall und Sandahl, 1996, S. 1161)

le im Code implementiert wurde. Zudem können potenzielle Konflikte zwischen Anforderungen leichter identifiziert werden (Heindl und Biffl, 2005).

Eine erhöhte Nachvollziehbarkeit des Softwareentwicklungsprozesses kann daneben einen starken Einfluss auf die Qualität des Systems haben. So werden etwa Konsistenzüberprüfungen sowie die Wiederverwendung von Artefakten erleichtert und die Zahl der Fehler reduziert. Dadurch können sowohl die Kundenzufriedenheit als auch die Akzeptanz bei den Nutzern steigen (Egyed, 2006). Lee et al. (2003) sehen in der Realisierung der Nachvollziehbarkeit ebenfalls eine Möglichkeit, den Kundenfokus während des Entwicklungsprozesses beizubehalten. Zudem können auch Haftungsfragen einfacher geklärt werden, indem nachvollziehbar ist, wer für Fehler verantwortlich ist (Watkins und Neal, 1994). Weiterhin ist insbesondere die Auswirkungsanalyse von Bedeutung, da sich ändernde Anforderungen in Entwicklungsprojekten eher die Regel als die Ausnahme darstellen. Dies liegt beispielsweise daran, dass sich die Marktsituation oder die Bedürfnisse des Kunden ändern (Heindl und Biffl, 2005).

Dadurch, dass die Wiederverwendung von Artefakten durch die Dokumentation von Nachvollziehbarkeitsinformationen einfacher möglich ist, sieht Ramesh (1998) weiterhin die Möglichkeit, einen zukünftigen Wettbewerbsvorteil zu erlangen. Dies äußert sich darin, dass durch die Wiederverwendung beispielsweise zukünftige Ausschreibungen von ähnlichen Projekten gewonnen oder Zeit- und damit einhergehend Kostenersparnisse erreicht werden. Dies wird auch von Pooley und Warren (2008) aufgezeigt: Dort wurde für einfache Aufgaben eine Zeitersparnis von bis zu 63% durch die Sicherstellung der Nachvollziehbarkeit ermittelt. Eng mit dem Aufrechterhalten der Nachvollziehbarkeitsinformationen verknüpft ist die Dokumentation von Begründungszusammenhängen (Kotonya und Sommerville, 1998). Auf dieses Konzept wird im folgenden Abschnitt eingegangen.

2.2.2. Begründungszusammenhänge

Unter Begründungsmanagement (englisch: *rationale management*) versteht man die Erfassung, Darstellung und Aufrechterhaltung der Gründe, die zu einer Entscheidung geführt haben (Hildenbrand, 2008). Das Begründungsmanagement beschäftigt sich mit den Problemen, mit denen die Entwickler konfrontiert wurden, den Alternativen, die untersucht wurden, den Kriterien, die zur Bewertung verschiedener Lösungsansätze herangezogen wurden sowie mit den Diskussionen, die letztendlich zur Entscheidungsfindung geführt haben. Dabei werden zwei unterschiedliche Ziele verfolgt: Zum einen ein Diskurs der beteiligten Parteien, zum anderen Wissenserfassung, d.h. die explizite Erfassung des impliziten Wissens der Entwickler (Dutoit und Paech, 2001).

Bei Robertson und Robertson (2006, S. 245) wird unter *„rationale“* lediglich der Grund für die Existenz einer Anforderung und als Hilfe, diese zu verstehen, verstanden:

> *„The rationale is the reason behind the requirements existence. It explains why the requirement is important and how it contributes to the product's purpose. Adding a rationale to a requirement helps you to clarify and understand it, and by so doing, you come to understand the requirement.“*

Ramesh (1998, S. 29) betont die Notwendigkeit, Traceability mit Begründungszusammenhängen zu verbinden, wenn er schreibt:

> *„Traceability goals include not only the capture of traceability across various products (for example, requirement and system components),*

> *but also the maintenance of traceability information facilitating the understanding of the processes behind the creation of artifacts, such as design rationale.“*

Auch nach Hildenbrand (2008) impliziert der Traceability-Begriff schon das Aufrechterhalten der Begründungszusammenhänge, daher werden die Begriffe dort stets gemeinsam verwendet. Im Verlauf dieser Arbeit soll das Begründungsmanagement als Ergänzung zur Traceability verstanden werden. Ebenso wird der Vorgehensweise von Hildenbrand (2008) gefolgt und Traceability- und Rationale-Management stets unter dem Oberbegriff *Dokumentation von Begründungszusammenhängen* als gemeinsames Konzept verstanden.

Das Erfassen der Begründungszusammenhänge hat einige Vorteile im Softwareentwicklungsprozess. So sorgen diese Informationen etwa dafür, dass das Projektteam nachvollziehen kann, warum eine Anforderung (bzw. ein Artefakt) überhaupt existiert. Außerdem kann das Erfassen dieser Informationen helfen, Konflikte zwischen Anforderungen zu lösen. Zusätzlich kann es gemeinsam mit der Historie eines Dokuments (d.h. den Informationen, die durch die Versionierung erfasst werden) sehr viel zum Verständnis der Anforderung beitragen (Heindl und Biffl, 2006). Außerdem ermöglicht es ein effektiveres Änderungsmanagement (Mohan und Ramesh, 2007; Ramesh und Jarke, 2001) und kann somit zur Kostensenkung im Projekt beitragen: Das Erfassen der Begründungszusammenhänge verursacht zwar in frühen Entwicklungsphasen einen relativ hohen Arbeitsaufwand und dadurch höhere Kosten, in späteren Phasen (wie in der Wartungsphase) können die Kosten jedoch erheblich sinken, da der Quellcode einfacher verstanden werden kann (Dutoit und Paech, 2001; Roehm et al., 2012; Watkins und Neal, 1994). Kosten können auch dadurch gesenkt werden, dass sich Projektmitarbeiter einfacher in das Projekt einarbeiten können, weil es insgesamt besser dokumentiert ist (Klein, 1993). Damit einher geht die Absicherung des Unternehmens gegen Probleme, wenn Mitarbeiter das Unternehmen verlassen (Dutoit und Paech, 2001).

Das Nachvollziehen der Begründungszusammenhänge im Quellcode ist eines der schwierigsten Probleme, mit denen Entwickler konfrontiert sind (LaToza et al., 2006). Durch die verbesserte Dokumentation wird daher die Wiederverwendung von Komponenten vereinfacht, was zur Kostensenkung beitragen kann (Dutoit et al., 2006; Lee, 1997). Dies schließt nicht nur die Wiederverwendung der

Artefakte, sondern auch der Diskussionen ein. Design-Entscheidungen, die in einem Projekt diskutiert und verworfen wurden, können möglicherweise in anderen Projekten sinnvoll sein. Werden die Begründungszusammenhänge in angemessener Art und Weise dokumentiert, so können diese nachvollzogen und genutzt werden (Dutoit und Paech, 2001).

Ein weiterer Vorteil besteht in der verbesserten Zusammenarbeit, da alle Projektmitarbeiter den gleichen Wissenstand über das Entstehen eines Artefakts haben. Insbesondere Projekte, in denen verteilt gearbeitet wird (vgl. Abschnitt 2.1), können von der zentralen Erfassung aller relevanten Informationen profitieren, da Unklarheiten aufgrund der verschiedenen Zeitzonen ansonsten unmittelbar zu Verzögerungen führen (Dutoit et al., 2006). Zusätzlich kann die Qualität der Entscheidungen steigen, wenn alle Alternativen erfasst, bewertet und gegeneinander abgewogen werden. Dies kann die Qualität der zu entwickelnden Software steigern (Lee, 1997). Schließlich werden durch das Dokumentieren der Begründungszusammenhänge auch die Verantwortlichkeiten im Projekt geklärt (Ramesh und Jarke, 2001).

2.3. Informiertheit

Softwareentwicklungsprojekte sind von Natur aus kooperativ und erfordern von den beteiligten Personen den Austausch von Wissen sowie die Koordination von Aktivitäten, um Softwaresysteme zu entwickeln (Omoronyia et al., 2010). Aufgrund der in Abschnitt 2.1 vorgestellten Distanzen stehen Unternehmen insbesondere in der verteilten Softwareentwicklung vor der Herausforderung, effektive Kommunikation und Sichtbarkeit zwischen den verschiedenen Standorten zu ermöglichen, da verteilt arbeitende Entwickler tendenziell wenig Wissen darüber haben, was Menschen an anderen Standorten täglich tun (Herbsleb, 2007; Noll et al., 2010). In diesem Abschnitt wird daher auf Aspekte der Informiertheit (englisch: *awareness*) eingegangen.

Unter Informiertheit versteht man allgemein das *„Verständnis für die Aktivitäten anderer, das einen Rahmen für die eigene Tätigkeit bildet“* (Dourish und Bellotti, 1992, S. 107). Informiertheit beinhaltet also das Wissen darüber, welche anderen Personen an einem Projekt arbeiten, was sie konkret machen, an welchen

Artefakten sie arbeiten oder gearbeitet haben, welches Wissen sie haben und wie deren Arbeit andere Aufgaben beeinflusst (Omoronyia et al., 2010; Storey et al., 2005). Durch verbesserte Informiertheit können spontane Verbindungen zwischen Mitarbeitern entstehen sowie die informelle Interaktion und die Entstehung einer gemeinsamen Kultur gefördert werden (Dourish und Bly, 1992).

Nach Gutwin et al. (1996) können vier Arten der Informiertheit unterschieden werden: informelle Informiertheit, soziale Informiertheit, Informiertheit über die Gruppenstruktur sowie Informiertheit über den Arbeitsbereich. Seebach et al. (2011) haben diese Klassifikation überarbeitet, indem sie anhand einer umfassenden Literaturanalyse mehr als 50 Arten der Informiertheit identifiziert und diese in vier Kategorien eingeordnet haben. Unter *Activity Awareness* versteht man demnach, was andere Mitarbeiter momentan machen und welche geschäftlichen Aktivitäten sie planen. *Structure Awareness* enthält Informationen darüber, wer Kontaktperson für welche Themen ist. Unter *Social Awareness* werden Informationen darüber zusammengefasst, wer Interesse an welchen Themen hat und wie der emotionale Zustand der anderen Personen ist. Zudem umfasst diese Kategorie Informationen darüber, wer zurzeit beschäftigt und wer verfügbar ist. *Context Awareness* ist schließlich die Aggregation der anderen Kategorien und deren spezifischen Eigenschaften (Seebach et al., 2011). Dieser Klassifikation wird im weiteren Verlauf gefolgt.

Strategien zum Aufrechterhalten der Informiertheit fallen in eine der Kategorien *Abfragen* (englisch: *polling*), *Benachrichtigungen* (englisch: *alerts*) und *periphere Informiertheit* (Cadiz et al., 2001). Während die ersten beiden Strategien eine aktive Beteiligung der Mitarbeiter erfordern, ist periphere Informiertheit eine passive Strategie. Dies umfasst etwa das passive Aufnehmen von Informationen im Vorübergehen (Schmidt, 2002). Beispielsweise sehen Mitarbeiter in nichtverteilten Projekten unmittelbar, ob die Kollegen anwesend sind und am Projekt arbeiten. Mitarbeiter „überwachen“ also die Aktivitäten der Kollegen durch Beobachtung und behalten so einen Überblick über das, was im Unternehmen passiert, ohne aktiv zu kommunizieren oder die eigene Arbeit oder die Arbeit der Kollegen unterbrechen zu müssen (Schmidt, 2002).

Die Entwicklung und Beibehaltung der Informiertheit ist in verteilten Softwareteams entsprechend schwieriger als in nicht-verteilten Projekten (Cramton, 2001). Durch die tendenziell geringere Informiertheit in verteilten Teams wird es

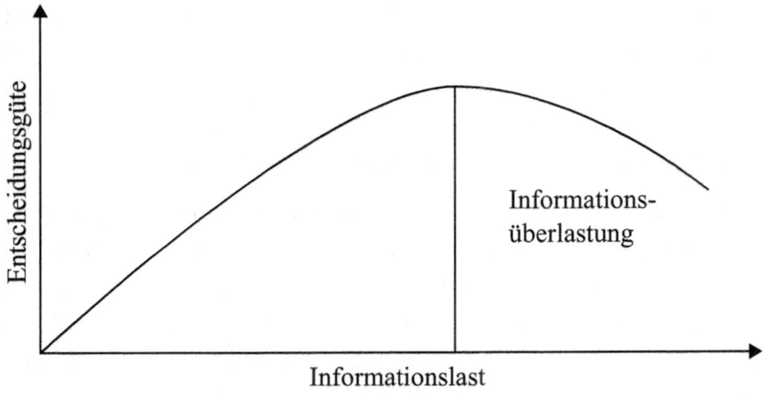

Abbildung 2.3.: Informationsüberlastung (in Anlehnung an Eppler und Mengis, 2004, S. 326)

den Entwicklern erschwert, Kontakt mit den Teammitgliedern an anderen Standorten aufzunehmen, was zu Missverständnissen in Bezug auf Diskussionsinhalte führen kann (Herbsleb, 2007). Allerdings versuchen Entwickler auch in verteilt arbeitenden Teams, die Informiertheit über die Tätigkeiten anderer Entwickler aufrechtzuerhalten, beispielsweise über das Versenden von Statusinformationen (Riemer et al., 2011). Dies beinhaltet sowohl die Ressourcen als auch die Aufgaben, an denen die Entwickler arbeiten (Omoronyia et al., 2010). Zudem versuchen Entwickler, ein breites Wissen über die anderen Projektbeteiligten und deren Expertise zu erlangen (Gutwin et al., 2004). Der Informationsbedarf von Entwicklern bezieht sich demnach hauptsächlich auf die Artefakte und die Mitarbeiter (Ko et al., 2007). Die für diese Informationsbeschaffung notwendigen Interaktionen zwischen Teammitgliedern können nachweislich über die Hälfte der Arbeitszeit von Entwicklern ausmachen (Perry et al., 1994).

Allerdings sollte die Informiertheit der Mitarbeiter nicht um jeden Preis gesteigert werden. Wenn zu viel Zeit mit dem Sammeln und Auswerten von Informationen zugebracht wird, bleibt möglicherweise zu wenig Zeit für eigene produktive Arbeit. Vielmehr sollten Unternehmen vorab entscheiden, in welchem Ausmaß Informationen geteilt werden können, um mit diesen effizient arbeiten zu können (Eppler und Mengis, 2004; O'Reilly, III, 1980; Schoberth et al., 2003). Abbildung 2.3 verdeutlicht diesen Sachverhalt.

2.4. Soziale Medien

Wie bereits in den vorherigen Abschnitten dargestellt, ist effektive Kollaboration und Kommunikation eine zentrale Herausforderung für den Erfolg in verteilten Softwareentwicklungsprojekten (Balzert, 2009; Carmel und Agarwal, 2001). Sowohl konventionelle Kommunikationsmedien als auch soziale Medien, die im letzten Jahrzehnt zunehmende Beachtung in vielen Bereichen des täglichen Lebens erfahren haben, lösen dabei zunehmend traditionelle Kommunikationsformen ab (Vaast und Davidson, 2008). In diesem Abschnitt wird zunächst auf den Begriff *soziale Medien* eingegangen, anschließend werden soziale Medien klassifiziert.

2.4.1. Begriffsbildung

Soziale Medien sind ein Phänomen, das bislang noch nicht im Detail verstanden wird (Stocker und Mayer, 2012). Bisher existiert noch nicht einmal eine allgemein anerkannte Definition dieses Begriffs. Die meisten Definitionen stimmen jedoch darin überein, dass soziale Medien nutzergenerierte Inhalte enthalten (Kaplan und Haenlein, 2010). Die Nutzer sind Teil einer Online-Gemeinschaft, die auf einer Dienstleistung oder einem Produkt basiert (Katajisto, 2010). Sie kommunizieren dabei mit Hilfe von Textnachrichten oder über Audio-/Videokonferenzsoftware, um ihre Gedanken, Ideen und Meinungen mit anderen Menschen zu teilen. Dadurch sind die Nutzer stärker vernetzt als zuvor (Ye et al., 2012). Soziale Medien haben das Nutzerverhalten von einem *„passiven, lesenden Empfängerkreis hin zu aktiven, beitragenden Teilnehmern“* verändert (Katajisto, 2010, S. 1). Diese Medien zeichnen sich daher durch Nutzerbeteiligung, Offenheit, Konversationen, Gemeinschaften und Verbundenheit aus. Im Gegensatz zu konventionellen Kommunikationsmedien, wie etwa dem Telefon oder E-Mail, kombinieren soziale Medien eins-zu-eins, eins-zu-n und n-zu-n Kommunikationspraktiken und ändern dabei die Art und Weise, wie Nutzer zusammenarbeiten und ihr Wissen austauschen (Cooke und Buckley, 2008; Culnan et al., 2010).

Mit dem Begriff *Enterprise 2.0* bezeichnet man den Einsatz von sozialen Medien im Unternehmen sowie zwischen Unternehmen und Stakeholdern (McAfee, 2006; Serrano und Torres, 2010). Während die Popularität von sozialen Medien im privaten Umfeld stark zugenommen hat, haben viele Unternehmen bislang noch keinen Zugang zu diesen Medien gefunden (Stocker und Mayer, 2012). Daher sind viele Unternehmen gerade dabei, Richtlinien bezüglich der Verwendung von sozialen Medien zu erlassen. Manche Unternehmen verfolgen dazu progressive Strategien und definieren Medien, die unternehmensintern oder zur Kundenansprache genutzt werden sollen (Pietsch, 2012). Andere Unternehmen versuchen dagegen, die Verwendung von sozialen Medien soweit wie möglich einzuschränken (Kaplan und Haenlein, 2010; Leidner et al., 2010). Dabei wird jedoch oft außer Acht gelassen, dass der Einsatz dieser Technologien die Motivation der Mitarbeiter erhöhen kann, so dass diese einsatzfreudiger sind und effizienter arbeiten (Leidner et al., 2010).

2.4.2. Klassifikation verschiedener Kommunikationsmedien

Soziale Medien können in Kategorien mit unterschiedlichen Schwerpunkten klassifiziert werden. Diese Kategorien umfassen Medien für das Erzeugen und Publizieren von Inhalten, Medien für das Teilen von Inhalten, virtuelle Welten sowie soziale Netzwerkseiten und Mikroblogging-Werkzeuge (Lietsala und Sirkkunen, 2008). Zudem existiert eine Vielzahl von konventionellen Medien, wie etwa E-Mail, Instant Messaging, Foren, Kollaborationsplattformen oder Audio-/Videokonferenzsoftware. Im Folgenden werden die unterschiedlichen Medientypen definiert und charakterisiert.

Medien für das Erzeugen und Publizieren von Inhalten

Die erste Kategorie von Medien beinhaltet Werkzeuge, die es Nutzern erlauben, Inhalte entweder gemeinsam oder individuell zu erstellen (Lietsala und Sirkkunen, 2008). Beispiele für den ersten Fall sind *Wikis*, für den zweiten Fall *Blogs*.

Unter einem Wiki versteht man ein internetbasiertes, kollaboratives Autorensystem, das es jedem Nutzer erlaubt, Inhalte hinzuzufügen, zu bearbeiten oder zu löschen (Ali-Hassan und Nevo, 2009; Murugesan, 2007). Dabei steht die gemeinsame Autorenschaft einer Gruppe im Vordergrund, um so das Wissen und die Kreativität eines Kollektivs auszunutzen (Leimeister, 2010). Ändert ein Nutzer Inhalte, dann werden die Identität des Nutzers sowie die Änderungen und die Änderungszeit gespeichert (Ransbotham und Kane, 2011). Das bekannteste Beispiel ist die Onlineenzyklopädie *Wikipedia*[4].

Unter einem Blog versteht man hingegen informelle Internet-Tagebücher. Auf diesen können einzelne Personen ihre Gedanken, Ideen, Vorschläge, Kommentare oder Internetlinks in chronologischer Reihenfolge festhalten und veröffentlichen (Murugesan, 2007; Smudde, 2005). Zahlreiche Blogs konzentrieren sich auf ein Thema aus einem bestimmten Wissensgebiet, andere ähneln eher einem privaten Tagebuch (Uitz, 2012). Die Möglichkeit, die Einträge des Autors zu kommentieren, macht die Blog-Technologie zu einem sozialen Medium (Kaplan und Haenlein, 2010). Im Unternehmenskontext kann zwischen externen und internen Blogs unterschieden werden (Ali-Hassan und Nevo, 2009). Externe Blogs können dabei zu Marketingzwecken oder zur Kommunikation mit Kunden verwendet werden. Interne Blogs sind dagegen nur für Mitarbeiter oder Teammitglieder einsehbar und dienen der internen Kommunikation und Dokumentation (Jackson et al., 2007).

Medien für das Teilen von Inhalten

Medien für das Teilen von Inhalten ermöglichen es den Nutzern, Ressourcen im Internet zu entdecken und zu referenzieren. Im Gegensatz zu den mit diesem Medientyp verwandten sozialen Netzwerken liegt der Fokus dieser Medien auf dem Teilen einer bestimmten Art von Inhalt. Der Aufbau eines sozialen Netzwerks steht hingegen nicht im Vordergrund (Lietsala und Sirkkunen, 2008). Beispiele für solche Medien sind Werkzeuge zum Verwalten von *sozialen Lesezeichen* (englisch: *social bookmarking*) sowie *Video-* und *Fotogemeinschaften.*

Werkzeuge zur Verwaltung sozialer Lesezeichen ermöglichen es, auf nützliche Inhalte, etwa auf Webseiten, Fotos oder Links zu referenzieren (Ali-Hassan und Nevo, 2009). Nutzer können ihre Lesezeichen somit online organisieren, speichern, verwalten und rechnerunabhängig auf diese zugreifen (Lietsala und Sirkkunen, 2008; Uitz, 2012). Die Lesezeichen können zudem mit Schlagworten (sogenannten *tags*) versehen werden (Murugesan, 2007). Schließlich können sich Nutzer auch untereinander vernetzen und ihre Lesezeichen für andere freigeben, wodurch sie

4 http://de.wikipedia.org (02.03.2012).

Inhalte untereinander teilen können (Gray et al., 2011). Ein Beispiel für ein solches Werkzeug ist *del.icio.us*[5]

Video- bzw. Fotogemeinschaften erlauben es Nutzern hingegen, Videos oder Fotos ins Internet zu stellen und diese zu kommentieren (Lietsala und Sirkkunen, 2008). Beispiele für solche Medien sind *Youtube*[6] oder *Flickr*[7]. Anzumerken ist allerdings, dass die in diesem Abschnitt dargestellten Medien für das Teilen von Inhalten für die unternehmensinterne Kommunikation nur eine untergeordnete Rolle spielen.

Virtuelle Welten

Virtuelle Welten ermöglichen es Nutzern, sich mit Hilfe eines *Avatars*[8] in einer virtuellen Umgebung zu bewegen (Schwarz et al., 2012). Dabei können sie mit anderen Nutzern interagieren und gemeinsam an Ideen arbeiten (Kohler et al., 2011; Lietsala und Sirkkunen, 2008). Eines der bekanntesten Beispiele ist die dreidimensionale virtuelle Welt *Second Life* (Berente et al., 2011). Der primäre Fokus dieser Medien liegt häufig auf dem Erlebnis und dem Vergnügen, virtuelle Welten zu erkunden. Das Knüpfen von Kontakten oder das Teilen von Inhalten sind hingegen nur sekundärer Natur (Lietsala und Sirkkunen, 2008). Virtuelle Welten werden von Unternehmen daher hauptsächlich zu Marketingzwecken verwendet; in der unternehmensinternen Kommunikation spielen diese ebenso wie die Medien für das Teilen von Inhalten nur eine untergeordnete Rolle (Schwarz et al., 2012).

Soziale Netzwerkseiten und Mikroblogging

Soziale Netzwerkseiten (englisch: *social network sites*) sind internetbasierte Dienste, die es Individuen erlauben, öffentliche oder halböffentliche Profile von sich selbst zu erstellen, um so anderen Einblicke in ihre sozialen Netzwerke zu geben

5 http://delicious.com (02.03.2012).
6 http://youtube.com (02.03.2012).
7 http://flickr.com (02.03.2012).
8 Unter einem *Avatar* versteht man eine virtuelle Person, die einen Nutzer in einer virtuellen Welt repräsentiert (Schwarz et al., 2012).

und um Verbindungen zu anderen Personen zu knüpfen oder aufrechtzuerhalten (Boyd und Ellison, 2008; Ellison et al., 2007; Kaplan und Haenlein, 2010). Durch die Vernetzung mit anderen Nutzern ist es möglich, die eigenen Kontakte zu verwalten (Richter und Riemer, 2009). Zudem besteht die Möglichkeit, andere Entwickler mit bestimmtem Fachwissen zu identifizieren (Balzert, 2009). Soziale Netzwerkseiten bestehen in der Regel aus bidirektionalen Beziehungen zwischen Nutzern. Diese sogenannten *Freundschaften* müssen daher von beiden Seiten bestätigt werden (Begel et al., 2010).

Heutzutage treten drei Arten von sozialen Netzwerkseiten am Markt auf. In die erste Kategorie fallen soziale Netzwerkseiten, die vorwiegend privat verwendet werden. In diesen Netzwerken sind Unternehmen meist nur zu Marketingzwecken vertreten. Das heutzutage erfolgreichste Beispiel für diese Art von sozialen Netzwerkseiten ist *Facebook*[9]. Die zweite Kategorie besteht aus öffentlichen sozialen Netzwerkseiten, die vorwiegend zu beruflichen Zwecken verwendet werden. Beispiele hierfür sind etwa *LinkedIn*[10] oder das überwiegend im deutschsprachigen Raum genutzte *Xing*[11]. In die letzte Kategorie fallen schließlich soziale Netzwerkseiten, die zur unternehmensinternen Kommunikation verwendet werden, wie etwa *Yammer*[12].

Abbildung 2.4 zeigt ein exemplarisches soziales Netzwerk. Dabei werden die unterschiedlichen Akteure als Knoten und die Beziehungen zwischen den Akteuren als Kanten modelliert. In diesem Netzwerk nimmt Akteur C eine zentrale Rolle ein. Solche Akteure, die besonders viele Verbindungen zu anderen Akteuren besitzen, werden als *Hubs* bezeichnet (Heidemann, 2010). Neben den verschiedenen in die sozialen Netzwerkseiten integrierten Kommunikationsfunktionen werden soziale Netzwerkseiten durch zwei besondere Aspekte charakterisiert. Zum einen werden die vielschichtigen Beziehungen der Akteure transparent gemacht, zum anderen bieten soziale Netzwerkseiten ein Mittel, um sich mit Personen zu vernetzen, die man nur indirekt, d.h. über Kontakte der eigenen Kontakte kennt (DiMicco et al., 2008; Heidemann, 2010). Dies trifft in Abbildung 2.4 beispielsweise auf die Akteure C und H zu, die als gemeinsamen Kontakt Akteur G haben.

9 http://www.facebook.com (06.03.2012).
10 http://www.linkedin.com (06.03.2012).
11 http://www.xing.com (06.03.2012).
12 http://www.yammer.com (06.03.2012).

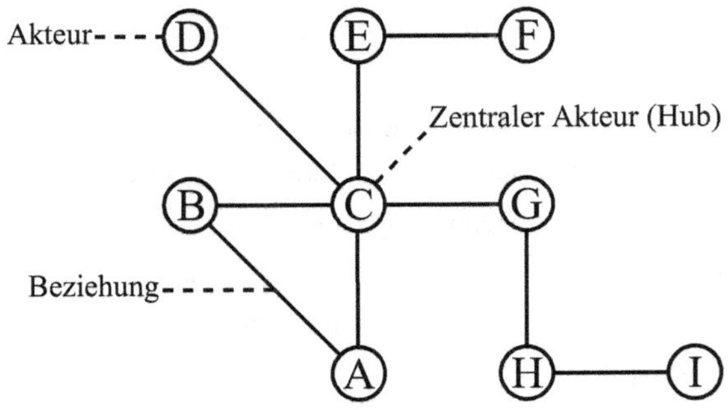

Abbildung 2.4.: Beispielhaftes soziales Netzwerk mit neun Akteuren (Heidemann, 2010, S. 265)

Selbst Akteur I ist dem sozialen Netzwerk von C zuzurechnen, da hier ein Kontakt über die Akteure G und H besteht.

Mikroblogging-Werkzeuge (Kurzform: Mikroblogs) können als vereinfachte Art von sozialen Netzwerkseiten angesehen werden. Im Gegensatz zu sozialen Netzwerkseiten steht bei diesen Werkzeugen jedoch nicht die Vernetzung, sondern die Nachricht in Form von kurzen Beiträgen im Vordergrund. Mikroblogging ist entsprechend definiert als ein Kommunikationsmedium, bei dem die Teilnehmer kurze textbasierte Beiträge teilen. Mikroblogs werden daher häufig als kleinere Ausgaben von Blogs angesehen (Böhringer et al., 2009; Stocker und Müller, 2011). Im Gegensatz zu sozialen Netzwerkseiten ist die Beziehung zwischen zwei Nutzern in Mikroblogging-Plattformen nicht zwingend bidirektional. Vielmehr ist es möglich, den Nachrichtenstrom von anderen Teilnehmern zu abonnieren (üblicherweise spricht man hier von *folgen*), ohne dass das Gegenüber die Verbindung bestätigen muss (Riemer et al., 2010; Ye et al., 2012). Dieser Sachverhalt ist in Abbildung 2.5 dargestellt. Da Mikroblogs häufig auf andere Quellen verweisen, spricht man bei diesen Werkzeugen auch von Notifikationswerkzeugen (McFedries, 2007). Neben öffentlichen Mikroblogging-Plattformen, wie z.B. *Twitter*[13], existiert mittlerweile auch eine zunehmende Anzahl an Mikroblogging-Plattformen für Unternehmen[14] (englisch: *enterprise microblogging*, vgl. Riemer et al., 2010).

13 http://twitter.com (02.03.2012).
14 Zum Beispiel http://www.communote.com (06.03.2012).

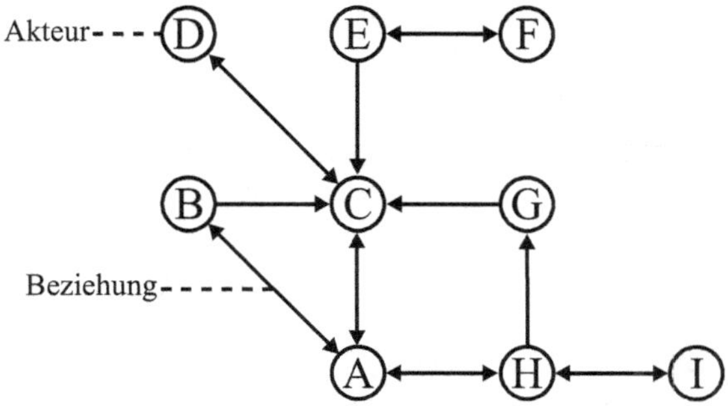

Abbildung 2.5.: Beispielhafter Mikroblogging-Graph (in Anlehnung an Heidemann, 2010, S. 265)

Wie schon aus dem Namen hervorgeht, sind Mikroblogs eng mit dem Konzept der Blogs verwandt[15]. Gemeinsamkeiten liegen insbesondere darin, dass die Hauptdarstellungsform textbasiert ist, Nachrichten öffentlich oder halböffentlich sind (d.h. normalerweise nicht an einzelne Personen adressiert werden) sowie in umgekehrt chronologischer Reihenfolge angezeigt werden. Zudem sind Diskussionen üblicherweise unmoderiert. Ebenso wie Blogs werden Mikroblogs üblicherweise in mehr oder weniger gleichmäßigen Intervallen aktualisiert und können von anderen Nutzern abonniert werden (Oulasvirta et al., 2010).

Die Hauptunterschiede zu Blogs sind hingegen die Begrenzung der Zeichenzahl und die explizite Unterstützung mobiler Endgeräte. Insbesondere durch die meist auf 140 Zeichen beschränkte Nachrichtenlänge ist es möglich, Nachrichten per SMS zu versenden oder zu empfangen[16] (Ye et al., 2012). Im Gegensatz zu Blogs konzentrieren sich Mikroblogs zudem hauptsächlich auf aktuelle (d.h. zeitnahe) Informationen und Erfahrungen und erzeugen dabei einen Nachrichtenstrom in Echtzeit. Außerdem werden in Mikroblogs Kommentare gleichberechtigt zu allen anderen Beiträgen im Nachrichtenstrom angezeigt (Oulasvirta et al., 2010). Durch die beschränkte Zeichenzahl weisen Mikroblogs zudem eine Ähnlichkeit zur SMS-Technologie auf. Von dieser unterscheiden sie sich hauptsächlich dadurch, dass

15 Der Begriff setzt sich aus den Worten „Mikro“ (englisch: *micro*, griechisch *mikrós*: klein) und „Blogging“ (von englisch: *to blog*: das Verfassen von Blog-Nachrichten) zusammen.

16 Bei SMS ist die Nachrichtenlänge auf 160 Zeichen beschränkt. Mikroblog-Nachrichten sind kürzer, um Steuerzeichen in der Nachricht unterbringen zu können.

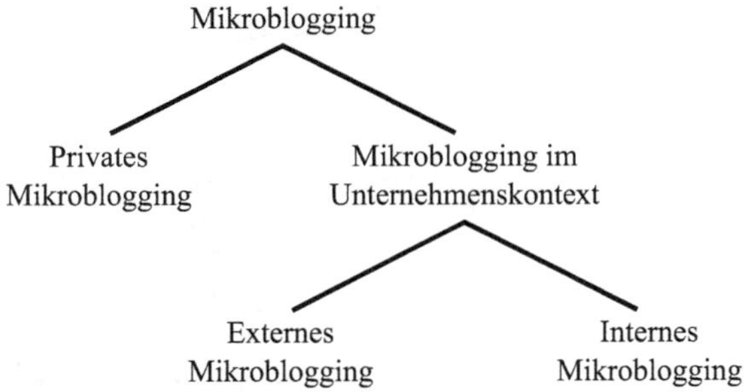

Abbildung 2.6.: Klassifikation von Mikroblogging-Arten (eigene Darstellung)

SMS ein eins-zu-eins-Medium ist, während Mikroblog-Nachrichten offen im Web veröffentlicht werden (Oulasvirta et al., 2010).

Mikroblogging kann unterschiedliche Ausprägungen annehmen. Neben dem privaten Mikroblogging, das sich hauptsächlich auf die hedonistische Nutzung im privaten Bereich bezieht (van der Heijden, 2004), existiert das bereits erwähnte Mikroblogging im Unternehmenskontext. Dieses kann weiter unterteilt werden in externes Mikroblogging, welches vorwiegend zur Kommunikation mit Kunden und zu Marketingzwecken verwendet wird, und internes Mikroblogging, welches ausschließlich einem unternehmensinternen Nutzerkreis vorbehalten ist (Culnan et al., 2010; Riemer et al., 2011; Zhang et al., 2010a). Abbildung 2.6 illustriert die unterschiedlichen Ausprägungen.

Konventionelle Kommunikationsmedien

Als konventionelle Kommunikationsmedien werden in dieser Arbeit E-Mail, Instant Messaging-Dienste sowie Audio-/Videokonferenzsoftware betrachtet. Diese Dienste werden von einigen Autoren als effektivste und weitverbreitetste Kommunikationsmedien angesehen (Ebert, 2011; Prikladnicki et al., 2012). Die Kommunikation über diese Medien ist im Gegensatz zur Kommunikation über soziale Medien in der Regel flüchtig und nicht-öffentlich (Balzert, 2009). Flüchtig bedeutet in diesem Zusammenhang, dass die ausgetauschten Informationen verloren gehen, wenn sie von den an der Kommunikation beteiligten Personen nicht explizit gespeichert werden. Nicht-öffentlich bezeichnet die Tatsache, dass die Information nur einem begrenzten Personenkreis zur Verfügung steht.

E-Mails sind ein Kommunikationsmedium, das es ermöglicht, briefähnliche Nachrichten zu übertragen. Diese können sowohl strukturierten als auch unstrukturierten Text sowie Anhänge (etwa in Form von Bildern) beinhalten (Schwartz, 2007). Üblicherweise wird die Kommunikation als nicht-synchron angesehen (Dennis et al., 2008), obwohl die Übertragungsgeschwindigkeit der Nachrichten auch eine synchrone Kommunikation zulassen würde. Im Gegensatz zu Blogs, Mikroblogs oder der Kommunikation in sozialen Netzwerkseiten, ist die Antwortwahrscheinlichkeit auf eine Nachricht durch die unmittelbare Ansprache des Adressaten höher. Vielfach wird bei E-Mails zudem implizit davon ausgegangen, dass die Nachricht gelesen wurde. Bei anderen Medientypen ist das nicht unbedingt der Fall.

Instant Messaging-Dienste ermöglichen synchrone und asynchrone Kommunikation über Textnachrichten zwischen (üblicherweise) zwei Personen (Schoberth und Heinzl, 2001). Mittlerweile werden allerdings auch Gruppenchats zunehmend populär. Durch die Statusanzeige der Nutzer erhöhen diese Dienste implizit die Informiertheit über die Verfügbarkeit anderer Personen (Niinimäki und Lassenius, 2008). Beispiele für solche Dienste sind etwa *AIM*[17] oder *ICQ*[18]. Instant Messaging-Dienste sind insbesondere dann von Vorteil, wenn schnelle Antworten benötigt werden und bekannt ist, dass der entsprechende Kollege verfügbar ist (Prikladnicki et al., 2012).

Audio-/Videokonferenzsoftware erlaubt es schließlich, Telefon- oder Videokonferenzen über das Internet abzuhalten. Diese Konferenzen sind naturgemäß dazu geeignet, synchron mit einer beschränkten Anzahl an Teilnehmern zu kommunizieren. Audio-/Videokonferenzsoftware ist insbesondere dann hilfreich, wenn Teilnehmer mit unterschiedlichen Meinungen miteinander diskutieren und zu einer gemeinsamen Lösung kommen müssen (Dennis et al., 2008). Ein Beispiel für ein solches Werkzeug ist *Skype*[19].

17 http://www.aim.com (02.03.2012).
18 http://www.icq.com (02.03.2012).
19 http://www.skype.com (02.03.2012).

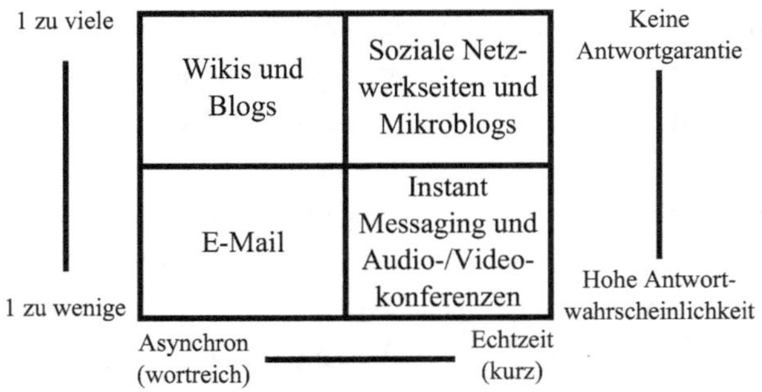

Abbildung 2.7.: Gegenüberstellung verschiedener Kommunikationsmedien (Darstellung in Anlehnung an Polaschek und Schone, 2009)

2.4.3. Gegenüberstellung der Medien

Die im vorherigen Abschnitt dargestellten Kommunikationsmedien können hinsichtlich der üblichen Anzahl an Adressaten, der Synchronizität und der Antwortwahrscheinlichkeit gegenübergestellt werden (Polaschek und Schone, 2009). Eine solche Gegenüberstellung geht aus Abbildung 2.7 hervor. Anzumerken ist, dass die Medien für das Teilen von Inhalten und virtuelle Welten in dieser Gegenüberstellung nicht enthalten sind. Diese Medien sind zwar als soziale Medien definiert, für die unternehmensinterne Kommunikation und Dokumentation sind sie jedoch aufgrund ihrer charakteristischen Eigenschaften nur eingeschränkt einsetzbar.

Wikis, Blogs und E-Mails können als asynchrone Medien klassifiziert werden. E-Mails erlauben zwar technisch eine nahezu synchrone Kommunikation, allerdings wird dies üblicherweise so nicht praktiziert. Die anderen Medientypen sind hingegen für die Echtzeitkommunikation geeignet.

Wikis, Blogs, soziale Netzwerkseiten und Mikroblogs haben eine hohe Reichweite und ermöglichen es dem einzelnen Mitarbeiter somit, viele Kollegen mit einer einzelnen Nachricht zu erreichen. Allerdings hat man bei diesen Medien in der Regel keine Antwortgarantie. Einerseits kann man durch den unbeschränkten Adressatenkreis viele Mitarbeiter erreichen und so die Wahrscheinlichkeit erhöhen, einen (möglicherweise unbekannten) Experten zu einer spezifischen Fragestellung zu erreichen. Andererseits kann man sich nicht sicher sein, wer die Nachricht liest, und sich dadurch auch nicht uneingeschränkt darauf verlassen, eine Antwort zu bekommen.

Die Vorteile eines Mediums mit hoher Reichweite und unspezifischem Adressatenkreis illustrieren Böhringer et al. (2009) anhand folgendem Beispiel: Ein Projektleiter hatte einen Anwalt damit beauftragt, Nutzungsbedingungen für eine Dienstleistung auszuarbeiten. Über eine interne Mikroblogging-Plattform hatte er sein Team darüber informiert, dass er den Rechtsanwalt mit dieser Aufgabe betraut hat. Bereits nach kurzer Zeit fragte ein Teammitglied nach, ob der Anwalt die Nutzungsbedingungen in deutscher und englischer Sprache anfertigt. Der wichtige Hinweis auf die notwendige Zweisprachigkeit der Nutzungsbedingungen kam in diesem Fall von einem Teammitglied, das ohne die Nutzung eines solchen Mediums nicht in den Prozess eingebunden gewesen wäre.

Bei E-Mail, Instant Messaging-Diensten sowie Audio-/Videokonferenzsoftware ist der Adressatenkreis in der Regel hingegen eingeschränkt, so dass mit einer Nachricht nur wenige Empfänger angesprochen werden. Durch den eingeschränkten Adressatenkreis und die direkte Ansprache ist bei diesen Medien die Antwortwahrscheinlichkeit üblicherweise recht hoch. Allerdings ist es mit diesen Medien nicht möglich, unbekannte Experten wie im oben angeführten Beispiel ausfindig zu machen.

2.5. Zusammenfassung

Zusammenfassend ist festzuhalten, dass Softwareentwicklung heutzutage zunehmend in verteilten Szenarien stattfindet. Verteilt arbeitende Teams sind jedoch aufgrund der geografischen, zeitlichen, kulturellen und sprachlichen Distanz nach wie vor mit vielfältigen Herausforderungen konfrontiert. Daneben existieren insbesondere mit dem Aufrechterhalten der Nachvollziehbarkeit, dem Dokumentieren von Begründungszusammenhängen sowie mit den Schwierigkeiten in Bezug auf die Informiertheit der beteiligten Personen weitere Herausforderungen, die bei der Konzeption eines Ansatzes zur Unterstützung der verteilten Softwareentwicklung berücksichtigt werden sollten. Diese Aspekte sind in verteilten Teams vor allem deshalb ein Problem, da für diese die Möglichkeiten der informellen Kommunikation deutlich eingeschränkt sind.

Da soziale Medien in den letzten Jahren verstärkt Einzug in viele Bereiche des täglichen Lebens gehalten haben, bietet es sich an, solche Medien hinsichtlich ihrer Eignung zu untersuchen, die angeführten Herausforderungen im Unternehmenskontext zu adressieren. Das Ziel im weiteren Verlauf dieser Arbeit ist es daher, einen Kommunikationsansatz zu skizzieren, der auf die besonderen Herausforderungen der verteilten Entwicklung eingeht und zur Werkzeugunterstützung auf einem sozialen Medium aufbaut. Durch einen solchen Ansatz sollte die Kommunikation der verteilt arbeitenden Softwareentwickler verbessert werden, um somit sowohl die Informiertheit der beteiligten Personen zu erhöhen als auch die Auswirkungen der oben angeführten Distanzen zu verringern.

Nachdem in diesem Kapitel die begrifflichen Grundlagen für das Verständnis der Arbeit gelegt und die wesentlichen Herausforderungen, die bei der Konzeption eines neuartigen Ansatzes adressiert werden sollen, dargestellt wurden, wird nun im folgenden Kapitel auf das theoriegeleitete Design eines solchen Ansatzes eingegangen.

3. Theoriegeleitetes Design eines Kommunikationsansatzes

Nachdem im vorherigen Kapitel unterschiedliche Herausforderungen in der verteilten Softwareentwicklung dargestellt und verschiedene soziale Medien vorgestellt wurden, beschäftigt sich dieses Kapitel mit dem theoriegeleiteten Design (englisch: *theory-informed design*) eines Lösungsansatzes, der die skizzierten Probleme adressiert. Bislang spielen Theorien in der Forschung zum Themengebiet der Softwareentwicklung eine eher untergeordnete Rolle (Sjøberg et al., 2007), obwohl der Theoriebezug explizit vom konstruktionswissenschaftlichen Forschungsparadigma gefordert wird (Hevner et al., 2004; Yetim, 2009). Um den notwendigen Theoriebezug herzustellen, werden im nächsten Abschnitt zunächst drei Theoriekandidaten vorgestellt, die für die Ableitung von Anforderungen im Rahmen dieser Arbeit geeignet erscheinen. Anschließend wird einer dieser drei Theoriekandidaten begründet ausgewählt und im Detail präsentiert. Schließlich werden aus dieser Theorie Anforderungen an einen Lösungsansatz abgeleitet. Das Kapitel schließt mit einer kurzen Zusammenfassung der Erkenntnisse.

3.1. Theorieauswahl

Um eine Theorie zu identifizieren, die verschiedene Aspekte der in Kapitel 2 dargestellten Herausforderungen adressiert, werden in diesem Abschnitt zunächst mit der Medienreichhaltigkeitstheorie und der daraus hervorgegangenen Mediensynchronizitätstheorie zwei Kommunikationstheorien vorgestellt, die Anforderungen an Kommunikationsmedien definieren. Anschließend wird mit dem kognitiv-affektiven Modell der organisationalen Kommunikation von Te'eni (2001) ein Erklärungsansatz vorgestellt, der den gesamten Kommunikationsprozess einbezieht. Die Mediensynchronizitätstheorie von Dennis et al. (2008) kann in Teilen als vertiefender Ausschnitt des kognitiv-affektiven Modells der organisationalen Kommunikation angesehen werden. Da sie jedoch bereits Ende der 1990er Jahre erstmals erwähnt wurde (Dennis und Valacich, 1999; Dennis et al., 1998), wird in diesem Abschnitt der chronologischen Reihenfolge gefolgt. Aus den drei genannten Theorien wird schließlich eine ausgewählt, die zur Ableitung von Anforderungen herangezogen wird.

3.1.1. Medienreichhaltigkeitstheorie

Das Ziel der Medienreichhaltigkeitstheorie (englisch: *media richness theory*) ist es, Anforderungen an Kommunikationsmedien zu erklären (Daft und Lengel, 1986; Daft et al., 1987). Dabei wird in dieser Theorie unterstellt, dass die Informationsverarbeitung in Organisationen im Wesentlichen von zwei Faktoren abhängt: zum einen ist dies die Unsicherheit, die durch die Kommunikation beseitigt werden soll, zum anderen sind dies Mehrdeutigkeiten in gewissen Situationen. Unter Unsicherheit wird dabei das Fehlen von Informationen verstanden, Mehrdeutigkeiten sind hingegen als konfligierende Interpretationsmöglichkeiten von Situationen definiert (Daft und Lengel, 1986). Mehrdeutigkeiten treten demnach in erster Linie in neuen und einmaligen Situationen auf (Daft et al., 1987).

Die Medienreichhaltigkeitstheorie besagt, dass die situationsspezifische Wahl des richtigen Mediums der Schlüssel für die erfolgreiche Kommunikation ist (Daft et al., 1987). Je vieldeutiger ein zu übermittelnder Sachverhalt ist, desto reichhaltiger sollte das gewählte Medium sein (Daft und Lengel, 1986). Durch die Verwendung von reichhaltigen Medien für mehrdeutige Aufgaben wird die Leistungsfähigkeit der betroffenen Personen entsprechend verbessert (Dennis und Kinney, 1998). Bei Aufgaben mit höherer Unsicherheit sind hingegen weniger reichhaltige Medien besser geeignet (Daft et al., 1987). Die Reichhaltigkeit eines Mediums setzt sich dabei aus vier Faktoren zusammen: Neben der Möglichkeit, schnelles Feedback zu geben, sind dies die Zahl an Signalen, die in einer Nachricht weitergegeben werden (etwa durch Gesten oder veränderte Stimmlage), Variationen der Sprache sowie der persönliche Fokus einer Nachricht. Als reichhaltiges Medium wird beispielsweise die persönliche Kommunikation im direkten Kontakt oder über Videokonferenzsysteme angesehen, da sich mit diesen neben der eigentlichen Informationsübertragung auch weitere Informationen implizit über Veränderungen in der Stimmlage oder über Gesten übermitteln lassen. Briefe oder E-Mails werden hingegen als wenig reichhaltige Medien angesehen, da diese kaum die Möglichkeit bieten, die Nachricht mit weiteren impliziten Informationen anzureichern (Daft et al., 1987).

Zunächst wurde die Medienreichhaltigkeitstheorie weitgehend akzeptiert. In den vergangenen Jahren wurde jedoch zunehmend Kritik laut, da sie insbesondere für neue Medien ungeeignet erscheint (Dennis und Valacich, 1999; Dennis et al., 1998). Daneben wurde kritisiert, dass es nicht praktikabel sei, ein absolutes Ranking von Medien zu erstellen (Dennis und Valacich, 1999; Liukkunen und Markkula, 2012). Schließlich konnten die zentralen Aussagen nie zufriedenstellend empirisch bestätigt werden (Dennis et al., 2008; Dennis und Kinney, 1998). Daher wurde mit der Mediensynchronizitätstheorie eine Weiterentwicklung der Medienreichhaltigkeitstheorie veröffentlicht. Auf diese wird im folgenden Unterabschnitt eingegangen.

3.1.2. Mediensynchronizitätstheorie

Nach der Mediensynchronizitätstheorie hängt der Kommunikationserfolg primär davon ab, inwiefern die Eigenschaften des gewählten Mediums auf die für eine Aufgabe benötigten Kommunikationsprozesse passen (Dennis et al., 2008, 1998). Die Kernaussage dieser Theorie ist, dass nicht die Reichhaltigkeit eines Mediums für den Kommunikationserfolg entscheidend ist, sondern dessen Synchronizität (Dennis und Valacich, 1999). Mediensynchronizität wird dabei als das Ausmaß definiert, zu dem es die Eigenschaften eines Kommunikationsmediums den beteiligten Personen ermöglichen, gleichzeitig an einer Aufgabe zu arbeiten (Dennis et al., 2008).

Hohe Synchronizität geht mit geringeren Möglichkeiten der Kodierung und Verarbeitung einer Nachricht einher. Nachrichten werden schnell übertragen und ermöglichen so eine unmittelbare Kommunikation, die schnelles Feedback ermöglicht (Dennis et al., 2008). Geringe Synchronizität führt hingegen dazu, dass Personen sich zwischen den Nachrichten mehr Zeit zur Informationsverarbeitung nehmen können. Dadurch kann der Inhalt in Ruhe analysiert und Antworten entsprechend ausgearbeitet werden (Dennis und Valacich, 1999; Robert und Dennis, 2005).

Nach der Mediensynchronizitätstheorie werden Kommunikationsmedien anhand von Übertragungsgeschwindigkeit, Parallelität, Symbolmengen, Überarbeitbarkeit und Wiederverwendbarkeit klassifiziert (Dennis et al., 2008). Die Übertragungsgeschwindigkeit ist die Geschwindigkeit, mit der ein Medium die Nachricht zu unabhängigen Empfängern übermitteln kann. Unter Parallelität versteht man die Anzahl gleichzeitig möglicher Übertragungen, also das Ausmaß, zu dem Nachrichten verschiedener Sender gleichzeitig übertragen werden können. Beispielsweise können in einem Telefongespräch nur wenige Personen auf einmal sprechen, die Parallelität ist entsprechend gering. Symbolmengen sind dagegen definiert als die verschiedenen Arten, wie Informationen über ein Medium kodiert und übertragen werden können. Beispielsweise kann man über Gesten, Worte, Texte oder Bilder miteinander kommunizieren. Überarbeitbarkeit bezieht sich darauf, inwiefern der Sender einer Nachricht diese vor dem Senden anpassen und überarbeiten kann. So können etwa E-Mails vor dem Absenden ausformuliert und der geschriebene Text beliebig verändert werden. Dies ist naturgemäß bei der Verwendung von gesprochener Sprache nicht möglich. Unter Wiederverwendbarkeit versteht man schließlich die Möglichkeiten des Empfängers, die Nachricht wiederzuverwenden und weiterzuverarbeiten. Beispielsweise ist gesprochene Sprache nur eingeschränkt wiederverwendbar. Es wird deutlich, dass es kein Medium geben kann, das alle fünf Dimensionen gleichermaßen unterstützt. Vielmehr werden Medien stets durch unterschiedliche Ausprägungen und Kombinationen dieser Dimensionen charakterisiert (Dennis et al., 2008).

Die Mediensynchronizitätstheorie unterscheidet weiterhin zwischen konvergenten und divergenten Kommunikationsprozessen. Konvergente Prozesse dienen der Diskussion von vorverarbeiteten Informationen, um zu einer gemeinsamen Meinung über den Diskussionsgegenstand zu gelangen. Diese Prozesse erfordern insbesondere ein hohes Maß an Synchronizität. Divergente Prozesse dienen hingegen der Übertragung von Informationen, damit sich der Empfänger der Nachricht ein eigenes Bild von der Situation machen kann. Bei solchen Prozessen ist lediglich ein geringes Maß an Synchronizität erforderlich (Dennis et al., 2008).

Ebenso wie die Medienreichhaltigkeitstheorie ist auch die Mediensynchronizitätstheorie nicht frei von Kritik. So können Prozesse beispielsweise nicht immer eindeutig als konvergent oder divergent klassifiziert werden. Die Klassifizierung kann sich zudem im Zeitverlauf ändern: Medien, die für eine neuartige Aufgabe geeignet sind, sind nicht zwangsläufig für die routinemäßige Bearbeitung der Aufgabe geeignet (Dennis et al., 2008).

Weiterhin ist anzumerken, dass die Verwendung eines einzelnen Mediums nicht immer zu optimalen Ergebnissen führt, da für die Bearbeitung von Aufgaben oft eine Kombination aus konvergenten und divergenten Kommunikationsprozessen notwendig ist. Insbesondere weil kein Medium die ideale Kombination aus Konvergenz und Divergenz unterstützt, kann es am besten sein, situationsspezifisch eine Kombination verschiedener Medien zu verwenden (Watson-Manheim und Bélanger, 2007). Die Verwendung mehrerer Medien für eine Aufgabe kann jedoch wiederum zu Informationsüberlastung führen (Dennis et al., 2008). Schließlich wird kritisiert, dass es nicht ausreichend ist, ausschließlich die Eignung eines Mediums für eine Aufgabe zu betrachten. Es kommt gleichermaßen auch auf die Verwendung des Mediums durch die Nutzer an. So kann beispielsweise Unzufriedenheit mit dem Kommunikationsmedium zu ineffizienter Kommunikation führen (Niinimäki et al., 2009). Das im folgenden Unterabschnitt vorgestellte kognitiv-affektive Modell der organisationalen Kommunikation zielt entsprechend auf die Erklärung des gesamten Kommunikationsprozesses ab.

3.1.3. Kognitiv-Affektives Modell der organisationalen Kommunikation

Das kognitiv-affektive Modell der organisationalen Kommunikation (KAMOK) von Te'eni (2001) ist eines der umfassendsten Erklärungskonzepte für die Kommunikation im Unternehmenskontext. Im Gegensatz zur Medienreichhaltigkeitstheorie und zur Mediensynchronizitätstheorie zielt dieses Modell nicht nur darauf ab, Anforderungen an Kommunikationsmedien zu definieren. Stattdessen soll mit diesem Modell der gesamte Kommunikationsprozess konzeptualisiert werden. Neben der Auswahl des geeigneten Kommunikationsmediums je nach Kommunikationsziel schließt dies insbesondere auch die Nachrichteneigenschaften des Kommunikationsmediums mit ein.

Das Modell beinhaltet drei zentrale Komponenten. Neben verschiedenen Kommunikationsinputs sind dies der gesamte Kommunikationsprozess und die Kommunikationsauswirkungen. Unter Kommunikationsinputs versteht man dabei die Rahmenbedingungen der Kommunikation. Diese bestehen aus Aufgaben, der kognitiven und affektiven Distanz zwischen Sender und Empfänger einer Nachricht sowie aus Werten und Normen, die die Kommunikation beeinflussen. Der Kommunikationsprozess setzt sich aus den Zielen der Kommunikation, den Kommunikationsstrategien zur Zielerreichung sowie aus Medien- und Nachrichteneigenschaften zusammen. Kommunikationsauswirkungen sind nach dem KAMOK schließlich das gemeinsame Verständnis der Kommunikationspartner sowie die Beziehung zwischen diesen (Te'eni, 2001).

Anzumerken ist, dass das KAMOK aufgrund seiner hohen Komplexität bislang nicht empirisch bestätigt wurde. Nur vereinzelt wurden Teilaspekte des Modells getestet (Katz und Te'eni, 2007; Majchrzak et al., 2005). Trotz des großen Umfangs ist auch dieses Modell nur als eine *„vereinfachte Darstellung der organisationalen Kommunikation"* anzusehen, da beispielsweise Aspekte der unternehmensinternen Kommunikationspolitik ausgeklammert werden (Te'eni, 2001, S. 299). Ein Beispiel für einen solchen Fall ist die Nutzung der Kommunikation als Machtinstrument im Unternehmen. Weiterhin ist festzuhalten, dass die Wahl der Kommunikationsstrategien im KAMOK ausschließlich aus der Senderperspektive betrachtet wird; die Empfängerperspektive wird hingegen ausgeklammert (Te'eni, 2001).

In der global verteilten Softwareentwicklung ist es insbesondere aufgrund von unterschiedlichem Domänenwissen und unterschiedlichen kulturellen und sprachlichen Hintergründen schwierig, ein gemeinsames Verständnis über Diskussionsgegenstände zu erlangen. Ebenso ist es – auch aufgrund der in Abschnitt 2.1 angeführten Distanzen zwischen den beteiligten Personen – in solchen Szenarien schwieriger, Beziehungen zwischen Mitarbeitern aufzubauen. Da die abhängigen Konstrukte des KAMOK also zentrale Herausforderungen der verteilten Softwareentwicklung sind, ist dieses Modell dazu geeignet, im Rahmen dieser Arbeit als Grundlage für die theoriegeleitete Anforderungserhebung für einen neuen Lösungsansatz zu dienen.

Auf die einzelnen Bestandteile des Modells wird im Folgenden detailliert eingegangen. Anschließend wird das Modell in Abschnitt 3.3 zur Ableitung von konkreten Anforderungen an ein Kommunikationsmedium zur Unterstützung der verteilten Softwareentwicklung angewendet.

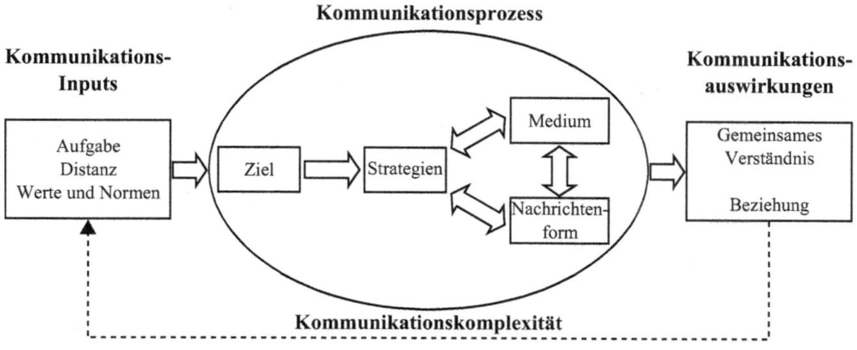

Abbildung 3.1.: Kognitiv-affektives Modell der organisationalen Kommunikation von Te'eni (2001, S. 256)

3.2. Detaillierte Betrachtung des KAMOK

Die drei zentralen Komponenten des kognitiv-affektiven Modells der organisationalen Kommunikation von Te'eni (2001) wurden bereits im vorhergehenden Abschnitt kurz dargestellt. Abbildung 3.1 zeigt einen Überblick über diese Bestandteile des Modells. Das gesamte Modell findet sich in den Abbildung A.1 und A.2 (siehe Anhang A, S. 160 und S. 161). Die zugrundeliegenden Propositionen werden in Tabelle A.1 (siehe Anhang A, S. 157) zusammengefasst. Auf die für diese Arbeit relevanten Propositionen wird bei der Anwendung des Modells in Abschnitt 3.3 näher eingegangen.

3.2.1. Kommunikationskomplexität

Die Kommunikationskomplexität bildet eine Brücke zwischen den anderen Bestandteilen des Modells und erklärt Aspekte der Wahl von Kommunikationsstrategien, der Nachrichtenform und der zu wählenden Medien. Kommunikationskomplexität ergibt sich daraus, dass die Kommunikation häufig unter problematischen oder unsicheren Bedingungen stattfindet (Te'eni, 2001). Ursachen für diese Komplexität lassen sich in kognitiven, dynamischen und affektiven Komponenten finden.

Kognitive Komplexität ergibt sich aus drei Faktoren. Neben der Intensität des Wissensaustauschs zwischen verschiedenen Personen sind dies die unterschiedlichen Sichtweisen, die die einzelnen Personen haben, sowie die Unterschiede zwischen der Darstellung und der Verwendung von Informationen. Demnach müssen Informationen vor der Verwendung so übersetzt werden, dass sie in geeigneter Art und Weise verwendet werden können (Te'eni, 2001). Mit kognitiver Komplexität werden also die Wahrscheinlichkeiten für Missverständnisse und die Fehlerwahrscheinlichkeiten durch unterschiedliches Domänenwissen bezeichnet.

Die dynamische Komplexität resultiert aus Rahmenbedingungen wie etwa dem Zeitdruck, dem die Kommunikationspartner ausgesetzt sind, unklarem Feedback oder aus Veränderungen, die sich während dem Kommunikationsprozess ergeben (Te'eni, 2001). Auch durch diese Art von Komplexität erhöht sich die Wahrscheinlichkeit für das Auftreten von Missverständnissen.

Mit affektiver Komplexität bezeichnet man schließlich die aus der Einstellung gegenüber dem Kommunikationspartner resultierende Komplexität (Kankanhalli et al., 2006; Te'eni, 2001). So könnte beispielsweise die Beziehung zwischen zwei Personen durch Misstrauen belastet sein, was die Komplexität der Kommunikation deutlich erhöht und somit zu Konflikten führen kann (Hinds und Bailey, 2003).

3.2.2. Kommunikationsinputs

Kommunikationsinputs werden durch Eigenschaften der zu lösenden Aufgabe, durch die Distanz zwischen Sender und Empfänger sowie durch Werte und Normen charakterisiert (Te'eni, 2001).

Die Kommunikationsaufgaben werden durch die Analysierbarkeit der Aufgabe sowie durch die Aufgabenvarietät beschrieben (Daft und Lengel, 1986). Unter Analysierbarkeit versteht man dabei die Möglichkeit, eine Vorgehensweise entwickeln zu können, auf welche Art und Weise eine Aufgabe gelöst werden kann. Die Aufgabenvarietät bezieht sich hingegen auf Veränderungen bei verschiedenen Ausführungen der Aufgabe (Te'eni, 2001). Eine weitere Dimension der Kommunikationsaufgaben ist die Zeitkritikalität, worunter man den Zeitraum versteht, in dem eine Aufgabe abgeschlossen werden muss (Te'eni, 2001).

Die Distanz zwischen Sender und Empfänger wird in kognitive und affektive Komponenten unterteilt. Te'eni (2001) abstrahiert also von rein physischen

Aspekten der Distanz und bezieht psychologische Faktoren mit ein. Mit kognitiver Distanz beschreibt er die Unterschiede zwischen der Interpretation eines Sachverhalts durch den Empfänger und den Sender, bevor die Nachricht übertragen wurde. Die affektive Distanz bezieht sich hingegen auf die emotionalen Unterschiede zwischen Sender und Empfänger vor der Übertragung der Nachricht. Dies beinhaltet beispielsweise die Gefühle und Einstellungen zwischen den Kommunikationspartnern, die sich etwa aus der Beziehung der Kommunikationspartner aufgrund vorangegangener Kommunikation ergeben (Te'eni, 2001).

Die organisationale Kommunikation ist schließlich ebenfalls in einen Rahmen aus Werten und Normen eingebettet. Werte beziehen sich nach Te'eni (2001) auf die Kultur im Allgemeinen, wohingegen sich Normen auf Verhaltensweisen und Regeln beziehen, die in der Organisation verankert sind. Te'eni (2001) beschreibt damit die Veranlagung von Personen, abhängig oder unabhängig von anderen Personen zu agieren.

3.2.3. Kommunikationsprozess

Der Kommunikationsprozess lässt sich in vier Teilaspekte herunterbrechen, welche wiederum von der Kommunikationskomplexität beeinflusst werden. Neben den Kommunikationszielen sind dies unterschiedliche Kommunikationsstrategien sowie Medien- und Nachrichteneigenschaften (Te'eni, 2001).

Kommunikationsziele

Die Ziele der Kommunikation lassen sich in Instruktionen, das Managen von voneinander abhängenden Aufgaben, die Koordination von Beziehungen und die Beeinflussung von anderen Personen aufteilen (Habermas, 1987). Mit Instruktionen versucht der Sender, den Empfänger der Nachricht so zu beeinflussen, dass er nach den eigenen Wünschen handelt. Ein Beispiel für einen solchen Fall ist die Frage nach Informationen. Durch das Managen von voneinander abhängenden Aufgaben sollen unabhängige Personen koordiniert werden. Bei der Koordination von Beziehungen geht es hingegen nicht nur darum, Beziehungen zwischen Personen aufzubauen und zu erhalten. Stattdessen beinhaltet dieses Ziel auch das aktive Managen der Beziehung zwischen Personen, beispielsweise indem eine Beziehung verstärkt oder aufgelöst wird. Durch das Beeinflussen von anderen

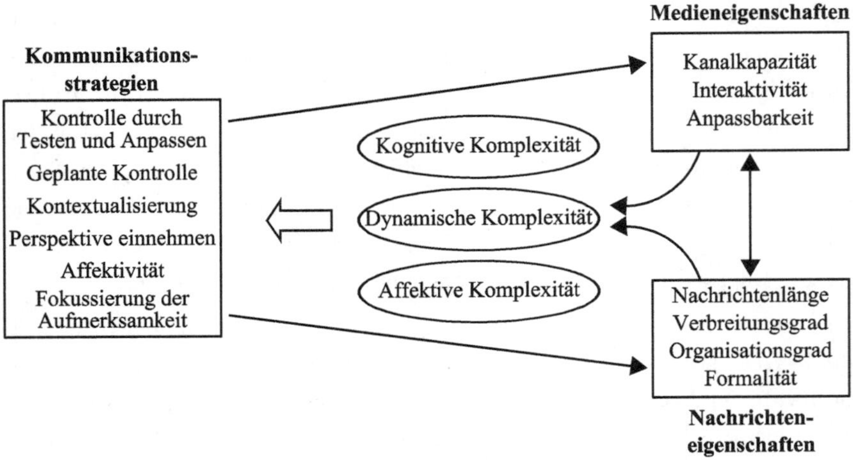

Abbildung 3.2.: Einfluss der Kommunikationsstrategien auf das Medium und die Nachrichtenform (Te'eni, 2001, S. 271)

Personen versucht der Sender einer Nachricht schließlich, den Empfänger dazu zu bewegen, nach den eigenen Wünschen zu handeln. Im Gegensatz zu den oben genannten Instruktionen ist sich der Sender hierbei jedoch bewusst, dass der Empfänger auch anders handeln kann (Te'eni, 2001).

Kommunikationsstrategien

Ein zentraler Bestandteil des Kommunikationsprozesses sind die Kommunikationsstrategien, die nach Kommunikationsziel und Komplexität der Kommunikation ausgewählt werden. Je nach gewählter Kommunikationsstrategie sind unterschiedliche Medien- und Nachrichteneigenschaften erforderlich, um den Kommunikationserfolg zu ermöglichen. Das Zusammenspiel der Kommunikationsstrategien mit den Medien- und Nachrichteneigenschaften wird von Abbildung 3.2 illustriert. Aus der Abbildung ist ersichtlich, dass die Wahl der geeigneten Kommunikationsstrategie von der Kommunikationskomplexität abhängt. Aus der gewählten Kommunikationsstrategie lassen sich wiederum unterschiedliche Medien- und Nachrichteneigenschaften ableiten, die ihrerseits die Kommunikationskomplexität beeinflussen.

Insgesamt unterscheidet Te'eni (2001) sechs Kommunikationsstrategien. Dies sind im Einzelnen die Strategien *Kontextualisierung*, *Affektivität*, *Kontrolle durch Testen und Anpassen*, *geplante Kontrolle*, das *Einnehmen der Perspektive* des Kommunikationspartners sowie die *Fokussierung der Aufmerksamkeit.*

Die Kommunikationsstrategie *Kontextualisierung* bezieht sich auf das explizite Bereitstellen von Kontextinformationen in der Nachricht (Te'eni et al., 2001). Im Gegensatz zum reinen Aufschreiben der Nachricht muss der Sender die Nachricht durch Kontextinformationen anreichern und den Nachrichtenkern somit erläutern (Te'eni, 2006). Es handelt sich dabei also um Informationen, die der Sender hat und die die Interpretation der Nachricht durch den Empfänger beeinflussen kann (Katz und Te'eni, 2007). Der Kontext bildet sich dabei um die eigentliche Nachricht und erklärt etwa, wie eine Aufgabe gelöst werden kann, wie man sie in kleinere Aufgaben herunterbrechen kann, welche Informationen zum Verständnis der Aufgabe notwendig sind oder welche alternativen Interpretationen der Nachricht möglich sind (Te'eni, 2001). Zudem können Kontextinformationen Informationen darüber enthalten, in welcher Situation die Nachricht erstellt wurde und wer mit wem, wann und unter welchen Bedingungen kommuniziert (Schwartz und Te'eni, 2000).

Unter der Kommunikationsstrategie *Affektivität* versteht man die Einbeziehung emotionaler Sprach- und Textelemente in eine Nachricht. Diese beschreiben Emotionen und Stimmungen, die jedoch nicht immer angenehm sein müssen (Te'eni, 2001). Emotionen sind relativ kurz anhaltend und intensiver als Stimmungen. Üblicherweise werden sie durch ein Ereignis ausgelöst. Stimmungen haben dagegen meist keinen klaren Auslöser (Te'eni et al., 2001). Diese Kommunikationsstrategie wird beispielsweise genutzt, um andere Personen zu motivieren oder über die eigene Einstellung gegenüber einem Diskussionsgegenstand zu informieren (Te'eni, 2001).

Bei der Strategie *Kontrolle durch Testen und Anpassen* spielt der Sender eine aktive Rolle, indem er sicherstellt, dass Kommunikationsprozesse effektiv laufen (Te'eni, 2001). Dabei ist schnelles Feedback während dem Kommunikationsprozess wesentlich für effektive Kontrolle (Te'eni, 1992). Dies kann beispielsweise dadurch erreicht werden, dass der Sender wiederholt den Empfänger fragt, ob die Kommunikation erfolgreich war und die Nachricht anhand der Reaktion des Empfängers entsprechend anpasst (Te'eni, 2001). Durch das unmittelbare Feedback wird der Sender situativ in die Lage versetzt, seine Nachricht anzupassen und ggf. zu verbessern. Bei ausbleibendem Feedback hat der Sender zusätzlich die Möglichkeit, die Antwort anzumahnen.

Mit Hilfe der Kommunikationsstrategie *geplante Kontrolle* legt der Sender im Voraus fest, welche Empfänger welche Nachricht erhalten (Te'eni, 2001). Der Sender steuert damit aktiv den Kommunikationsprozess. Beispielsweise können bei dieser Strategie mehrere Personen auf Kopie genommen werden, um den eigentlichen Adressaten zu einer Reaktion zu zwingen. Zusätzlich kann die gleiche Nachricht mehrmals an den gleichen Empfänger geschickt oder umformuliert werden sowie die vorher erfolgte Kommunikation zusammenfassen. Diese Strategie wird daher insbesondere durch Nachrichtenredundanz gekennzeichnet, um so eine erfolgreiche Kommunikation zu ermöglichen (Te'eni, 2001).

Die Kommunikationsstrategie *Perspektive einnehmen* wird dadurch charakterisiert, dass der Sender der Nachricht sich in den Empfänger hineinversetzt, um so für diesen verständlich zu kommunizieren (Te'eni et al., 2001). Demnach ist es notwendig festzustellen, was der Kommunikationspartner von der Nachricht sieht und hört (Schober, 1993). Dies kann etwa dadurch demonstriert werden, dass man Interesse am Standpunkt des Empfängers zeigt, indem man dessen Einstellung herausfindet und unterstützt, gemeinsame Ansichten zeigt oder indem man in einer persönlichen Art und Weise miteinander spricht (Te'eni, 2001).

Bei der Kommunikationsstrategie *Fokussierung der Aufmerksamkeit* versucht der Sender schließlich, die Informationsverarbeitung des Empfängers zu steuern oder sogar zu manipulieren (Te'eni, 2001). Dieser Prozess enthält die Nutzung verschiedener Techniken, um die Informationsverarbeitung zu beeinflussen. Beispiele hierfür sind die Veränderung des Formats (Schriftgröße, Großbuchstaben, Unterstreichungen, etc.), die Änderung des Stils oder die Erzeugung einer unüblichen Darstellung (etwa durch die Anordnung von Sätzen, durch Wiederholungen oder durch Überschriften). Allerdings ist anzumerken, dass diese Kommunikationsstrategie nur bis zu einem gewissen Maße angewendet werden sollte, da Personen beispielsweise den übermäßigen Einsatz von Großbuchstaben auch als persönlichen Angriff auffassen könnten (Te'eni, 2001).

Medieneigenschaften

Je nach gewählter Kommunikationsstrategie sind unterschiedliche Medieneigenschaften zielführend (vgl. Abbildung 3.2 und Anhang A). Te'eni (2001) unterscheidet hier zwischen der Interaktivität, der Kanalkapazität und der Anpassbarkeit eines Mediums. Mit Interaktivität wird das Potenzial eines Mediums bezeichnet, schnelles Feedback vom Empfänger zu bekommen. Interaktivität wird demnach insbesondere durch den synchronen und kontinuierlichen Austausch von Informationen ermöglicht (Te'eni, 2001). Mit Kanalkapazität bezeichnet man hingegen das Potenzial eines Mediums, eine hohe Vielfalt an Signalen und Sprachen zu übertragen (Daft und Lengel, 1984). Unter Anpassbarkeit versteht man schließlich die Möglichkeit, eine Nachricht an einen bestimmten Empfänger anzupassen (Daft und Lengel, 1984).

Nachrichteneigenschaften

Nachrichteneigenschaften charakterisieren die Art und Weise, wie Informationen über ein Medium übertragen werden. Diese kann man in Nachrichtenlänge, Verbreitungsgrad, Organisationsgrad und Formalität unterscheiden (Te'eni, 2001). Die Nachrichtenlänge wird definiert als die Anzahl der semantischen Einheiten in einer Nachricht. Beispiele für solche semantischen Einheiten sind Worte oder ganze Sätze (Daft und Lengel, 1986). Mit dem Verbreitungsgrad bezeichnet man hingegen die Anzahl der Empfänger, an die eine Nachricht gesendet wird (Te'eni, 2001).

Der Organisationsgrad beschreibt die Ordnung einer Nachricht, die für das Verständnis der Nachricht hilfreich ist (Te'eni, 2001). Beispielsweise können Nachrichten strukturiert in chronologischer Reihenfolge dargestellt oder auf eine bestimmte Art und Weise formatiert werden. Auch die Verwendung eines standardisierten Nachrichtenformats charakterisiert den Organisationsgrad einer Nachricht. Ein solches Standardformat kann beispielsweise die Verwendung von üblichen Grußformeln oder die Verwendung von Referenzen umfassen (Te'eni et al., 2001).

Mit Formalität bezeichnet man schließlich das Einhalten einer in der Organisation akzeptierten Norm in Bezug auf den Formalisierungsgrad einer Nachricht

(Te'eni, 2001). Bestandteile einer solchen organisationalen Norm können etwa das Vermeiden von Abkürzungen oder ein spezielles Vokabular sein (Te'eni et al., 2001).

3.2.4. Kommunikationsauswirkungen

Die Ziele von Kommunikationshandlungen sind das Erreichen eines gemeinsamen Verständnisses zwischen dem Sender und dem Empfänger der Nachricht sowie das Aufbauen einer Beziehung zwischen diesen Personen (Te'eni, 2001). Das gemeinsame Verständnis bezieht sich auf die Verständlichkeit und den Wahrheitsgehalt einer Nachricht. Es beinhaltet neben dem Verständnis des Empfängers auch das Wissen des Senders darüber, dass der Empfänger die Nachricht verstanden hat. Die Beziehung zwischen Sender und Empfänger wird dagegen durch Vertrauenswürdigkeit und Angemessenheit charakterisiert (Habermas, 1984, 1987; Te'eni, 2001).

Für eine erfolgreiche Kommunikation sind beide Aspekte notwendig, allerdings kann die Auswirkung der Kommunikation jeweils unterschiedlich sein. Dies hängt insbesondere vom Kommunikationsziel ab. Te'eni (2001) erläutert dies anhand folgendem Beispiel: Wenn das Ziel des Senders die Übermittlung eines Produktpreises ist, dann ist das Erreichen eines gemeinsamen Verständnisses über diesen Preis das primäre Ziel der Kommunikation. Wenn der Sender allerdings das Ziel hat, den Empfänger dahingehend zu beeinflussen, dass er das Produkt kauft, dann muss die Kommunikation nicht nur verständlich, sondern auch angemessen sein und zielt daher auf die Beziehung zwischen den Kommunikationspartnern ab (Te'eni, 2001, S. 261).

3.3. Theoriegeleitete Anforderungserhebung

Nachdem im vorherigen Abschnitt detailliert auf die einzelnen Bestandteile des KAMOK von Te'eni (2001) eingegangen wurde, wird das Modell in diesem Abschnitt zur theoriegeleiteten Erhebung von Anforderungen angewendet. Dazu werden zunächst die Kommunikationsinputs der verteilten Softwareentwicklung bewertet. Anschließend werden anhand dieser Bewertung Kommunikationsstrategien ausgewählt, die in der verteilten Softwareentwicklung unterstützt werden sollten (Abschnitt 3.3.2). Aus diesen Kommunikationsstrategien werden schließlich aufbauend auf dem KAMOK geeignete Medien- und Nachrichteneigenschaften abgeleitet (Abschnitt 3.3.3). Aufgrund der großen Komplexität des Modells wird in den folgenden Unterabschnitten lediglich auf die für diese Arbeit relevanten Propositionen eingegangen. Eine detaillierte Darstellung der verwendeten Propositionen sowie eine Auflistung aller Propositionen findet sich in Anhang A (siehe S. 157).

3.3.1. Rahmenbedingungen in der verteilten Softwareentwicklung

Die Rahmenbedingungen für verteilte Softwareentwicklungsprojekte lassen sich durch typische Aufgabeneigenschaften sowie Charakteristika der Distanz zwischen Sender und Empfänger einer Nachricht beschreiben (vgl. Abschnitt 3.1.3). Daneben beeinflussen Werte und Normen die organisationale Kommunikation. In Bezug auf diese letztgenannten Aspekte kann hier jedoch keine Bewertung abgegeben werden, da Werte und Normen sehr stark von der konkreten Situation abhängen, die in dem oder den beteiligten Unternehmen vorherrscht. Im Folgenden wird die verteilte Softwareentwicklung daher lediglich anhand der beiden erstgenannten Faktoren charakterisiert. Anschließend wird auf die aus diesen Faktoren resultierende Komplexität in verteilten Entwicklungsprojekten eingegangen.

Aufgabeneigenschaften

Softwareentwicklungsprojekte sind üblicherweise durch einen hohen Innovationsgrad geprägt (Highsmith und Cockburn, 2001). Eine Ursache dafür liegt darin, dass Standardkomponenten von Software auf einfache Art und Weise wiederverwendet werden können, so dass die verbleibenden Aufgaben stets Neuentwicklungen oder Integrationen umfassen, für die bislang keine Lösung verfügbar ist. Aus diesem Grund wiederholen sich Entwicklungsaufgaben selten, die Projekte sind also insbesondere durch ein hohes Maß an Aufgabenvarietät gekennzeichnet (Ågerfalk et al., 2005, 2008; Espinosa und Carmel, 2004). Entsprechend hoch ist die Häufigkeit von unerwarteten Problemen oder neuen Ereignissen, auf die reagiert werden muss (Te'eni, 2001).

Gleichermaßen sind Aufgaben in der Softwareentwicklung nur zu einem geringen Grad im Sinne von Te'eni (2001) analysierbar. Zwar ist das Wissen über die geeignete Herangehensweise an eine Entwicklungsaufgabe meist vorhanden, die konkreten Entwicklungsaufgaben sind jedoch aufgrund des hohen Innovationsgrads in der Softwareentwicklung stets unterschiedlich, so dass kaum Standardalgorithmen zur konkreten Problemlösung entwickelt werden können (Orlikowski, 2002; Reel, 1999). Die Analysierbarkeit von Softwareentwicklungsprojekten ist daher als niedrig einzuschätzen.

Schließlich sind Softwareentwicklungsprojekte stets dem Zielkonflikt zwischen Zeit, Kosten und Qualität ausgesetzt (Avison und Fitzgerald, 2003; Procaccino et al., 2006). Da insbesondere die Reduzierung von Entwicklungszeiten einer der zentralen Gründe für den Einsatz von verteilten Softwareentwicklungsprojekten ist, ist die Zeitkritikalität der Projekte als hoch zu bewerten (Carmel und Agarwal, 2001, 2002; Herbsleb und Moitra, 2001).

Distanz zwischen Sender und Empfänger

Te'eni (2001) unterscheidet zwischen der kognitiven und der affektiven Distanz zwischen Sender und Empfänger (vgl. Abschnitt 3.1.3). Unterschiedliches Domänenwissen der beteiligten Personen und die dadurch resultierenden unterschiedlichen Interpretationen von Diskussionsgegenständen sind Ursache für eine hohe kognitive Distanz in verteilten Softwareentwicklungsprojekten (Avison und Banks, 2008; Conchúir et al., 2009a). Auch durch unterschiedliche Sprachkenntnisse sowie durch die anderen Distanztypen zwischen Sendern und Empfängern in verteilten Szenarien ist die kognitive Distanz als hoch einzuschätzen (vgl. Abschnitt 2.1 sowie Lings et al., 2007).

Da die affektive Distanz zwischen Sender und Empfänger stets von den Gefühlen und Einstellungen zwischen den Kommunikationspartnern abhängt und hierüber in dieser Arbeit entsprechend keine seriöse Aussage getätigt werden kann, wird diese Distanz hier als mittel (also neutral) eingeschätzt. In dem in dieser Arbeit betrachteten Szenario von verteilter Softwareentwicklung wird zudem davon ausgegangen, dass die unterschiedlichen Kommunikationspartner sich persönlich kennen und dass das oder die beteiligte(n) Unternehmen auf der Arbeitsebene mit den kulturellen Unterschieden umgehen können. Festzuhalten ist allerdings, dass die affektive Distanz durch persönliche Treffen reduziert werden kann (Orlikowski, 2002).

Komplexität der Kommunikationsziele

Kommunikationsziele lassen sich hinsichtlich ihrer kognitiven, affektiven und dynamischen Komplexität bewerten (Te'eni, 2001). All diese Komplexitäten sind in verteilten Softwareentwicklungsprojekten in unterschiedlicher Ausprägung vorhanden. Da geringere Kommunikationskomplexität zu einem höheren Maß an gemeinsamen Verständnis und besseren Beziehungen führt (vgl. Proposition 1 von Te'eni (2001) sowie Anhang A), sollte es ein Ziel der verteilten Softwareentwicklung sein, die Kommunikationskomplexität zu reduzieren.

In verteilten Softwareentwicklungsprojekten herrscht eine hohe Intensität des Wissensaustauschs. Softwareentwicklung ist einerseits eine hochkommunikative Tätigkeit, andererseits ist der Wissenstransfer in verteilten Szenarien komplizierter und kann zu Konflikten zwischen den beteiligten Personen führen (Cramton, 2001; Hinds und Bailey, 2003; Hinds und Mortensen, 2005). Zudem sind durch unterschiedliches Domänenwissen und unterschiedliche kulturelle Hintergründe häufig unterschiedliche Sichtweisen in Bezug auf Diskussionsgegenstände anzutreffen (Ågerfalk et al., 2005; Carmel und Agarwal, 2002; Conchúir et al., 2009a). Auch aufgrund von unterschiedlichen Sprachkenntnissen sind die Unterschiede zwischen der Darstellung und der Verwendung von Informationen als hoch einzuschätzen (Lutz, 2009). Die oben dargestellten Aufgabeneigenschaften führen daneben zu Abhängigkeiten zwischen den Entwicklern, wodurch die kognitive Komplexität steigt. Diese wird zudem umso höher, je schwieriger verständlich die zu übertragenden Nachrichten sind (Te'eni, 2011). Entsprechend ist die kognitive Komplexität in verteilten Softwareentwicklungsprojekten als hoch einzuschätzen.

Auch die dynamische Komplexität ist aufgrund der in verteilten Softwareentwicklungsprojekten herrschenden und sich häufig verändernden Rahmenbedingungen als hoch einzuschätzen (Te'eni, 2011). Gründe dafür liegen insbesondere am hohen Zeitdruck, dem die Entwickler in solchen Projekten durch das Ziel der Reduzierung der Zeit zur Marktreife ausgesetzt sind (Carmel et al., 2010; Herbsleb und Moitra, 2001), sowie an den durch die geografische und die zeitliche Distanz erschwerten Bedingungen für klare Kommunikation und für Feedbackschleifen. Aufgrund dieser Bedingungen kann es mit höherer Wahrscheinlichkeit zu Missverständnissen kommen (Casey, 2009; Herbsleb und Moitra, 2001; Noll et al., 2010). Zudem unterliegen Softwareentwicklungsprojekte oft einer hohen Dynamik aufgrund sich verändernden Anforderungen sowie Veränderungen im Team durch höhere Fluktuation in den beteiligten Ländern (Conchúir et al., 2009a,b; Reel, 1999).

Die affektive Komplexität bezieht sich auf die Einstellungen der beteiligten Personen untereinander sowie auf Veränderungen in Dispositionen zwischen den Personen (Te'eni, 2001). Diese Art der Komplexität ist unter anderem in solchen Szenarien höher, in denen das zu bearbeitende Thema emotional herausfordernd ist (Te'eni, 2011). Da in dieser Arbeit von der zu bearbeitenden Aufgabe abstrahiert wird und auch über die konkreten Beziehungen zwischen den beteiligten Personen nichts bekannt ist, kann hierzu keine Aussage getätigt werden. Allerdings erhöhen die in Abschnitt 2.1 dargestellten Distanzen der verteilten Softwareentwicklung die Wahrscheinlichkeit für affektive Konflikte zwischen den Teammitgliedern (Hinds und Bailey, 2003). Daher ist es wichtig, das Team adäquat zusammenzustellen, um so effektiv zusammenarbeiten zu können (Reel, 1999). Da die affektive Komplexität jedoch stark von den spezifischen Bedingungen abhängt, wird sie im Folgenden als mittel (und somit neutral) eingeschätzt. In Tabelle 3.1 wird die in diesem Abschnitt vorgenommene Bewertung der Rahmenbedingungen in der verteilten Softwareentwicklung zusammengefasst.

Tabelle 3.1.: Bewertung der Rahmenbedingungen der verteilten Softwareentwicklung

Kategorie	**Eigenschaft**	**Bewertung**
Aufgabeneigenschaften	Innovationsgrad	hoch
	Analysierbarkeit	niedrig
	Zeitkritikalität	hoch
Distanz	Kognitive Distanz	hoch
	Affektive Distanz	mittel / neutral
Komplexität	Kognitive Komplexität	hoch
	Dynamische Komplexität	hoch
	Affektive Komplexität	mittel / neutral

3.3.2. Zu unterstützende Strategien im Kommunikationsprozess

Nachdem im vorherigen Abschnitt die Rahmenbedingungen der verteilten Softwareentwicklung bewertet wurden, werden nun in diesem Abschnitt anhand dieser Bewertung und den Propositionen von Te'eni (2001) zu unterstützende Strategien im Kommunikationsprozess ausgewählt und erste Anforderungen an einen Ansatz zur Verbesserung der Kommunikation definiert. Aus den gewählten Kommunikationsstrategien werden anschließend weitere Anforderungen in Bezug auf Medien- und Nachrichteneigenschaften abgeleitet. Dieser Abschnitt basiert in weiten Teilen auf den Propositionen, die von Te'eni (2001) vorgeschlagen werden (siehe Anhang A, S. 157).

Im ersten Schritt werden die Aufgabeneigenschaften und die zugehörigen Propositionen von Te'eni (2001) betrachtet. Eine höhere Aufgabenvarietät erhöht die Häufigkeit, mit der Informationen nachgefragt werden (Proposition 8A). Um dieses Nachfragen nach Informationen so stark wie möglich zu erleichtern, ist es sinnvoll, ein Kommunikationsmedium weitgehend medienbruchfrei bedienen zu können. Entsprechend lässt sich folgende Anforderung definieren:

> **Anforderung 1:** Ein Ansatz zur Verbesserung der Kommunikation im verteilten Softwareentwicklungsprozess sollte in die natürliche Arbeitsumgebung der Entwickler integriert werden.

In Abschnitt 3.3.1 wird argumentiert, dass die Analysierbarkeit der Aufgaben im Softwareentwicklungsprozess gering, der herrschende Zeitdruck üblicherweise jedoch hoch ist. Aus den genannten Eigenschaften lässt sich ableiten, dass die hauptsächlichen Kommunikationsstrategien in verteilten Softwareentwicklungsprojekten die Strategien *Kontextualisierung* und *Kontrolle durch Testen und Anpassen* sind (Propositionen 8B und 8C). Auf die Anforderungen, die aus der Verwendung dieser Strategien resultieren, wird im späteren Verlauf eingegangen.

Zunächst wird jedoch auf die Auswirkungen der unterschiedlichen Distanzen zwischen Sender und Empfänger eingegangen. Die im verteilten Softwareentwicklungsprozess zu erwartende kognitive Distanz wird im vorherigen Abschnitt als hoch eingeschätzt, die affektive Distanz wird hingegen als neutral bewertet, da hierzu keine konkrete Aussage getroffen werden kann. Nach Te'eni (2001) führt höhere kognitive Distanz zur häufigeren Verwendung der Kommunikationsstrategie *Kontextualisierung* (Proposition 9A). Eine höhere kognitive Distanz erhöht ebenfalls die Häufigkeit der Nachfrage nach Informationen (Proposition 9B). Auf diesen Aspekt wurde oben bereits bei der Ableitung von Anforderung 1 eingegangen. Höhere affektive Distanz reduziert hingegen die Häufigkeit der Nachfrage nach Informationen (Proposition 9C). Da die affektive Distanz im verteilten Entwicklungsprozess aufgrund der oben angeführten Gründe als neutral eingeschätzt wurde, wird dieser Aspekt im Folgenden ausgeklammert.

In Bezug auf die Werte und Normen konnte in Abschnitt 3.3.1 keine Wertung vorgenommen werden, da hierfür zu viele Annahmen über die Rahmenbedingungen getroffen werden müssten. Diese sind von Szenario zu Szenario unterschiedlich und daher nicht verallgemeinerbar. Aus diesem Grund werden auch die entsprechenden Propositionen des KAMOK im Folgenden nicht weiter betrachtet.

Weiterhin müssen Aspekte der kognitiven, affektiven und dynamischen Komplexität betrachtet werden. Nach Te'eni (2001) führt die Reduzierung der Kommunikationskomplexität zu besserem gemeinsamen Verständnis sowie besseren Beziehungen (Proposition 1). Entsprechend sollte ein Ziel des hier entwickelten Kommunikationsansatzes die Verringerung der Kommunikationskomplexität sein. Diesem Ziel wird auch durch die oben dargestellte Anforderung 1 Rechnung getragen.

Den Kommunikationszielen im verteilten Softwareentwicklungsprozess wurden im vorherigen Abschnitt eine hohe kognitive Komplexität zugeschrieben. Zur Bewältigung dieser Komplexität bieten sich zwei Strategien an: zum einen könnte die Komplexität reduziert werden, zum anderen ist es oft besser, mehr Kontextinformationen anzubieten (Janis, 1989). Für Kommunikationsziele mit hoher Komplexität sollte entsprechend die Kommunikationsstrategie *Kontextualisierung* gewählt werden (Proposition 2A). Dadurch werden auch die oben angeführten Argumente gestützt, die ebenfalls die Verwendung dieser Kommunikationsstrategie nahelegen.

Die affektive Komplexität wurde in Abschnitt 3.3.1 als neutral bewertet, da diese Art der Komplexität ebenso wie die Werte und Normen stark vom konkreten Szenario abhängt. Die Propositionen von Te'eni (2001), die eine hohe Affektivität voraussetzen, werden hier entsprechend ausgeklammert. Aufgrund der oben vorgenommenen hohen Bewertung der dynamischen Komplexität in verteilten Softwareentwicklungsprojekten werden die Propositionen, die eine niedrige dynamische Komplexität voraussetzen, ebenfalls ausgeklammert.

Kommunikationsstrategien, die die Kontrolle in den Vordergrund stellen, sind für Situationen notwendig, die aufgrund ihrer Komplexität eine hohe Fehlerwahrscheinlichkeit besitzen (Srinivasan und Te'eni, 1995). Dies ist bei Kommunikationszielen der Fall, die durch eine hohe kognitive und dynamische Komplexität charakterisiert sind (Te'eni, 2001). Für solche Kommunikationsziele sollte die Strategie *Kontrolle durch Testen und Anpassen* verwendet werden (Proposition 2C). Dies wurde oben ebenfalls bereits von Proposition 8C gefordert.

Zusammenfassend ist festzuhalten, dass anhand der vorgenommenen Bewertung der Rahmenbedingungen der verteilten Softwareentwicklung die Unterstützung der Kommunikationsstrategien *Kontextualisierung* und *Kontrolle durch Testen und Anpassen* aus dem KAMOK abgeleitet werden kann. Die explizite Unterstützung der anderen vier Kommunikationsstrategien folgt für verteilte Entwicklungsprojekte nicht aus dem KAMOK. Basierend auf den beiden zu unterstützenden Kommunikationsstrategien werden nun im folgenden Abschnitt Medien- und Nachrichteneigenschaften abgeleitet.

3.3.3. Resultierende Medien- und Nachrichteneigenschaften

Im vorherigen Abschnitt wurde anhand des KAMOK ermittelt, dass zu unterstützende Kommunikationsstrategien in der verteilten Softwareentwicklung die Strategien *Kontextualisierung* und *Kontrolle durch Testen und Anpassen* sind. In einem nächsten Schritt sollen nun anhand dieser beiden Kommunikationsstrategien relevante Medien- und Nachrichteneigenschaften aus dem KAMOK abgeleitet werden (Te'eni, 2001). In diesem Abschnitt werden daher anhand der relevanten Propositionen[1] von Te'eni (2001) sowie mit Hilfe der Erkenntnisse aus Kapitel 2 weitere Anforderungen ermittelt, die ein Ansatz zur Unterstützung der Kommunikation in der verteilten Softwareentwicklung erfüllen sollte.

Die zugrundeliegenden Beziehungen zwischen Kommunikationsstrategien sowie Medien- und Nachrichteneigenschaften sind in Abbildung 3.3 dargestellt. Durchgezogene Linien bedeuten in dieser Abbildung, dass die Beziehung zutreffend

1 Vgl. Anhang A ab S. 157.

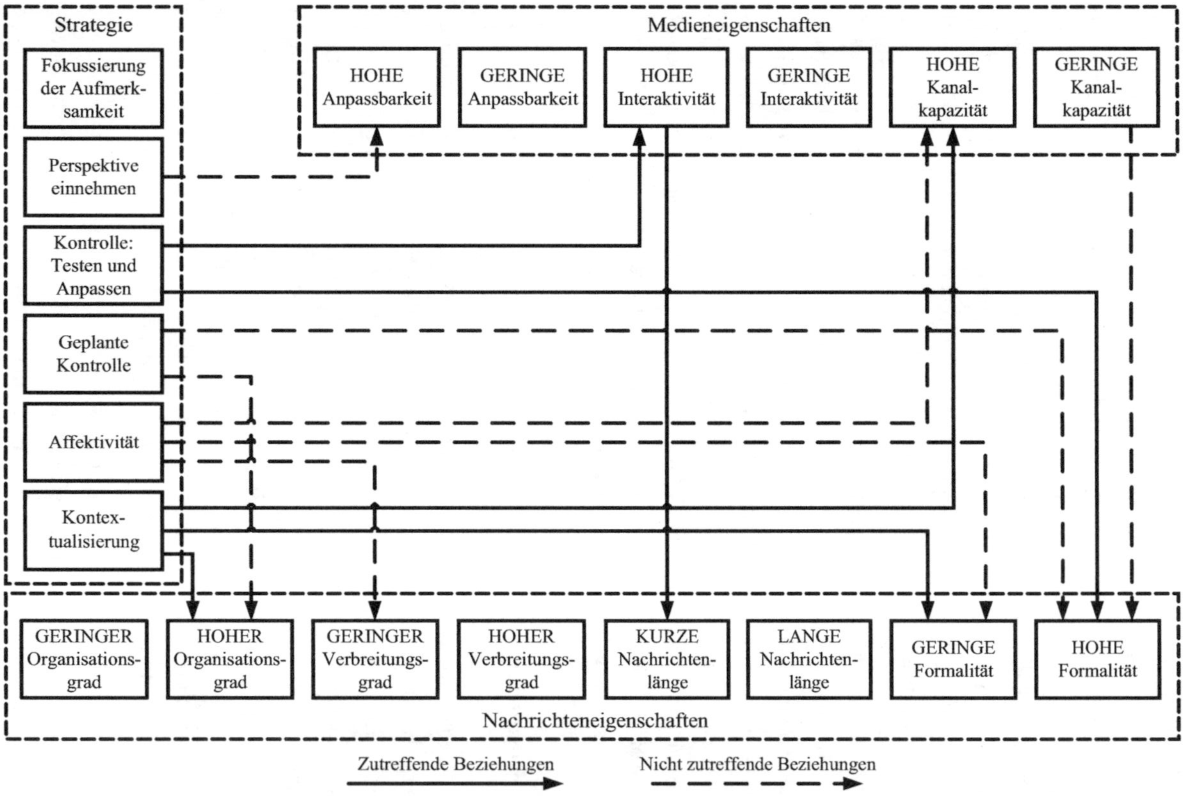

Abbildung 3.3.: Beziehungen zwischen Strategien und Medien- sowie Nachrichteneigenschaften nach Te'eni (2001)

ist, d.h. dass sie eines der vorab als wichtig erachteten Konstrukte einbezieht. Gestrichelte Linien bedeuten hingegen, dass die Beziehung zwar im KAMOK beschrieben wird, das unabhängige Konstrukt jedoch nicht in die Überlegungen mit einbezogen wird. Beispielsweise konnte über die Kommunikationsstrategie *Affektivität* in den vorherigen Abschnitten keine Aussage getätigt werden. Entsprechend werden Beziehungen, die von diesem Konstrukt ausgehen, nicht für die Ableitung von Anforderungen verwendet. Dagegen wurde die Verwendung der Kommunikationsstrategien *Kontextualisierung* sowie *Kontrolle durch Testen und Anpassen* in der verteilten Softwareentwicklung im vorherigen Abschnitt aus dem KAMOK hergeleitet. Folglich werden die von diesen Konstrukten ausgehenden Propositionen für die Ableitung von Anforderungen herangezogen.

In Bezug auf zu unterstützende Nachrichteneigenschaften folgt aus dem KAMOK, dass ein Kommunikationsmedium, das die Strategie *Kontextualisierung* unterstützen soll, eine hohe Kanalkapazität bieten muss (Proposition 3B). Dabei ist es insbesondere wichtig, die Kanalkapazität auf die richtige Art und Weise auszunutzen, um die optimale Menge an Kontextinformationen darzustellen. Dies ist notwendig, da sowohl zu wenige als auch zu viele Kontextinformationen das gemeinsame Verständnis verringern (Te'eni, 2006). Durch die explizite Darstellung der Kontextinformationen werden jedoch die Wahrscheinlichkeit für Missverständnisse verringert und effektive Problemlösungsansätze begünstigt (Te'eni, 2001; Tyre und von Hippel, 1997). Aus diesen Überlegungen lässt sich folgende Anforderung ableiten:

> **Anforderung 2:** Ein Ansatz zur Verbesserung der Kommunikation im verteilten Softwareentwicklungsprozess sollte eine hohe Kanalkapazität bieten.

Ein Kommunikationsmedium, das die Strategie *Kontrolle durch Testen und Anpassen* unterstützen soll, muss hingegen eine hohe Interaktivität bieten (Proposition 3A). Durch eine hohe Interaktivität ist es möglich, schnelles Feedback zu bekommen, was eine Voraussetzung für diese Kommunikationsstrategie ist. Zudem ist es durch hohe Interaktivität möglich, die Kommunikationsgeschwindigkeit zu steuern und so auf sich dynamisch ändernde Rahmenbedingungen zu reagieren (Te'eni, 2001). Allerdings ist zu bedenken, dass Entwickler mit schlechteren Sprachkenntnissen häufig asynchrone Kommunikationsmedien mit entsprechend geringerer Interaktivität bevorzugen, um ausreichend Zeit für die Formulierung von Nachrichten zu haben (Ågerfalk et al., 2005; Lings et al., 2007). Auch durch die zeitliche Distanz zwischen verschiedenen Standorten wird asynchrone Kommunikation und die damit einhergehende verringerte Interaktivität zunehmend wichtiger (Carmel et al., 2010). Dementsprechend lässt sich die folgende Anforderung ableiten:

> **Anforderung 3:** Ein Ansatz zur Verbesserung der Kommunikation in der verteilten Softwareentwicklung erfordert ein Medium mit einer hohen Interaktivität, das dennoch ausreichend Freiraum für asynchrone Kommunikation lässt.

Aus der hohen Interaktivität des Mediums folgt, dass Sender tendenziell eher kurze Nachrichten austauschen werden (Proposition 7A). Entsprechend lässt sich folgende Anforderung definieren:

> **Anforderung 4:** Ein Ansatz zur Verbesserung der Kommunikation im verteilten Softwareentwicklungsprozess erfordert ein Medium, das eine kurze Nachrichtenlänge unterstützt.

Weiterhin folgt aus der Verwendung der Strategie *Kontrolle durch Testen und Anpassen* unter Berücksichtigung von Proposition 5E, dass das Medium ein hohes Maß an Formalität unterstützen sollte. Ein Grund dafür ist, dass die Kontrolle oft anhand von vergleichsweise einfachen Regeln durchgeführt wird, wofür ein relativ hoher Grad an Formalität erforderlich ist (Te'eni, 2001). Für die Darstellung von Kontextinformationen ist hingegen eine geringere Formalität zielführend, da diese Informationen einerseits spezifischer und genauer sind, andererseits jedoch häufig unstrukturiert dargestellt werden (vgl. Proposition 5F sowie Te'eni, 1992, 2001). Trotz dieser konfligierenden Zielsetzungen zwischen den zu unterstützenden Kommunikationsstrategien lässt sich folgende Anforderung ableiten:

> **Anforderung 5**: Ein Ansatz zur Verbesserung der Kommunikation im verteilten Softwareentwicklungsprozess erfordert eine Nachrichtenform, die einerseits eine hohe Formalität besitzt und dem Sender dennoch ausreichend Freiraum für alternative Darstellungsformen lässt.

In Szenarien, in denen die Komplexität hoch ist, ist ebenfalls ein hoher Organisationsgrad der Nachrichten zielführend (Te'eni, 2001). Insbesondere für die Realisierung der Strategie *Kontextualisierung* sollten die Nachrichten gut organisiert sein, um das Verständnis zu erleichtern (vgl. Proposition 5B). Daraus lässt sich folgende Anforderung formulieren:

> **Anforderung 6:** Ein Ansatz zur Verbesserung der Kommunikation im verteilten Softwareentwicklungsprozess erfordert eine Nachrichtenform, die einen hohen Organisationsgrad besitzt.

In Bezug auf den Verbreitungsgrad der Nachrichten lassen sich schließlich anhand der Propositionen des KAMOK für die hier zu unterstützenden Strategien keine Rückschlüsse ziehen. Allerdings folgt aus den in Kapitel 2 dargestellten Konzepten der Informiertheit und der Nachvollziehbarkeit von Begründungszusammenhängen, dass ein Medium einen hohen Verbreitungsgrad besitzen sollte. Nur dann, wenn Nachrichten implizit an eine große Empfängerzahl verbreitet werden, kann die periphere Informiertheit über aktuelle Geschehnisse im Unternehmen realisiert werden. Dasselbe gilt für die dokumentierten Informationen über Begründungszusammenhänge: Nur wenn diese Informationen für die entsprechenden Empfänger abrufbar sind, entfalten sie ihr volles Potenzial. Ausgehend von diesen Überlegungen lässt sich folgende Anforderung definieren:

> **Anforderung 7:** Ein Ansatz zur Verbesserung der Kommunikation im verteilten Softwareentwicklungsprozess erfordert eine Nachrichtenform, die einen hohen Verbreitungsgrad besitzt.

Zusammenfassend lässt sich festhalten, dass ein Ansatz zur Verbesserung der Kommunikation im verteilten Softwareentwicklungsprozess gemäß dem KAMOK ein Medium mit hoher Interaktivität und Kanalkapazität verwenden sollte. Die Nachrichten sollten einen hohen Organisationsgrad, eine kurze Nachrichtenlänge sowie einen hohen Verbreitungsgrad besitzen. Zudem sollte einerseits ein gewisses Maß an Formalität eingehalten, die Formalitätskriterien andererseits aber nicht zu restriktiv ausgelegt werden.

3.4. Zusammenfassung

In diesem Kapitel wurden Anforderungen an einen Ansatz zur Unterstützung der Kommunikation in der verteilten Softwareentwicklung theoriebasiert hergeleitet. Dazu wurden zunächst mit der Medienreichhaltigkeitstheorie, der Mediensynchronizitätstheorie und dem kognitiv-affektiven Modell der organisationalen

Kommunikation drei Theoriekandidaten betrachtet. Von diesen Theoriekandidaten wurde das KAMOK ausgewählt, da insbesondere die abhängigen Konstrukte *gemeinsames Verständnis* und *Beziehung zwischen den Kommunikationspartnern* zentrale Herausforderungen der verteilten Softwareentwicklung sind.

Anschließend wurde das KAMOK im Detail vorgestellt. Die zentralen Bestandteile dieses Modells sind die Inputfaktoren der Kommunikation, der Kommunikationsprozess und die Kommunikationsauswirkungen. Diese Bestandteile der Kommunikation werden von der Kommunikationskomplexität beeinflusst. Mit Bezug auf das KAMOK wurden daraufhin Eigenschaften der Kommunikation im verteilten Softwareentwicklungsprozess abgeleitet. Demnach sind Aufgaben in der verteilten Softwareentwicklung üblicherweise durch hohe Aufgabenkomplexität, hohe Aufgabenvarietät, geringe Analysierbarkeit und hohe Zeitkritikalität charakterisiert. Zudem ist die kognitive Distanz zwischen Sender und Empfänger hoch, was sich auch in hoher kognitiver und dynamischer Komplexität widerspiegelt.

Nach Analyse dieser Eigenschaften wurde anhand des KAMOK von Te'eni (2001) ermittelt, dass insbesondere die Kommunikationsstrategien *Kontextualisierung* und *Kontrolle durch Testen und Anpassen* unterstützt werden sollten. Anhand der oben angeführten Eigenschaften der verteilten Entwicklung und diesen beiden zu unterstützenden Kommunikationsstrategien wurden schließlich die in Tabelle 3.2 zusammengefassten sieben Anforderungen abgeleitet, die ein Ansatz zur Verbesserung der Kommunikation in der verteilten Softwareentwicklung idealerweise umsetzen sollte. Auf Grundlage dieser Anforderungen wird nun im nächsten Kapitel ein solcher Ansatz entwickelt.

Tabelle 3.2.: Übersicht über die Anforderungen

Nr.	Anforderung
1	Ein Ansatz zur Verbesserung der Kommunikation im verteilten Softwareentwicklungsprozess sollte in die natürliche Arbeitsumgebung der Entwickler integriert werden.
2	Ein Ansatz zur Verbesserung der Kommunikation im verteilten Softwareentwicklungsprozess sollte eine hohe Kanalkapazität bieten.
3	Ein Ansatz zur Verbesserung der Kommunikation in der verteilten Softwareentwicklung erfordert ein Medium mit einer hohen Interaktivität, das dennoch ausreichend Freiraum für asynchrone Kommunikation lässt.
4	Ein Ansatz zur Verbesserung der Kommunikation im verteilten Softwareentwicklungsprozess erfordert ein Medium, das eine kurze Nachrichtenlänge unterstützt.
5	Ein Ansatz zur Verbesserung der Kommunikation im verteilten Softwareentwicklungsprozess erfordert eine Nachrichtenform, die einerseits eine hohe Formalität besitzt und dem Sender dennoch ausreichend Freiraum für alternative Darstellungsformen lässt.
6	Ein Ansatz zur Verbesserung der Kommunikation im verteilten Softwareentwicklungsprozess erfordert eine Nachrichtenform, die einen hohen Organisationsgrad besitzt.
7	Ein Ansatz zur Verbesserung der Kommunikation im verteilten Softwareentwicklungsprozess erfordert eine Nachrichtenform, die einen hohen Verbreitungsgrad besitzt.

4. Entwicklung eines integrierten Kommunikationsansatzes für die verteilte Softwareentwicklung

In diesem Kapitel wird mit dem integrierten Kommunikationsansatz für die verteilte Softwareentwicklung das zentrale Artefakt dieser Arbeit entwickelt. Dazu werden zunächst die im vorherigen Kapitel aus dem kognitiv-affektiven Modell der organisationalen Kommunikation von Te'eni (2001) abgeleiteten Anforderungen für die Erstellung eines Konzepts aufgegriffen. Anschließend wird in Abschnitt 4.2 eine geeignete Basistechnologie zur Unterstützung des entwickelten Konzepts ausgewählt. In Abschnitt 4.3 wird aufbauend auf der Basistechnologie der Neuentwicklungsbedarf dargestellt, bevor schließlich in Abschnitt 4.4 die Realisierung eines Werkzeugs vorgestellt wird, das den integrierten Kommunikationsansatz umsetzt. Das Kapitel schließt mit einer kurzen Zusammenfassung der Erkenntnisse.

4.1. Konzeption des integrierten Kommunikationsansatzes

Das übergeordnete Ziel des hier konzipierten integrierten Kommunikationsansatzes ist die Verbesserung der Kommunikation in der verteilten Softwareentwicklung. Um dies zu erreichen ist es notwendig, die in Abschnitt 2.1 angeführten Distanzen soweit wie möglich zu minimieren. Daneben ist es insbesondere in verteilten Softwareentwicklungsprojekten hilfreich, wenn Aspekte der Informiertheit (Abschnitt 2.3) und der Nachvollziehbarkeit von Begründungszusammenhängen (Abschnitt 2.2) berücksichtigt werden. Aufbauend auf dem KAMOK von Te'eni (2001) wurden in Bezug auf diese Herausforderungen im vorherigen Kapitel sieben Anforderungen abgeleitet, die ein Ansatz zur Verbesserung der Kommunikation in der verteilten Softwareentwicklung berücksichtigen sollte. Im Folgenden wird nun aufbauend auf diesen generischen Anforderungen ein detaillierteres Konzept entwickelt, das auf das angeführte Ziel unter Berücksichtigung der Rahmenbedingungen in der verteilten Softwareentwicklung abzielt.

Softwareentwickler verbringen einen relativ großen Teil ihrer Arbeitszeit mit der Entwicklung von Quellcode mit Hilfe von integrierten Entwicklungsumgebungen (englisch: *integrated development environment* (IDE)). Unter einer integrierten Entwicklungsumgebung versteht man eine Plattform, die eine Reihe von Entwicklungswerkzeugen (beispielsweise Editoren, Übersetzer oder Debugger) in einer einheitlichen Benutzungsoberfläche vereint (Balzert, 2009). Zur Kommunikation mit anderen Entwicklern oder sonstigen Projektbeteiligten müssen sie jedoch häufig diese natürliche Arbeitsumgebung verlassen, um beispielsweise E-Mails oder Chatnachrichten zu lesen oder zu schreiben. Der Wechsel zwischen Kommunikationsmedium und IDE geht dabei zum einen zu Lasten der Konzentration und ist zum anderen relativ zeitaufwendig, so dass die Kommunikation oft auf das Nötigste beschränkt wird. Um trotz geografischer und zeitlicher Distanz die Informiertheit aufrechtzuerhalten, ist es hingegen notwendig, möglichst viele Informationen zu teilen und entsprechend viel zu kommunizieren. Um die Kommunikationshürde für die Entwickler zu senken, sollte diesen entsprechend ein Kommunikationskanal zur Verfügung gestellt werden, mit dem medienbruchfrei kommuniziert werden kann. Dies kann dadurch erfolgen, dass ein Kommunikationsmedium in die übliche, natürliche Arbeitsumgebung integriert wird (vgl. Anforderung 1).

Die Kommunikation im verteilten Softwareentwicklungsprojekt ist allerdings nicht auf die Softwareentwickler beschränkt. Um die anderen Stakeholder des Projekts – wie etwa Manager, Projektleiter oder Auftraggeber – in die Kommunikation mit einzubeziehen, ist es notwendig, dass auch diesen Personengruppen der Zugang zum Kommunikationskanal ermöglicht wird. Daher sollte der integrierte Kommunikationsansatz über Schnittstellen auch die Kommunikation über eine Web-Anwendung oder mobile Endgeräte ermöglichen. Abbildung 4.1 zeigt einen Überblick über diese Überlegungen.

Durch die Integration der Kommunikation in die IDE ergeben sich neuartige Möglichkeiten für die Dokumentation von Begründungszusammenhängen, die im integrierten Kommunikationsansatz realisiert werden sollen. So können quellcodespezifische Diskussionen unmittelbar mit dem betroffenen Code verknüpft

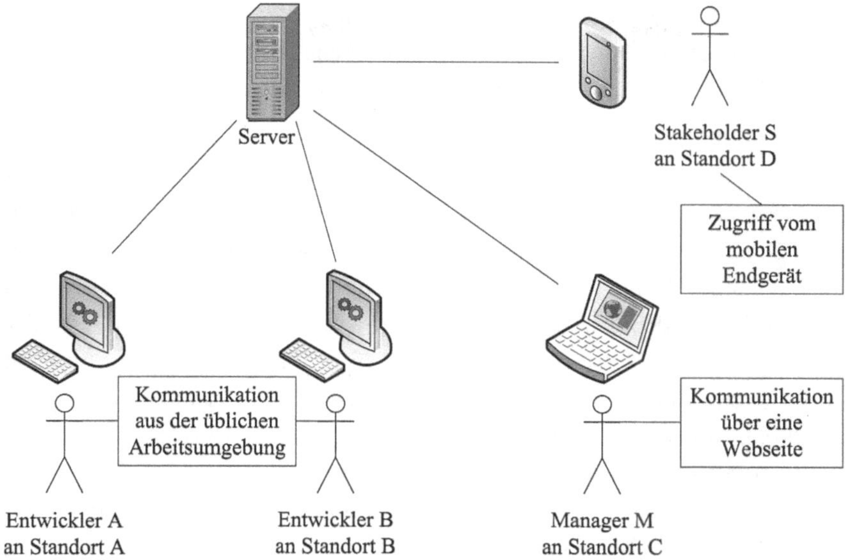

Abbildung 4.1.: Übersicht über den integrierten Kommunikationsansatz

werden, so dass stets nachvollziehbar ist, welche Argumente und Diskussionen in die Problemlösung einbezogen wurden. Neben dieser unmittelbaren Verknüpfung von Diskussionen mit dem betroffenen Quellcode ist es durch die Integration des Kommunikationsmediums in eine IDE möglich, zusätzliche Meta-Informationen zu übermitteln, um auch dadurch die Informiertheit der beteiligten Personen zu erhöhen. So können dann, wenn Nachrichten aus dem Quellcode versendet werden, zusätzliche Informationen über die betroffene Datei übermittelt werden. Somit kann der Leser unmittelbar darüber informiert werden, wo zusätzliche Informationen zum Diskussionsgegenstand gefunden werden können.

Weitere Kontextinformationen, mit denen eine Nachricht angereichert werden sollte, betreffen das Eingabemedium (beispielsweise aus der IDE, von einer Webseite oder von einem mobilen Endgerät) oder den Ort, von dem aus eine Nachricht gesendet wurde. Somit kann die periphere Informiertheit der Leser auf einfache Art und Weise erhöht werden. Beispielsweise ist es hilfreich zu wissen, ob der Kommunikationspartner zurzeit an seinem üblichen Arbeitsplatz arbeitet oder ob er unterwegs ist. Durch solche Informationen kann die Erreichbarkeit des Kommunikationspartners besser eingeschätzt werden. Zudem kann insbesondere in Szenarien, in denen die geografische und zeitliche Distanz hoch ist, durch die Angabe des Ortes implizit auf die Entfernung bzw. Zeitzonenunterschiede und somit auf unterschiedliche Arbeitszeiten aufmerksam gemacht werden.

Mit Hilfe der Übertragung von solchen Kontextinformationen einer Nachricht kann ebenfalls Anforderung 2 unterstützt werden. Diese Anforderung bezieht sich auf die Kanalkapazität des gewählten Mediums. Diese sollte demnach hoch sein, um eine hohe Vielfalt an Signalen (bzw. Informationen) übertragen zu können. Neben der angeführten Möglichkeit, Informationen über den Aufenthaltsort, das Eingabemedium oder über den Kontext einer Nachricht zu übermitteln, sollte der integrierte Kommunikationsansatz die Möglichkeit bieten, konkrete ergänzende Informationen zum Diskussionsgegenstand mitzusenden. So kann durch die von Anforderung 1 geforderte Integration in eine IDE beispielsweise die Möglichkeit geschaffen werden, Quellcodeausschnitte mit einer Nachricht mitzusenden. Somit können Leser der Nachricht den Kontext unmittelbar einordnen und müssen sich die notwendigen Informationen nicht selbst suchen bzw. die Informationen nachfragen. Der von vielen Entwicklern angestrebte Austausch mit erfahrenen Entwicklern wird somit erleichtert (Gutwin et al., 2004).

Ausgehend von den angeführten Überlegungen ergeben sich die folgenden Anwendungsfälle bzw. Nachrichtenformen für das Senden von Nachrichten, die der integrierte Kommunikationsansatz unterstützen sollte:

1. Entwickler sollen Nachrichten ohne Medienbruch aus der IDE versenden können. Nachrichten ohne konkreten Bezug zum Quellcode sollen dabei nicht mit dem Code verknüpft werden.

2. Entwickler sollen Nachrichten mit Bezug zum Quellcode direkt aus dem Code versenden können. Die Nachrichten sollen in der Zeile, von der aus sie gesendet wurden, mit dem Quellcode verknüpft werden.

3. Entwickler sollen bei Nachrichten mit Bezug zum Quellcode die Möglichkeit haben, Quellcodeausschnitte an die Nachricht anzuhängen, um so ergänzende Kontextinformationen zu liefern.

4. Entwickler und sonstige Projektbeteiligte sollen die Möglichkeit haben, über ein alternatives Eingabemedium Nachrichten zu verschicken. Dies kann beispielsweise über eine Webseite oder über ein mobiles Endgerät realisiert werden.

Neben der Anreicherung der Nachrichten mit Kontextinformationen und der Dokumentation von Begründungszusammenhängen existieren weitere Aspekte, die im integrierten Kommunikationsansatz realisiert werden sollten. So bezieht sich Anforderung 3 auf die Interaktivität des Kommunikationsmediums. Demnach sollte der Ansatz einerseits ein hohes Maß an Interaktivität (also synchrone Kommunikation) ermöglichen, andererseits sollte auch ausreichend Freiraum für asynchrone Kommunikation bleiben. Durch synchrone und asynchrone Kommunikation wird die verteilte Zusammenarbeit insbesondere über verschiedene Zeitzonen hinweg unterstützt.

Synchrone Kommunikation ermöglicht dabei die schnelle Kommunikation an einem Standort oder zu den Zeiten, in denen Überschneidungen der Arbeitszeiten zwischen Standorten in verschiedenen Zeitzonen existieren. Asynchrone Kommunikation ist dagegen vor allem in solchen Szenarien hilfreich, in denen es nur geringe oder gar keine Überschneidungen der Arbeitszeit gibt. Allerdings ist asynchrone Kommunikation in verteilten Projekten nicht nur in Bezug auf die zeitliche Distanz hilfreich. So haben Personen bei der Kommunikation über asynchrone Medien in der Regel mehr Zeit für das Formulieren von Nachrichten, was insbesondere in Bezug auf die sprachliche Distanz denjenigen Personen hilft, die Schwierigkeiten beim Formulieren von Nachrichten in einer Fremdsprache haben. Auch kann die Verständlichkeit der Nachrichten dieser Personen steigen, wenn diese mehr Zeit für die Formulierung der Nachricht haben (vgl. auch Abschnitt 2.1.4).

Die sprachliche Distanz wird ebenfalls implizit von Anforderung 4 adressiert. Gemäß dieser Anforderung sollte die für den integrierten Kommunikationsansatz verwendete Basistechnologie eine kurze Nachrichtenlänge unterstützen. Dies ist aus zweierlei Gründen sinnvoll: Kürzere Nachrichten verringern zum einen den Zeitaufwand für das Schreiben und Lesen von Nachrichten. Somit können Statusinformationen auf schnelle Art und Weise geteilt werden, womit wiederum die Informiertheit der beteiligten Personen steigt. Zum anderen wird es Personen, die die Fremdsprache nicht fließend beherrschen, durch die Konzentration auf kurze Nachrichten erleichtert, Nachrichten zu versenden. So ist beispielsweise in kurzen Nachrichten naturgemäß kein Raum für formale Floskeln (beispielsweise bezüglich der Anrede anderer Personen). Durch den expliziten Verzicht auf solche Nachrichtenbestandteile ist die Kommunikationshürde für die angesprochene Personengruppe entsprechend geringer[1].

Auf die Formalität einer Nachricht wird ebenfalls in Anforderung 5 eingegangen. Demnach sollte der integrierte Kommunikationsansatz einerseits eine Nachrichtenform mit hoher Formalität unterstützen, andererseits sollten die Formalitätskriterien nicht zu restriktiv ausgelegt werden, sondern den Nutzern ausreichend Freiräume für alternative Darstellungsformen lassen. Im Unternehmen sollte daher ein gewisser Standard in Bezug auf relevante Informationen bei bestimmten Nachrichten – beispielsweise beim oben angeführten Dokumentieren von Begründungszusammenhängen – eingehalten werden, um zum einen die Nachvollziehbarkeit zu erleichtern und zum anderen die *Kontrolle durch Testen und Anpassen* zu ermöglichen. Dies wird im integrierten Kommunikationsansatz auch implizit durch die mitgesendeten Meta-Informationen unterstützt. Das formelle Mitsenden von Kontextinformationen mittels Quellcodeausschnitten sollte allerdings situativ ausgewählt werden können. So sollte der Sender die Wahlmöglichkeit haben, ob solche Quellcodeausschnitte mitgesendet werden sollen oder ob darauf verzichtet werden kann. Grundsätzlich baut der integrierte Kommunikationsansatz jedoch insbesondere auch auf der informellen Kommunikation auf, um die Informiertheit im Unternehmen zu erhöhen. Demnach ist es im hier skizzierten Ansatz besser, kurze informelle Nachrichten zu versenden, als komplett auf die Nachricht zu verzichten. Beispiele für solche informelle Kurznachrichten sind etwa die Information, dass ein Mitarbeiter an einem Tag nicht zur Arbeit kommt, oder dass eine Lösung für ein wichtiges Problem gefunden wurde. Weitere Beispiele sind in Tabelle 4.1 angeführt[2].

Der integrierte Kommunikationsansatz sollte gemäß Anforderung 6 ebenfalls einen hohen Organisationsgrad besitzen. Zu diesem Zweck ist es erforderlich, dass das Nachrichtenformat standardisiert ist, also keine großen Freiräume in Bezug auf die Form der Nachrichten lässt. Um ein einheitliches Nachrichtenformat zu gewährleisten, bietet sich ein textbasiertes Nachrichtenformat an, das durch die oben angeführten Kontextinformationen ergänzt werden kann. Zudem

1 Möglicherweise gilt dies auch für Aspekte der kulturellen Distanz, wenn die explizite Verwendung von Kurznachrichten zu einer in der Organisation akzeptierten Norm geworden ist und keinen Raum für kulturelle Spitzfindigkeiten lässt.

2 Die Beispielnachrichten sind in englischer Sprache gehalten, um mit den in Abschnitt 4.4.2 angeführten Beispielen konsistent zu sein.

Tabelle 4.1.: Exemplarische Kurznachrichten

Nr.	Beschreibung	Beispielnachricht
1	Entwickler A benötigt Informationen zu einem speziellen Problem, für das er den richtigen Ansprechpartner nicht kennt.	I am looking for an expert for a question regarding dojo.
2	Ein Projektleiter möchte Statusupdates zu aktuellen Projektereignissen kommunizieren.	Room update: Our requirements workshop takes place in room 21
3	Entwickler A hat Schwierigkeiten dabei, einen Lösungsansatz für ein Problem zu finden.	We need to sort these data. Any ideas?
4	Entwickler B hat eine Idee, wie das Problem von Entwickler A gelöst werden kann.	I'd recommend using Quick Sort!
5	Entwickler A möchte das Team über Verzögerungen informieren.	Implementation of requirement 11 is more complex than expected. Will delay schedule!

sollten Nachrichten in streng chronologischer Reihenfolge angezeigt werden, um einen einfachen Überblick über die Nachrichten zu gewährleisten. Allerdings sollte der Ansatz die Möglichkeit bieten, strukturiert auf Nachrichten zu antworten und die jeweiligen Antworten in einer Konversationssicht anzuzeigen. Auf diese Art und Weise wird wiederum die asynchrone Kommunikation gesondert unterstützt, da trotz der chronologischen Reihenfolge der Nachrichten der Kontext einer Diskussion nicht verloren geht (wie es beispielsweise bei Chats der Fall ist). Abbildung 4.2 verdeutlicht die Überlegungen hinsichtlich des Organisationsgrades des integrierten Kommunikationsansatzes.

Schließlich sollte der integrierte Kommunikationsansatz laut Anforderung 7 auf einer Nachrichtenform aufbauen, die einen hohen Verbreitungsgrad besitzt. Mit Hilfe einer solchen Nachrichtenform hat man die Möglichkeit, viele Personen auf einmal zu erreichen. Somit kann man zum einen viele Personen auf einmal über aktuelle Themen informieren, zum anderen hat man bei wichtigen Fragen eine

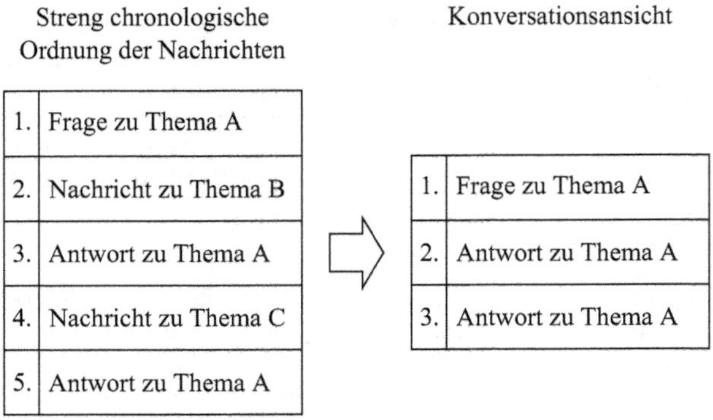

Abbildung 4.2.: Organisationsgrad und Konversationsansicht

höhere Wahrscheinlichkeit, eine qualifizierte Antwort zu erhalten[3]. Nachrichten sollten also an alle Mitarbeiter im Unternehmen geschickt werden können, um so das Wissen der breiten Masse an Personen optimal ausnutzen zu können. Informelle Diskussionen zwischen den Teammitgliedern können zudem für das gesamte Team von Interesse sein, da somit wiederum die Informiertheit und die Nachvollziehbarkeit des Projektes steigen kann (Cheng et al., 2003).

Der integrierte Kommunikationsansatz baut allerdings nicht ausschließlich auf Nachrichten an diese breite Masse von Personen auf. Vielmehr sollte es die Möglichkeit geben, Gruppen anzulegen, in denen sich Personen mit gleichen Interessengebieten oder einzelne Abteilungen des Unternehmens organisieren können. So kann beispielsweise eine Gruppe für *Java*-Entwickler angelegt werden, in der *Java*-spezifische Themen diskutiert werden können. Zudem bietet es sich an, für jedes Projekt eigene Gruppen anzulegen, um so projektspezifische Nachrichten zu bündeln. Diese projektspezifische Gruppierung von Nachrichten ist wiederum insbesondere aus Gründen der Nachvollziehbarkeit relevant. So können Mitarbeiter, die neu in ein Projekt eingeteilt werden, auf einfache Art und Weise auf alle projektbezogenen Nachrichten zugreifen und sich so einen Überblick über das verschaffen, was im Projekt bislang kommuniziert wurde.

Zusammenfassend ist festzuhalten, dass der hier entwickelte Ansatz insbesondere auf der Vereinfachung der Kommunikation (und somit auf dem damit ein-

3 Dies wird unter anderem auch als *„wisdom of the crowd“* bzw. *kollektive Intelligenz* bezeichnet (Geiger et al., 2011; Lachenmaier und Ott, 2012; Leimeister, 2010).

hergehenden schnelleren und häufigeren Senden von Nachrichten), der Erweiterung des Adressatenkreises, dem Mitsenden von Kontextinformationen und dem Verknüpfen von Diskussionen mit dem betroffenen Quellcode aufbaut. Dadurch sollen insbesondere die Kommunikationsstrategien *Kontextualisierung* und *Kontrolle durch Testen und Anpassen* unterstützt werden. Auf diese Art und Weise soll vornehmlich das gemeinsame Verständnis der Kommunikationspartner über die aktuellen Diskussionsgegenstände erreicht und die Nachvollziehbarkeit für spätere Projektphasen aufrechterhalten werden, um damit auch das Verständnis von neuen Projektmitarbeitern über die bisherigen Ereignisse im Projekt zu steigern. Durch die Möglichkeiten der informellen Kommunikation soll daneben auch die Beziehung zwischen den verteilt arbeitenden Kommunikationspartnern verbessert werden. Im folgenden Abschnitt wird nun anhand der sieben Anforderungen ein Medium ausgewählt, das als Basistechnologie für den integrierten Kommunikationsansatz geeignet ist.

4.2. Auswahl einer geeigneten Basistechnologie

Nachdem in Kapitel 3 Anforderungen an einen Ansatz zur Verbesserung der Kommunikation im verteilten Softwareentwicklungsprozess theoriebasiert definiert und im vorherigen Abschnitt präzisiert wurden, werden nun im Folgenden die in Abschnitt 2.4 angeführten Medien hinsichtlich ihrer Eignung zur Realisierung der Anforderungen analysiert. Anschließend wird eines dieser Medien begründet ausgewählt. Das ausgewählte Medium wird nach einer detaillierten Diskussion der inhärenten Eigenschaften in den entwickelten Ansatz eingebunden und in Bezug auf die Anforderungen erweitert, die nicht bereits unmittelbar unterstützt werden.

4.2.1. Bewertung von Technologien

Als Basistechnologie für den integrierten Kommunikationsansatz kommen im Rahmen dieser Arbeit die in Abschnitt 2.4.2 definierten Medien in Betracht. Diese werden im Folgenden anhand der im vorherigen Abschnitt dargestellten Anforderungen unter Berücksichtigung des Ziels der Unterstützung der Kommunikationsstrategien *Kontextualisierung* und *Kontrolle durch Testen und Anpas-*

sen klassifiziert. Neben der Bewertung der *Integrierbarkeit* in andere Plattformen (Anforderung 1) umfasst dies die *Kanalkapazität* (Anforderung 2) und die *Interaktivität* (Anforderung 3) eines Mediums. Zudem werden die über die Medien versendbaren Nachrichten in Bezug auf *Nachrichtenlänge* (Anforderung 4), *Formalität* (Anforderung 5) und *Organisations-* sowie *Verbreitungsgrad* (Anforderungen 6 und 7) bewertet. Die *Anpassbarkeit* eines Mediums, die ebenfalls im KAMOK aufgeführt wird, wird im Folgenden ausgeklammert, da aus dieser in Abschnitt 3.3 keine Anforderung abgeleitet werden konnte. Eine Übersicht über die Bewertung der verschiedenen Medientypen findet sich in Tabelle 4.2[4]. Auf diese Bewertung wird im Folgenden näher eingegangen.

Vorab ist anzumerken, dass diese Klassifikation lediglich die Möglichkeiten betrachtet, inwiefern die untersuchten Medien die zur Bewertung herangezogenen Anforderungen im Rahmen der üblichen Nutzung erfüllen (sogenannte *soziale Normen*). Beispielsweise könnten E-Mails zwar in einer nahezu synchronen Art und Weise zur Kommunikation genutzt werden, üblicherweise ist dies jedoch nicht der Fall (Dennis et al., 2008). Zudem wird die Möglichkeit ausgeklammert, verschiedene Medien zu kombinieren.

Mit Integrierbarkeit werden die Möglichkeiten bezeichnet, das Medium in ein anderes Werkzeug einzubetten (vgl. Abschnitt 3.3.2). Durch eine solche Integration ist es möglich, ohne Medienbruch aus der natürlichen Arbeitsumgebung der beteiligten Personen zu kommunizieren. Bei rein internetbasierten Werkzeugen wie beispielsweise Blogs, Wikis und Foren ist dies in der Regel nicht auf sinnvolle Art und Weise möglich. Auch Medien, die eine hohe Reichhaltigkeit besitzen oder die verschiedene Nachrichtenformen unterstützen (wie etwa Anhänge bei E-Mails), bieten sich für eine solche Integration nicht an. Zu diesen Medien zählen neben E-Mails auch virtuelle Welten und Audio-/Videokonferenzsoftware. Soziale Netzwerkseiten und Mikroblogs sind hingegen für die Integrierbarkeit in andere Anwendungen aufgrund der häufig vorhandenen Programmierschnittstellen (englisch: *application programming interface* (API)) geeignet (Reinhardt, 2009; Riemer et al., 2010). Auch Instant Messaging-Dienste können aufgrund der einfachen und standardisierten Struktur der Nachrichten relativ problemlos in andere Werkzeuge integriert werden.

4 Die Merkmale werden in Abschnitt 3.2.3 definiert.

Tabelle 4.2.: Bewertung von Medien- und Nachrichteneigenschaften verschiedener Medien (G = Gering; M = Mittel; H = Hoch; ✓ = möglich; x = nicht möglich)

Merkmal	Anforderung	Benötigte Ausprägung laut Anforderungen	Blog	Wiki	Virtuelle Welten	Soziale Netzwerkseiten	Mikroblogging	E-Mail	Instant Messaging	Foren	Audio-/Video-Konferenzsoftware
Allgemeine Anforderungen											
Integrierbarkeit	1	✓	x	x	x	✓	✓	x	✓	x	x
Medieneigenschaften nach Te'eni (2001)											
Kanalkapazität	2	H	M	M	H	G	G	M	G	G	H
Interaktivität	3	H	G	G	M	H	H	G	M	G	M
Nachrichteneigenschaften nach Te'eni (2001)											
Nachrichtenlänge	4	G	H	H	M	M	G	H	M	M	M
Formalität	5	G/H	H	H	G	G	G	H	G	G	G
Organisationsgrad	6	H	M	G	G	M	H	G	M	M	G
Verbreitungsgrad	7	H	H	H	G	M	H	M	G	H	G

Die Kanalkapazität bezeichnet die Eignung eines Mediums, eine hohe Vielfalt an Signalen und Sprachen zu übertragen (Te'eni, 2001). Diese ist bei den rein textbasierten Medien (Soziale Netzwerkseiten, Mikroblogs, Instant Messaging-Dienste und Foren) als niedrig einzustufen. Blogs, Wikis und E-Mails bieten hingegen die Möglichkeit, andere Medien (wie etwa Grafiken) in die Nachricht zu integrieren und besitzen daher eine mittlere Kanalkapazität. Medien, die es ermöglichen, audio-visuelle Nachrichten zu übertragen, haben schließlich eine hohe Kanalkapazität (Te'eni, 2001).

Die Interaktivität bezieht sich auf die Möglichkeiten eines Mediums, schnelles Feedback vom Empfänger der Nachricht zu bekommen (Te'eni, 2001). Hierzu sind insbesondere Medien mit einem hohen Maß an Synchronizität geeignet. Laut Anforderung 3 sollte allerdings ausreichend Freiraum für asynchrone Kommunikation bleiben, um so die Aspekte der geografischen und zeitlichen Verteilung adäquat zu berücksichtigen. Blogs, Wikis und Foren sind statische asynchrone Medien, die kaum Interaktivität ermöglichen (vgl. auch Abschnitt 2.4.3). Das Gleiche gilt für E-Mails, bei denen die synchrone Nutzung nicht der üblichen sozialen Norm entspricht (Dennis et al., 2008). Virtuelle Welten, Instant Messaging-Dienste und Audio-/Videokonferenzsoftware sind hingegen Medien mit einer hohen Synchronizität (Dennis et al., 2008), ermöglichen aber nicht das in Anforderung 3 ebenfalls geforderte Mindestmaß an asynchroner Kommunikation. Daher wird ihre Eignung, Anforderung 3 zu erfüllen, hier als mittel eingeschätzt. Lediglich soziale Netzwerkseiten und Mikroblogs sind dazu ausgelegt, sowohl asynchrone als auch synchrone Kommunikation zu ermöglichen und werden hier mit hoher Interaktivität bewertet.

Mit der Nachrichtenlänge wird die Anzahl der übertragbaren semantischen Einheiten bezeichnet (Daft und Lengel, 1986). Da die Nachrichtenlänge bei Mikroblogs per Definition beschränkt ist, ist diese hier entsprechend gering. Einige soziale Netzwerkseiten haben ebenfalls eine Zeichenbeschränkung; diese ist jedoch in der Regel nicht so gering wie bei Mikroblogs. Aus diesem Grund wird die Nachrichtenlänge bei diesem Medium als mittel bewertet. Virtuelle Welten, Instant Messaging-Dienste, Foren sowie Audio-/Videokonferenzsoftware haben hingegen häufig keine Beschränkung der Nachrichtenlänge; im Rahmen der üblichen Nutzung werden lange Nachrichten jedoch eher die Ausnahme als die Regel sein. Daher werden diese Medien in Bezug auf dieses Kriterium mit einem mittleren Wert bewertet. Blogs, Wikis und E-Mails unterliegen hingegen keiner Zeichenbeschränkung und bekommen hier entsprechend einen hohen Wert zugewiesen.

Mit Formalität bezeichnet man den Formalisierungsgrad einer Nachricht, der einer in der jeweiligen Organisation akzeptierten Norm entsprechen sollte (Te'eni, 2001). Laut Anforderung 5 sollte ein geeignetes Medium einerseits zwar eine hohe Formalität besitzen, dem Sender jedoch andererseits ausreichend Freiraum für alternative Darstellungsformen lassen. Virtuelle Welten, soziale Netzwerkseiten, Mikroblogs, Instant Messaging-Dienste, Foren und Audio-/Videokonferenzsoftware besitzen jeweils ein geringes Maß an Formalität. So ist es beispielsweise in Mikroblogs eine akzeptierte Norm, dass informell (etwa mit Abkürzungen oder ohne formelle Ansprache von Personen) kommuniziert wird (Zhao und Rosson, 2009). Mittels der Kommunikation über Mikroblogs können also unstrukturierte und informelle Informationen auf relativ einfache Art und Weise weitergegeben werden. Blogs, Wikis und E-Mails sind im organisationalen Kontext hingegen als eher formale Medien einzuschätzen.

Der Organisationsgrad einer Nachricht bezieht sich auf die Ordnung der Nachrichten, die für deren Verständnis notwendig ist. Faktoren, die den Organisationsgrad beeinflussen, sind unter anderem die chronologische Darstellung der Nachrichten oder die Verwendung eines standardisierten Datenformats (Te'eni, 2001). Wikis, virtuelle Welten und Audio-/Videokonferenzsoftware sind Medien mit einem relativ geringen Organisationsgrad, da Informationen beispielsweise in jeder Konversation bzw. auf jeder Wikiseite auf unterschiedliche Art und Weise dargestellt werden können. Blogs, soziale Netzwerkseiten, E-Mails, Instant Messaging-Dienste und Foren besitzen hingegen ein mittleres Maß an Organisation, da sie zwar einerseits geordnet dargestellt werden, sich andererseits jedoch in ihrer Darstellungsform stark unterscheiden können. Mikroblogs unterstützen hingegen eine streng chronologische Ordnung. Durch die strengen Vorgaben in Bezug auf die Nachrichtenlänge ist auch die Darstellungsform der Nachrichten stark standardisiert. Entsprechend wird dieses Medium hier mit einem hohen Wert bewertet.

Mit dem Verbreitungsgrad einer Nachricht bezeichnet man schließlich die Anzahl der Empfänger, die der Sender mit einer Nachricht erreichen kann (Te'eni, 2001). Virtuelle Welten, Instant Messaging-Dienste und Audio-/Videokonferenzsoftware sind in der Regel für direkte eins-zu-eins Kommunikation zwischen wenigen beteiligten Personen ausgelegt. Entsprechend werden sie hier mit einem geringen Verbreitungsgrad klassifiziert. Soziale Netzwerkseiten und E-Mails werden ebenfalls meist in der Kommunikation von wenigen Personen eingesetzt. Die Zahl der Adressaten ist bei diesen Medien zwar lediglich auf die im eigenen Adressbuch vorhandenen Personen eingeschränkt. Da das Versenden von Massenmails an viele Adressaten einerseits keiner technischen Beschränkung unterliegt, andererseits insbesondere im Unternehmenskontext jedoch keiner sozialen Norm entspricht, werden diese Medien in Bezug auf den Verbreitungsgrad der üblichen Nachrichten mit einem mittleren Wert eingestuft. Blogs, Wikis und Mikroblogs schränken den Verbreitungsgrad von Nachrichten hingegen nicht ein, sondern unterstützen explizit die Ansprache von vielen Personen. Insbesondere durch die Möglichkeit, Nachrichten (von zum Teil unbekannten Kontakten) beliebig weiterzugeben, besitzen Mikroblogs einen sehr hohen Verbreitungsgrad.

Nach der hier erfolgten Bewertung der verschiedenen Technologien ist ersichtlich, dass insbesondere Mikroblogging-Werkzeuge ein hohes Potenzial besitzen, die in den vorherigen Abschnitten formulierten Anforderungen zu adressieren (vgl. Tabelle 4.2). Mikroblogs erfüllen per Definition die Anforderungen in Bezug auf die Integrierbarkeit, die Interaktivität, die Nachrichtenlänge sowie den Organisations- und Verbreitungsgrad und haben somit von allen bewerteten Medien die meisten Überschneidungen mit den erforderlichen Merkmalsausprägungen. Somit können diese als Basistechnologie für den in dieser Arbeit entwickelten integrierten Kommunikationsansatz dienen. Um die Kommunikationsstrategien *Kontextualisierung* und *Kontrolle durch Testen und Anpassen* bestmöglich zu unterstützen, muss die Mikroblogging-Technologie jedoch insbesondere noch um spezifische Funktionen in Bezug auf Kanalkapazität und Formalität erweitert werden. Diese Erweiterung wird in den Abschnitten 4.3 und 4.4 beschrieben. Im nächsten Unterabschnitt wird jedoch zunächst eine Analyse existierender Ansätze zur Bewertung des Innovationsgrads vorgenommen.

4.2.2. Analyse existierender Ansätze

Ziel des konstruktionswissenschaftlichen Forschungsparadigmas ist die Erschaffung innovativer Artefakte (Hevner et al., 2004). Um den Innovationsgrad des in Abschnitt 4.1 vorgestellten Ansatzes beurteilen zu können ist es erforderlich, eine Analyse existierender Ansätze in Forschung und Praxis durchzuführen. Es existieren bereits einige Ansätze, die Mikroblogging bzw. Kommunikationsmedien in die Softwareentwicklung integrieren. Diese Ansätze konzentrieren sich jedoch hauptsächlich auf die Bereitstellung einer neuen Benutzeroberfläche für Mikroblogs und verzichten auf die Integration in Quellcodedateien (Klimpke, 2011).

Fitzpatrick et al. (2006) haben ein Eventbenachrichtigungssystem entwickelt, bei dem Chatfunktionen in das Versionierungssystem CVS (*Concurrent Version System*) integriert werden, um so die Informiertheit, Koordination und Kommunikation zu unterstützen. Handel und Herbsleb (2002) haben ebenfalls Instant Messaging-Funktionen in eine IDE integriert, um auf dieser Art und Weise die Informiertheit der Entwickler zu erhöhen. Zudem haben Sinha et al. (2006) ein Werkzeug entwickelt, das die Kollaboration und Informiertheit im verteilten Anforderungsmanagement durch Funktionen zur Unterstützung von informeller Kommunikation verbessern soll. Dieses Werkzeug wurde in die *Eclipse IDE* integriert und unterstützt sowohl die synchrone als auch asynchrone Kommunikation in Bezug auf Anforderungen.

Der Einsatz sozialer Medien in der Softwareentwicklung wird in den letzten Jahren zunehmend diskutiert. So beobachteten Storey et al. (2010) einen Trend von integrierten Entwicklungsumgebungen über kollaborative Entwicklungsumgebungen bis hin zu sozialen Entwicklungsumgebungen. Zudem fordern die Autoren verstärkte Forschung über die Nutzung sozialer Medien in der Softwareentwicklung.

Reinhardt (2009) hat einen Ansatz entwickelt, der Mikroblogging-Funktionen in eine IDE integriert. Dazu wurde eine Schnittstelle zur *Twitter*-Plattform geschaffen, um so ad-hoc Kommunikation über diese Mikroblogging-Plattform zu ermöglichen. Auch Guzzi et al. (2010) haben ein Werkzeug entwickelt, das einen Mikroblog-ähnlichen Ansatz in die *Eclipse IDE* integriert, um dadurch Softwareentwicklern dabei zu helfen, den Entwicklungsprozess besser zu verstehen und zu dokumentieren. Das Ziel dieses Ansatzes ist die Unterstützung der Softwarewartung und die Vermeidung des Verlusts von Wissen beim Ausscheiden von Mitarbeitern. Dazu werden Nutzungsinformationen der IDE mit Nachrichten verknüpft. Darüber hinaus haben Guzzi et al. (2010) in ihren Studien ermittelt, dass die durchschnittliche Nachrichtenlänge von Softwareentwicklern 55 Zeichen umfasst. Die begrenzte Zeichenzahl in Mikroblogging-Werkzeugen scheint also für die Bedürfnisse von Entwicklern ausreichend zu sein.

Neben den wissenschaftlichen Ansätzen wurden auch von der Open-Source-Gemeinschaft einige Werkzeuge entwickelt, die die *Twitter*-Plattform in die *Eclipse IDE* integrieren. Beispiele hierfür sind *Tweethub*[5], *Twitclipse*[6], *Twikle*[7], oder *Twitterclipse*[8]. All diese Werkzeuge bieten Benutzerschnittstellen für *Twitter*. Ein

5 http://wiki.eclipse.org/TweetHub (15.03.2011).
6 http://twitclipse.sourceforge.net (15.03.2011).
7 http://www.creative-mindworks.de/twikle (15.03.2011).
8 http://marketplace.eclipse.org/content/twitterclipse (15.03.2011).

Tabelle 4.3.: Unterstützung der Anforderungen durch die existierenden Ansätze

Ansatz	**Fitzpatrick et al. (2006)**	**Handel und Herbsleb (2002)**	**Sinha et al. (2006)**	**Reinhardt (2009)**	**Guzzi et al. (2010)**	**Tweethub (2011)**	**Twitclipse (2011)**	**Twikle (2011)**	**Twitterclipse (2011)**	**Snipper (2011)**
Mikroblogging-Ansatz	x	x	x	✓	✓	✓	✓	✓	✓	✓
Unternehmensinterne Lösung	x	x	x	x	x	x	x	x	x	x
Integration in IDE	x	✓	✓	✓	✓	✓	✓	✓	✓	✓
Verknüpfung mit Quellcode	x	x	x	x	x	x	x	x	x	x
Kontextinformationen	x	x	x	x	✓	x	x	x	x	x
Unterstützung von Gruppen	x	x	x	x	x	x	x	x	x	x

anderer Ansatz wird vom Werkzeug *Snipper*[9] verfolgt. Mit Hilfe dieses Werkzeugs können Entwickler Quellcodeausschnitte über die *Twitter*-Plattform teilen.

In Tabelle 4.3 werden die in diesem Abschnitt betrachteten Werkzeuge in Bezug auf die Unterstützung der durch die Mikroblogging-Technologie nicht explizit unterstützten Anforderungen gegenübergestellt. Mit Ausnahme der Arbeiten von Fitzpatrick et al. (2006), Handel und Herbsleb (2002) und Sinha et al. (2006) konzentrieren sich die vorgestellten Ansätze auf das Anzeigen von Mikroblog-Nachrichten und bieten die Möglichkeit, Nachrichten an *Twitter*-Accounts zu schicken. Die Unterstützung der Nachvollziehbarkeit von Begründungszusammenhängen im Entwicklungsprozess durch die Verknüpfung von Nachrichten mit den Quellcodedateien, zu denen sie zuzuordnen sind, bieten diese Ansätze nicht. Zudem fokussieren sich die vorgestellten Ansätze primär auf die Schnittstelle zur öffentlichen

9 http://marketplace.eclipse.org/content/snipper-code-sharing-service (15.03.2011).

Twitter-Plattform. Eine Integration einer eigenen Mikroblogging-Plattform in interne Unternehmensnetzwerke ist nicht vorgesehen.

Anzumerken ist weiterhin, dass bislang keiner der vorgestellten Ansätze systematisch evaluiert wurde. Dennoch wird durch die in diesem Abschnitt diskutierte Analyse existierender Ansätze deutlich, dass eine Integration von sozialen Medien in der Softwareentwicklungsgemeinschaft zunehmend diskutiert wird. Allerdings unterstützt bislang noch kein Werkzeug alle Aktivitäten der global verteilten Softwareentwicklung (Lanubile et al., 2010; Prikladnicki et al., 2012). Nach der in diesem Unterabschnitt erfolgten Analyse des Innovationsgrads des in dieser Arbeit entwickelten Ansatzes wird im Folgenden eine tiefergehende Betrachtung verschiedener Aspekte des unternehmensinternen Mikrobloggings vorgenommen.

4.2.3. Eigenschaften des unternehmensinternen Mikrobloggings

Nachdem der Mikroblogging-Technologie in Abschnitt 4.2.1 ein hohes Potenzial zugeschrieben wurde, die vorab ermittelten Anforderungen per Definition zu erfüllen, wird nun in diesem Abschnitt detaillierter auf das Konzept des unternehmensinternen Mikrobloggings eingegangen (vgl. auch Abschnitt 2.4.2). Mikroblogging ist ein relativ junges Konzept, das im Jahr 2006 erstmals erwähnt und insbesondere durch den Start der *Twitter*-Plattform im gleichen Jahr bekannt wurde (Honeycutt und Herring, 2009). Mittels eines Mikroblogs ist es möglich, Kurznachrichten über aktuelle Geschehnisse, Gedanken und Erfahrungen in einen ungerichteten Nachrichtenstrom zu senden (Ehrlich und Shami, 2010; Riemer et al., 2010; Zhao und Rosson, 2009). Dem unternehmensinternen Mikroblogging wird darüber hinaus ein hohes Potenzial für den verbesserten Wissensaustausch im Unternehmen zugeschrieben (Pahlke, 2012; Seebach, 2012). Im Folgenden wird der Definition von Böhringer und Richter (2009a, S. 300) gefolgt und unternehmensinternes Mikroblogging definiert als

> *„technologically supported interpersonal interaction utilising short information snippets within a separated information space (i.e. company, department, project) in order to create informal, social, groupstructural, and workspace awareness“.*

Aufbauend auf dieser allgemeinen Einführung in das unternehmensinterne Mikroblogging werden nun im Folgenden einige der funktionalen Eigenschaften des (unternehmensinternen) Mikrobloggings detaillierter betrachtet. Der Schwerpunkt des Abschnitts liegt dabei auf der Beschreibung der Funktionen, die die in Abschnitt 4.2.1 zur Technologieauswahl verwendeten Eigenschaften ergänzen bzw. erweitern.

Weitergeben einer Nachricht

Die wichtigsten Unterscheidungsmerkmale zwischen Mikroblogs und anderen sozialen Medien sind die Begrenzung der Zeichenlänge sowie die Art und Weise, wie die Beziehungen zu anderen Personen aufgebaut werden (Riemer et al., 2010). Diese Beziehungen basieren auf einem asymmetrischen, gerichteten Graphen (Java et al., 2007). Somit kann eine Person einer anderen Person *folgen* (also deren Nachrichten abonnieren), ohne dass diese selbst die Beziehung bestätigen muss (vgl. Huberman et al. (2009) sowie Abbildung 2.5). Dadurch ist es möglich, zur Liste der abonnierten Nachrichtenströme auch solche Personen hinzuzufügen, die interessante Nachrichten verfassen, mit denen man selbst aber nicht bekannt ist. Auf diese Weise können sich Personen zu den in Abschnitt 2.4.2 angeführten *Hubs* im Netzwerk entwickeln, d.h. Personen sein, deren Nachrichtenstrom von einer sehr großen Personenzahl abonniert wird (Java et al., 2007). Müssten diese Personen die Beziehungen zu allen Personen reziprok bestätigen und deren Nachrichten selbst abonnieren, dann würden sie ihrerseits einen sehr umfassenden und dadurch tendenziell unübersichtlichen Nachrichtenstrom besitzen. Nachrichten werden üblicherweise nicht direkt an einzelne Personen, sondern an alle Abonnenten gleichzeitig verschickt. Diesen Aspekt nennen Zhao und Rosson (2009) auch *Rundfunksendung*.

Daneben ist es in Mikroblogs möglich, Nachrichten von anderen Personen weiterzugeben und so im eigenen Nachrichtenstrom weiterzuverbreiten. In Anlehnung an die *Twitter*-Plattform und die dort existierende Bezeichnung *Tweets* für Nachrichten, spricht man hier häufig von *„retweeten“*. Mit Hilfe dieser beiden Kernfunktionen ist es nun möglich, dass das eigene soziale Netzwerk mit Hilfe eines sogenannten *Boundary Spanners* vergrößert wird (Daft und Lengel, 1986; Ye et al., 2012).

Dies lässt sich anhand des folgenden einfachen Beispiels erklären: In einem Unternehmen gibt es insgesamt neun Akteure, die geografisch verteilt sind und

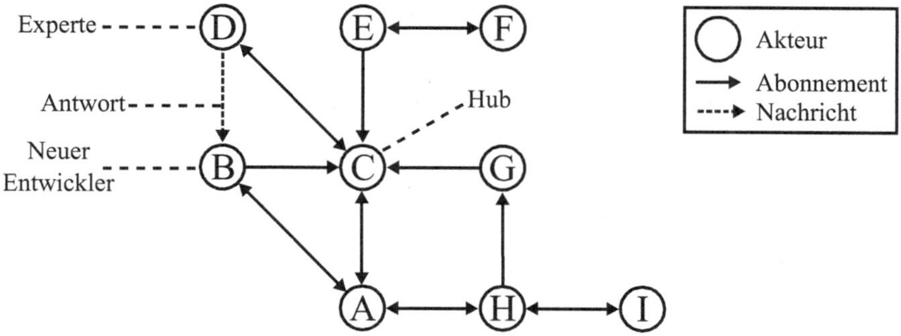

Abbildung 4.3.: Fragen und Antworten in einem Mikroblog-Netzwerk

über eine Mikroblogging-Plattform miteinander vernetzt sind. Die Beziehungen zwischen den Akteuren werden von Abbildung 4.3 dargestellt[10]. In dem dargestellten Unternehmen kommt mit Mitarbeiter B ein neuer Akteur hinzu. Dieser abonniert selbst die Nachrichtenströme der Akteure A und C. Im Rahmen seiner Arbeit stößt er nun auf ein Problem, das er nicht unmittelbar alleine lösen kann. Da er den Experten für dieses Problem selbst noch nicht kennt, sendet er seine Frage über seinen Nachrichtenstrom an seine Abonnenten. Akteur A liest die Nachricht, kennt aber leider die Antwort nicht. Dennoch möchte er dem neuen Mitarbeiter helfen und leitet die Nachricht an seine eigenen Abonnenten weiter. Akteur C, der als zentraler Hub des Unternehmens viele Abonnenten besitzt, greift die Nachricht ebenfalls auf und leitet sie weiter. Schließlich kommt die Nachricht bei Akteur D an, der Experte auf dem Gebiet ist. Dieser antwortet nun wiederum öffentlich, so dass sein Netzwerk darüber informiert ist, dass die Frage geklärt wurde. Akteur B bekommt die Nachricht durch direkte Adressierung, obwohl er den Nachrichtenstrom von Akteur D selbst noch nicht abonniert hat.

Auf diese Art und Weise konnte das Problem von Akteur B gelöst werden, indem der richtige, vorab unbekannte Experte ausfindig gemacht werden konnte. Die Akteure A und C agierten dabei als *Boundary Spanner* und haben den Wissenstransfer bzw. die Expertensuche somit ermöglicht (Alavi und Leidner, 2001; Cao et al., 2012). Durch dieses Beispiel wird ebenfalls deutlich, warum insbesondere in der wissensintensiven verteilten Softwareentwicklung eine Nachrich-

10 Die Abbildung baut auf den bereits bekannten Abbildungen aus Abschnitt 2.4.2 auf.

tenform mit einem hohen Verbreitungsgrad gewählt werden sollte (vgl. Anforderung 7).

Informiertheit

Wie bereits aus der eingangs dieses Abschnitts angeführten Definition hervorgeht, besitzen unternehmensinterne Mikroblogs ein hohes Potenzial, die Informiertheit (vgl. Abschnitt 2.3) im Unternehmen zu erhöhen (Böhringer und Richter, 2009a; Böhringer et al., 2009; Stocker und Müller, 2011; Zhao und Rosson, 2009). So kann beispielsweise auf einfache Art und Weise kommuniziert werden, wer wann woran arbeitet oder wer gerade verfügbar ist. Zudem kann die Informiertheit in Bezug auf den entwickelten Code erhöht werden, wenn entsprechende Informationsteilung durch die verwendete Mikroblogging-Plattform ermöglicht wird. Solche Informationen sind insbesondere in verteilten Entwicklungsprojekten wichtig, in denen nicht auf einen Blick festgestellt werden kann, wer gerade am Arbeitsplatz ist und woran derjenige arbeitet (Ehrlich und Shami, 2010; Gutwin et al., 2004; Kim et al., 2012; Sarma et al., 2012).

Daneben werden in einem unternehmensinternen Mikroblog auch Nachrichten versendet, die in anderen Medien nicht geschickt werden, dennoch aber interessant und relevant sind (Böhringer und Richter, 2009b). Dies wird etwa dadurch begünstigt, dass die meisten Mikroblog-Nachrichten niemanden direkt adressieren und trotzdem jeder die Möglichkeit hat, ohne Zwang zu antworten (Oulasvirta et al., 2010). Ein Beispiel für ein solches Szenario wurde bereits in Abschnitt 2.4.3 vorgestellt. In diesem Beispiel hatte ein Projektleiter nicht bedacht, dass Nutzungsbedingungen in deutscher und englischer Sprache angefertigt werden müssen. Das angeführte Beispiel zeigt ebenfalls den Effekt der unerwarteten Nutzung durch die Information eines Dritten, der bei üblicher eins-zu-eins-Kommunikation nicht zum Adressatenkreis der Nachricht gezählt hätte (Böhringer und Gluchowski, 2009). Darüber hinaus steigt durch solche öffentlichen Diskussionen die Transparenz im Unternehmen.

Vielfach werden im Unternehmen Mailinglisten eingerichtet, um wichtige Informationen mit dem gesamten Team zu teilen (Prikladnicki et al., 2012). Mittels des unternehmensinternen Mikrobloggings können Mailinglisten ersetzt und somit die Anzahl der E-Mails reduziert werden. Zudem können neue Mitarbeiter die Kommunikation in der Mikroblogging-Plattform nachvollziehen (beispielsweise indem sie den Nachrichtenstrom nach Schlagworten filtern), und so relevante Informationen auffinden, die in der Vergangenheit gesendet wurden. Dies gilt gleichermaßen für Projektmitarbeiter, die nach Abwesenheit (beispielsweise durch Urlaub) einen Informationsrückstand aufholen müssen (Barnes et al., 2010).

Durch regelmäßige Statusmeldungen steigt auch die soziale Präsenz einzelner Personen, so dass es diesen leichter fällt, mit anderen Personen in Kontakt zu bleiben (Dunlap und Lowenthal, 2009; Riemer et al., 2010). Schließlich wird die periphere Informiertheit dadurch erhöht, dass Informationen „von selbst" den Adressaten finden und somit nicht gesucht werden müssen (Cadiz et al., 2001; Zhao und Rosson, 2009).

Synchronizität

Die Mikroblogging-Technologie ermöglicht sowohl synchrone als auch asynchrone Kommunikation (Black und Jacobs, 2010; Dennis et al., 2008). So ist es einerseits möglich, in Mikroblogs ähnlich wie in Instant Messaging-Diensten in synchroner Art und Weise öffentlich miteinander zu chatten, indem sich zwei oder mehr Personen gegenseitig Nachrichten über ihren Nachrichtenstrom senden (Huberman et al., 2009). Dies wird in vielen Mikroblogging-Werkzeugen so gelöst, dass die angesprochene Person direkt adressiert wird, indem das At-Zeichen (@) vor den Nutzernamen geschrieben wird (Honeycutt und Herring, 2009; Riemer et al., 2010). Andererseits können Dialoge über einen längeren Zeitraum aufrechterhalten werden, da die einzelnen Nachrichten gespeichert werden und öffentlich einsehbar sind. Dies ist insbesondere in solchen Szenarien hilfreich, in denen die zeitliche Distanz die synchrone Kommunikation erschwert oder gar unmöglich macht. Antworten können demnach entweder sofort oder mit Zeitverzögerung eintreffen. Ein Nachteil dieser unspezifischen Kommunikation ist jedoch, dass nicht absehbar ist, wann sich andere Personen in die Diskussion einschalten oder wann diese die Konversation wieder verlassen (Oulasvirta et al., 2010).

Internetbasiert

Mikroblogs sind ein leichtgewichtiges Medium, das üblicherweise inter- bzw. intranetbasiert ist (Java et al., 2007; Zhang et al., 2010a; Zhao und Rosson, 2009).

Dadurch können organisationale, geografische und zeitliche Distanzen überwunden und die Arbeit von verteilten Teams ermöglicht werden (Burg und Pirchner, 2006; Günther et al., 2009). Somit besteht auch für isoliert arbeitende Personen die Möglichkeit, sich um ihr soziales Netzwerk zu kümmern (Sum et al., 2008). Durch offene APIs existieren zudem für viele Mikroblogging-Plattformen Erweiterungen, über die Nachrichten versendet oder gelesen werden können. Allerdings ist anzumerken, dass häufig dennoch ein Medienbruch zwischen der Arbeitsumgebung der beteiligten Personen und dem Kommunikationsmedium zu überwinden ist. Der in dieser Arbeit entwickelte integrierte Kommunikationsansatz zielt unter anderem auf diesen Aspekt ab.

Wenig-disruptiv

Grundsätzlich hat jede versendete Nachricht (egal über welches Medium) das Potenzial, die Zeit der Empfänger zu verschwenden (Oulasvirta et al., 2010). Bei der Mikroblogging-Technologie handelt es sich um ein wenig-disruptives Medium (Günther et al., 2009), was bedeutet, dass im Gegensatz zu anderen Medien kein Lesezwang der Nachrichten besteht. So geht man beispielsweise bei E-Mails häufig implizit davon aus, dass die gesendeten Nachrichten auch gelesen werden. Entsprechend ist der Druck auf den Empfänger groß, diese Erreichbarkeit zu gewährleisten. Mikroblogs sind hingegen dazu geeignet, das E-Mail-Aufkommen und die damit einhergehende Belastung zu reduzieren (Böhringer und Röhrborn, 2009; Günther et al., 2009; Stocker und Müller, 2011). Zudem ist durch die strikte Beschränkung der Zeichenzahl der Zeitbedarf für das Lesen (und Formulieren) von Nachrichten geringer (Oulasvirta et al., 2010). So genügt ein kurzer Blick auf den Nachrichtenstrom um festzustellen, ob relevante Nachrichten eingegangen sind, ohne die Nachrichten – wie etwa bei E-Mails – extra öffnen zu müssen. Entsprechend verringern Mikroblogs die benötigte Zeit und die kognitive Belastung der Empfänger der Nachrichten (McFedries, 2007; Zhang et al., 2010a,b).

Dokumentation

Mikroblog-Nachrichten werden grundsätzlich in der Zeitleiste gespeichert, wodurch die Transparenz und die Nachvollziehbarkeit von Begründungszusammenhängen steigen (vgl. Abschnitt 2.2). In der großen Menge an Nachrichten können diese unter anderem dadurch wiedergefunden werden, dass Nachrichten mit *Tags* versehen werden[11]. Daneben ist es bei vielen Mikroblogging-Werkzeugen möglich, nicht nur die Nachrichtenströme anderer Personen, sondern auch bestimmte Schlüsselworte zu abonnieren (Günther et al., 2009). Zudem kann einerseits die Darstellung komplizierter Ideen durch die Begrenzung der Zeichenzahl erschwert werden, andererseits kann durch diese Begrenzung auch die Kommunikationshürde geringer werden (Oulasvirta et al., 2010). Dadurch, dass mehr Informationen ausgetauscht werden, wird das Projekt insgesamt besser dokumentiert. Allerdings birgt Mikroblogging insbesondere in Bezug auf die Dokumentation von Begründungszusammenhängen ein großes Potenzial, das bislang noch nicht ausgeschöpft ist. Der integrierte Kommunikationsansatz zielt daher unter anderem auf diesen Aspekt ab.

Informeller Charakter

Weiterhin ist festzuhalten, dass unternehmensinterne Mikroblogs ein informelles Medium darstellen (Zhang et al., 2010b). Insbesondere durch die Beschränkung der Zeichenzahl wird deutlich, dass formale Nachrichten nur schwer möglich und daher in einem solchen Medium nicht erwünscht sind. Vielmehr steht die Nachricht und nicht mehr das Ausdrucksvermögen der einzelnen Personen im Vordergrund. Durch diesen informellen Aspekt fällt es Personen, die sich in einer Fremdsprache unsicher fühlen, leichter, Nachrichten zu verfassen. Gleichermaßen werden Kulturunterschiede durch diesen informellen Charakter der Kommunikation nicht so deutlich, wovon verteilte Entwicklungsprojekte wiederum profitieren (Carmel und Agarwal, 2001). Durch den informellen Aspekt haben unternehmensinterne Mikroblogs zudem das Potenzial, die sogenannten *water cooler talks*, d.h. Gespräche, die eher zufällig in der Kaffeeküche geführt werden, abzulösen. Dadurch steigt wiederum die Informiertheit im Unternehmen.

Problematische Aspekte

Trotz des in den vorherigen Abschnitten dargestellten hohen Nutzenpotenzials des unternehmensinternen Mikrobloggings existieren auch Aspekte, die im Un-

11 Unter einem *Tag* versteht man ein markiertes Wort, das verwendet wird, um Nachrichten in einer informellen Art und Weise zu klassifizieren (Treude und Storey, 2012).

ternehmenskontext problematisch sein können. Durch den öffentlichen Charakter der Nachrichten können Personen etwa Bedenken in Bezug auf ihre Privatsphäre haben und sich darüber hinaus durch ihre Vorgesetzten oder andere Personen kontrolliert fühlen (Barnes et al., 2010; Günther et al., 2009; Riemer et al., 2010). Beispielsweise könnten Personen Vorbehalte haben, zu viele Fragen in einem solchen Medium zu stellen, da sie sonst unerfahren wirken. Darüber hinaus merken einige Autoren an, dass ein solches Medium neben den unbestrittenen Nutzenaspekten ebenfalls ein hohes Prokrastinationspotenzial besitzt und auch selbst zu einer Ursache für den Überfluss an Informationen werden kann (Dunlap und Lowenthal, 2009; McFedries, 2007; Riemer et al., 2011, 2010). Dadurch, dass nicht alle Informationen nützlich sind, würde letztlich dem Ziel der Verringerung der Informationsüberlastung entgegengewirkt werden (Ehrlich und Shami, 2010). Die Zeichenbeschränkung könnte zudem die Verwendung schlechter Grammatik in der Kommunikation begünstigen (Grosseck und Holotescu, 2008). Diesen Aspekten muss bei der Entwicklung eines Ansatzes, der unternehmensinternes Mikroblogging als zentrales Element nutzt, Rechnung getragen werden.

4.2.4. Nutzungspraktiken des unternehmensinternen Mikrobloggings

Nachdem in den vorangegangenen Unterabschnitten auf die zentralen Eigenschaften des unternehmensinternen Mikrobloggings eingegangen wurde, werden im Folgenden die Ergebnisse verschiedener Studien über Nutzungspraktiken und Anwendungsfälle des Mikrobloggings im Allgemeinen und des unternehmensinternen Mikrobloggings im Besonderen dargestellt. In einer der ersten Studien über Mikroblogging haben Java et al. (2007) Nutzertypen und Nachrichten in der *Twitter*-Plattform analysiert. Demnach gibt es in dieser öffentlichen Mikroblogging-Plattform drei Arten von Nutzertypen: Neben *Informationsquellen*, die als Hubs eine große Anzahl an Abonnenten haben, sind dies *Freunde*, die miteinander bekannt sind, und *Informationssuchende*, die nur gelegentlich selbst Nachrichten schreiben. Weiterhin klassifizieren die Autoren die Nachrichten in die Kategorien *tägliche Chatnachrichten*, *Konversationen*, *Teilen von Informationen* und *Berichten von Neuigkeiten*.

Im Bereich des unternehmensinternen Mikrobloggings haben Riemer und Richter (2010) in einer Studie bei der *Communardo AG* ermittelt, dass in der verwendeten Mikroblogging-Plattform *Yammer* der Nachrichtentyp *Ereignisberichte* mit 43,8% aller Nachrichten am häufigsten verwendet wird. 20,9% der Nachrichten befassen sich mit der *Aufgabenkoordination*, weitere 15,9% beziehen sich auf das *Teilen von Informationen*. Schließlich befassen sich 13,7% der Nachrichten mit *Fragen nach Problemlösungen*, nach *Ereignisberichten* oder *Entscheidungen*. Auch nach Riemer et al. (2010) sind die häufigsten Nutzungspraktiken von unternehmensinternen Mikroblogs in die Themengebiete *Aufgabenkoordination*, *Problemlösung*, *Ereignisberichte* und *Ideen und Hinweise* einzuordnen.

Zhang et al. (2010a) haben ebenfalls die Nutzung von *Yammer* im Rahmen einer Fallstudie untersucht. Im Gegensatz zu Riemer und Richter (2010) kommen diese Autoren zu dem Ergebnis, dass das *Teilen von Informationen* mit 37% den häufigsten Nachrichtentyp ausmacht. Weitere 35% der Nachrichten beziehen sich auf *Konversationen* (etwa persönliche Diskussionen oder Fragen nach Hilfestellungen). Aufgrund der Durchführung der Studie kurz nach der Einführung des unternehmensinternen Mikrobloggings machen Diskussionen über die *Nutzung der Plattform* 21% der Nachrichten aus. *Informationen über den Verfasser* selbst sind schließlich in 16% der Nachrichten enthalten. Ehrlich und Shami (2010) haben darüber hinaus einen Vergleich der Inhalte zwischen internen und externen Mikroblogs durchgeführt. Demnach beinhalten interne Mikroblogs häufig Fragen nach technischer Unterstützung oder den Austausch unter Kollegen. Externe Mikroblogs befassen sich hingegen in erster Linie mit Statusupdates und der Verteilung allgemeiner Informationen.

Ergänzend zu den Studien im Unternehmensumfeld haben Meyer und Dibbern (2010) eine Studie über die Nachrichtentypen eines Mikroblogs einer Gruppe von Wissenschaftlern durchgeführt. Demnach befassen sich jeweils 36% der Nachrichten mit Informationen über die *Verfügbarkeit* von Personen bzw. mit Nachrichten über aktuelle *Aktivitäten*. 15% der Nachrichten dieser Gruppe befassen sich mit *Informationen über Prozesse* (was getan werden muss, wer etwas tun muss, usw.). Lediglich 7% der Nachrichten befassen sich mit dem *Teilen von Informationen*, während sich 6% auf *soziale Interaktionen* beziehen.

Eine weitere Studie über die Nutzung von Mikroblogging einer Gruppe von Wissenschaftlern haben Riemer et al. (2011) durchgeführt. Demnach befassen sich die meisten Nachrichten dieser Gruppe bei der Verwendung von *Communote* mit der *Aufgabenkoordination* (21,8%), dicht gefolgt von *Terminabstimmun-*

gen (18,0%). *Diskussionen und Nachfragen nach Informationen* sind mit 17,7% der dritthäufigste Nachrichtentyp in der Stichprobe der Autoren. Weitere Nachrichtentypen umfassen *Ereignisberichte*, das *Erzeugen von Inputs*, die *informelle Kommunikation*, das *Speichern von Informationen* sowie *Problemlösungen*.

Abschließend ist festzuhalten, dass die konkrete Nutzung einer Mikroblogging-Plattform offenbar sehr stark vom organisationalen Kontext abhängt (Riemer et al., 2011). Die angeführten Studien verdeutlichen, dass die Nutzung von Mikroblogs bislang entweder in Gruppen von Wissenschaftlern oder in Bezug auf die allgemeine Kommunikation im Unternehmen untersucht wurde. Untersuchungen über Mikroblogging in der Softwareentwicklung existieren bislang hingegen nicht.

4.3. Schlussfolgerungen und Neuentwicklungsbedarf

Nachdem in Abschnitt 4.1 aufbauend auf den zuvor aus dem KAMOK abgeleiteten Anforderungen der integrierte Kommunikationsansatz entworfen wurde, konnte im vorherigen Abschnitt mit der Mikroblogging-Technologie eine Technologie identifiziert werden, die bereits per Definition einen Teil der in Abschnitt 3.3 definierten Anforderungen umsetzt. Durch die Analyse existierender Ansätze wurde festgestellt, dass noch keine Werkzeugunterstützung verfügbar ist, mit der der integrierte Kommunikationsansatz realisiert werden kann. In diesem Abschnitt wird daher auf den erforderlichen Neuentwicklungsbedarf eingegangen, bevor die konkrete Realisierung des integrierten Kommunikationsansatzes in Abschnitt 4.4 beschrieben wird.

Wie aus der Analyse im vorherigen Abschnitt hervorgeht, existieren bereits vereinzelt Ansätze, die das Mikroblogging-Konzept in die *Eclipse IDE* integrieren. Allerdings beschränkt sich diese Integration weitgehend auf das Bereitstellen einer Schnittstelle zu einem öffentlichen Mikroblog. Da der hier entwickelte Ansatz die Kommunikation in verteilt arbeitenden Softwareteams eines Unternehmens unterstützen bzw. verbessern soll, ist es erforderlich, eine Lösung zu verwenden, die vom Unternehmen selbst betrieben werden kann. Daneben ist die Integration dieser Ansätze lediglich auf das Bereitstellen einer Ein-/Ausgabeschnittstelle beschränkt. Eine Verknüpfung mit dem konkreten Quellcode wird bislang nicht unterstützt. Demnach muss zur Realisierung von Anforderung 1 für den integrierten Kommunikationsansatz zunächst eine erweiterbare Mikroblogging-Plattform identifiziert und für diese eine Schnittstelle aus einer IDE entwickelt werden.

Um die Nachvollziehbarkeit im Entwicklungsprojekt zu verbessern, zielt der integrierte Kommunikationsansatz darauf ab, quellcodebezogene Diskussionen unmittelbar mit dem betroffenen Quellcode zu verknüpfen. Auf diese Art und Weise sollen Begründungszusammenhänge implizit ohne Mehraufwand dokumentiert werden. Allerdings sollte diese Verknüpfung nicht erzwungen werden, vielmehr sollte eine Wahlmöglichkeit bestehen, ob die Nachricht unmittelbar aus dem Quellcode oder „nur" aus der IDE versendet werden soll. Dieser Aspekt wird bislang weder von der Mikroblogging-Technologie noch von den existierenden Ansätzen unterstützt und muss demnach neu entwickelt werden.

Weiterhin geht aus der Bewertung der in Frage kommenden Technologien in Abschnitt 4.2.1 hervor, dass die ausgewählte Mikroblogging-Technologie nur eine geringe Kanalkapazität bereitstellt. Nach Anforderung 2 sollte die Kanalkapazität im integrierten Kommunikationsansatz jedoch hoch sein, so dass hier Entwicklungsbedarf entsteht. Um die Kanalkapazität zu erweitern, müssen daher die in Abschnitt 4.1 erwähnten Möglichkeiten der Anreicherung der Nachricht mit ergänzenden Meta-Informationen (etwa über den Aufenthaltsort des Absenders oder aus welcher Datei eine Nachricht gesendet wurde) umgesetzt werden. Zudem muss eine Möglichkeit geschaffen werden, wie Quellcodeausschnitte mit der Nachricht mitgesendet werden können, um so ergänzende Kontextinformationen zu liefern.

Schließlich sollte der integrierte Kommunikationsansatz die Möglichkeit bieten, die Kommunikation in Gruppen zu unterstützen. So sollen projekt- oder interessengebietspezifische Nachrichten an eine Gruppe gesendet werden können, um einerseits eine gewisse Ordnung in die Nachrichten zu bringen und andererseits die Kommunikation unternehmensöffentlich zu dokumentieren. Dadurch soll die Nachvollziehbarkeit von Projekten für neue Mitarbeiter erhöht werden. Öffentliche Mikroblogging-Werkzeuge, wie etwa die *Twitter*-Plattform, bieten diese Möglichkeit üblicherweise nicht. Es muss also entweder eine Mikroblogging-Plattform gefunden werden, die eine solche Gruppenfunktion unterstützt, oder eine solche Funktion implementiert werden. Zusammenfassend ist festzuhalten, dass durch die Mikroblogging-Technologie bereits ein großer Teil der in Abschnitt 3.3 definierten und in Abschnitt 4.1 präzisierten Anforderungen unterstützt werden.

Weiterentwicklungsbedarf besteht in erster Linie bezüglich der Integration in eine IDE, der Erweiterung der Kanalkapazität, der Unterstützung von Nachvollziehbarkeit und der Informiertheit sowie bezüglich einer Gruppenfunktion. Im folgenden Abschnitt wird nun auf die konkrete Realisierung des integrierten Kommunikationsansatzes eingegangen.

4.4. Realisierung des integrierten Kommunikationsansatzes

Wie im vorherigen Abschnitt dargestellt, ist für die Realisierung des skizzierten integrierten Kommunikationsansatzes die Implementierung einer Werkzeugunterstützung erforderlich. Im folgenden Unterabschnitt wird zunächst auf die Auswahl der weiterentwickelten Softwarebestandteile eingegangen. Danach folgt eine Funktionsübersicht und eine Nutzungsbeschreibung der entwickelten Lösung. Schließlich wird auf die Architektur und die erforderlichen Erweiterungen und Anpassungen der beiden ausgewählten Komponenten eingegangen.

4.4.1. Auswahl der erweiterten Softwarelösungen

Zur Realisierung des im vorherigen Abschnitt entworfenen integrierten Kommunikationsansatzes für die verteilte Softwareentwicklung wurde im Rahmen dieser Arbeit ein Werkzeug entwickelt, das aus zwei Bestandteilen besteht. Der erste Bestandteil ist eine webbasierte Mikroblogging-Plattform, der Zweite ist die Integration einer Benutzerschnittstelle zu dieser Plattform in einer Entwicklungsumgebung. Im Folgenden wird zunächst auf die Auswahl der Mikroblogging-Plattform eingegangen. Anschließend wird die Auswahl der Entwicklungsumgebung begründet. Sowohl die Entwicklungsumgebung als auch die Mikroblogging-Plattform wurden im Rahmen dieser Arbeit um spezifische Funktionen erweitert. Die erforderlichen Erweiterungen werden in Abschnitt 4.4.3 beschrieben.

Auswahl der Mikroblogging-Plattform

Ein wesentlicher Bestandteil des entwickelten Ansatzes ist die Verwendung eines Mikroblogging-Werkzeugs in der Softwareentwicklung. Da bereits eine Vielzahl von Mikroblogging-Plattformen existieren, bestand ein erster Schritt darin, eine umfassende Werkzeuganalyse durchzuführen, um so zum einen den aktuellen Stand der Technik zu analysieren und zum anderen eine passende Plattform zu identifizieren, die an die spezifischen Anforderungen angepasst werden kann.

Die Werkzeuganalyse wurde zwischen Herbst 2010 und Frühjahr 2011 durchgeführt. Da Mikroblogging-Plattformen als eine vereinfachte Form eines sozialen Netzwerks angesehen werden können (vgl. Abschnitt 2.4), beinhaltete die erste Analyse sowohl soziale Netzwerke als auch Mikroblogging-Plattformen. Insgesamt konnten anhand einer Internetrecherche und einer Literaturanalyse 81 entsprechende Plattformen identifiziert werden. Aus dieser Liste wurden anschließend diejenigen gefiltert, die entweder zum Zeitpunkt der Analyse bereits eingestellt waren, die keine explizite Kurznachrichtenfunktion bieten oder die ausschließlich in sehr begrenzten Kulturräumen einsetzbar sind. Ein Beispiel für letzteren Fall ist das soziale Netzwerk *Mysay*[12], das nur auf Hebräisch verfügbar ist. Zudem wurden Netzwerke, die auf bestimmte Zielgruppen spezialisiert sind, nicht weiter betrachtet. Anschließend wurden die 43 verbleibenden Werkzeuge einer detaillierten Analyse hinsichtlich ihres Funktionsumfangs unterzogen. Eine Liste dieser Werkzeuge findet sich in Tabelle B.1 (siehe Anhang B, S. 163).

Aus der Funktionsübersicht dieser Werkzeuge wurden anschließend die Mikroblogging-Plattformen ausgewählt und hinsichtlich ihres Betriebs- und Lizenzmodells untersucht. Zwei Optionen kamen für den hier entwickelten Ansatz in Frage: entweder die Verwendung einer Open-Source-Software, die beliebig erweiterbar ist oder die Verwendung einer proprietären Plattform, in der unternehmensinterne, geschlossene Netzwerke abgebildet werden können. Im zweiten Fall muss allerdings für die Entwicklung der notwendigen Erweiterung auf den Hersteller der Plattform zurückgegriffen werden. Die Ergebnisse dieser Untersuchung sind in Tabelle B.2 (siehe Anhang B, S. 166) dargestellt. Die Tabelle ist um die Werkzeuge bereinigt, die mittlerweile nicht mehr am Markt verfügbar sind, wie etwa die 2008 bzw. 2012 eingestellten Plattformen *Jaiku* und *Pownce*. Zudem wurde die Video-Mikroblogging-Plattform *Hictu* sowie Aggregatoren, wie beispielsweise das aus *Peoplesound* hervorgegangene *Hellotxt* oder *Friendfeed*, hier nicht weiter

12 http://www.mysay.co.il (24.05.2012).

betrachtet, da diese nicht geeignet erscheinen, für den in dieser Arbeit entwickelten Ansatz als Basistechnologie zu dienen.

Tabelle B.2 zeigt, dass die Werkzeuge *status.net* und *Sharetronix* als Open-Source-Software angeboten werden[13]. Da somit eine Erweiterung um spezifische Funktionen ohne Einbeziehung des Herstellers möglich ist, wurde die Auswahl für die geeignete Plattform unter diesen beiden Werkzeugen getroffen. In Tabelle B.3 (siehe Anhang B, S. 167) wird der Funktionsumfang dieser Werkzeuge gegenübergestellt (Avison und Fitzgerald, 2003). Es ist ersichtlich, dass *status.net* zum Zeitpunkt der Analyse deutlich mehr Funktionen als *Sharetronix* besaß. Nahezu alle Funktionen, die *Sharetronix* unterstützt, sind auch in *status.net* verfügbar. Die einzigen Ausnahmen sind die Möglichkeit, neben öffentlichen Gruppen auch private Gruppen anzulegen sowie den Onlinestatus einer Person anzeigen zu lassen.

Keines der beiden Open-Source-Werkzeuge bietet die Möglichkeit, Quellcodeausschnitte an eine Nachricht anzuhängen. Diese Funktion wird bislang nur von der proprietären Plattform *Socialspring Streams*[14] unterstützt. Allerdings erfolgt die Codeeingabe in dieser Plattform ausschließlich manuell über ein Texteingabefeld. Eine Integration in eine Entwicklungsumgebung, wie sie vom integrierten Kommunikationsansatz angestrebt wird, existiert nicht. Da mit *status.net* eine geeignete Open-Source-Software identifiziert werden konnte, war es nicht notwendig, die oben genannte zweite Option der Verwendung einer proprietären Plattform weiterzuverfolgen.

Die *status.net*-Plattform wurde ursprünglich unter dem Namen *Laconica* entwickelt und implementiert das *OStatus*-Protokoll[15]. Weitere Vorteile von *status.net* sind unter anderem eine mit der *Twitter*-Plattform kompatible API, die Nutzerfreundlichkeit sowie der hohe Verbreitungsgrad, der eine kontinuierliche Weiterentwicklung sicherstellt[16]. Zudem existiert bereits eine Vielzahl von Erweiterungen sowie über 40 unterschiedliche Sprachversionen, wodurch insbesondere die

13 Einige Werkzeuge wurden in den vergangenen Jahren umbenannt oder wurden an andere Hersteller verkauft. So wurde beispielsweise *Cubetree* 2010 von *Successfactors* übernommen und firmiert nun unter dem Namen *Jam*.

14 *Socialspring Streams* wurde ursprünglich unter dem Namen *present.ly* gegründet.

15 Vorher: OpenMicroblogging-Protokoll, vgl. http://ostatus.org/faq (24.05.2012).

16 Siehe auch http://blog.seibert-media.net/2009/06/24/micro-blogging-2-laconica-und-yammer-im-intranet (18.08.2011).

Nutzung in sprachraumübergreifenden Projekten erleichtert wird. Weiterhin existieren mobile Anwendungen für *Android*[17] und *iOS-Systeme*[18], was den mobilen Zugriff auf den Nachrichtenstrom erleichtert. Somit entsteht kein Neuentwicklungsbedarf, um beispielsweise den mobilen Zugriff auf die Nachrichten durch Projektmanager oder sonstige Stakeholder zu ermöglichen (vgl. Abbildung 4.1).

Auswahl der integrierten Entwicklungsumgebung

Der zweite Bestandteil des integrierten Kommunikationsansatzes basiert auf der Entwicklung eines Plug-ins[19] für eine IDE. Mit diesem Plug-in soll die IDE um spezifische Funktionen erweitert werden. Durch die Verwendung von IDEs wird die Softwareentwicklung erleichtert, indem Quellcodeeditoren, Compiler, Interpreter, Debugger, Visualisierungen und Codegeneratoren in einer Plattform vereint werden (Omoronyia et al., 2009).

Mittlerweile existiert eine große Anzahl von solchen IDEs am Markt. Zu den bekanntesten gehören etwa die proprietären IDEs *Microsoft Visual Studio* und *IntellyJ IDEA* oder die freien IDEs *NetBeans* und *Eclipse*. Im Rahmen dieser Arbeit wurde die *Eclipse IDE* als Basistechnologie ausgewählt, da diese zum einen frei verfügbar und erweiterbar ist und zum anderen eine große und wachsende Entwicklergemeinde besitzt, so dass hier von einer langfristigen Lebensdauer auszugehen ist (Yang und Jiang, 2007). Mittlerweile ist diese IDE – deren Entwicklung ursprünglich von IBM-Mitarbeitern begonnen wurde und die seit 2001 von der unabhängigen *Eclipse Foundation* vorangetrieben wird – als die dominante *Java* IDE anzusehen. Die *Eclipse IDE* wird insbesondere durch geringe Kosten, die schnelle Übernahme von Innovationen sowie durch die robuste Architektur charakterisiert (Burnette und Staudemeyer, 2010; Goth, 2005; Murphy et al., 2006; Yang und Jiang, 2007).

Daneben basiert die gesamte *Eclipse IDE* (mit Ausnahme des Kernels) auf Plug-ins, die durch vordefinierte Erweiterungspunkte (englisch: *extension points*) miteinander integriert sind (Hennig und Seeberger, 2008; Yang und Jiang, 2007).

17 https://play.google.com/store/apps/details?id=net.status.client.mobile (08.06.2012).

18 http://itunes.apple.com/us/app/statusnet/id392231302 (08.06.2012).

19 Unter dem Begriff *Plug-In* versteht man die *„kleinsten Softwareeinheiten, die separat entwickelt und ausgeliefert werden, und in die Plattform integriert werden können“* (Balzert, 2009, S. 78).

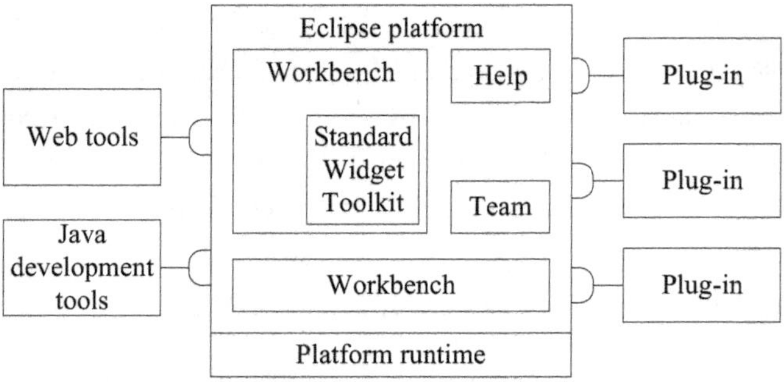

Abbildung 4.4.: Aufbau der *Eclipse IDE* (vgl. Geer, 2005, S. 17)

Entsprechend ist diese IDE sehr gut geeignet, durch weitere Plug-ins erweitert zu werden (Clayberg und Rubel, 2009; Goth, 2005). Abbildung 4.4 zeigt eine Übersicht über die auf die Verwendung von Plug-ins ausgelegte Architektur der *Eclipse IDE*.

4.4.2. Funktionen und Nutzungsbeschreibung

In diesem Abschnitt wird auf die Funktionen der beiden entwickelten Softwareartefakte eingegangen. Dabei wird zunächst der Funktionsumfang der Web-Anwendung und anschließend derjenige des *Eclipse*-Plug-ins beschrieben. Das Plug-in trägt den Namen *Weasel* (Dieser Name hat keine tiefergehende Bedeutung, zielt jedoch auf die agilen Eigenschaften dieses Tieres ab).

Web-Anwendung

Die Web-Anwendung baut auf der Open-Source-Software *status.net* auf (vgl. Abschnitt 4.4.1). Abbildung 4.5 zeigt die Startseite der Plattform. Für die Anmeldung sind ein Nutzername und ein Passwort erforderlich. Diese Zugangsdaten können neue Nutzer standardmäßig nur dann erstellen, wenn sie eine Einladung eines bereits in der Plattform registrierten Mitglieds bekommen haben. Somit ist der Nutzerkreis nicht öffentlich, sondern unternehmensintern beschränkt. Wenn die Plattform in einem geschlossenen Unternehmensnetzwerk betrieben wird, dann kann der Administrator die Beschränkung der Nutzung aufheben. In diesem Fall ist keine Einladung durch ein bereits registriertes Mitglied erforderlich.

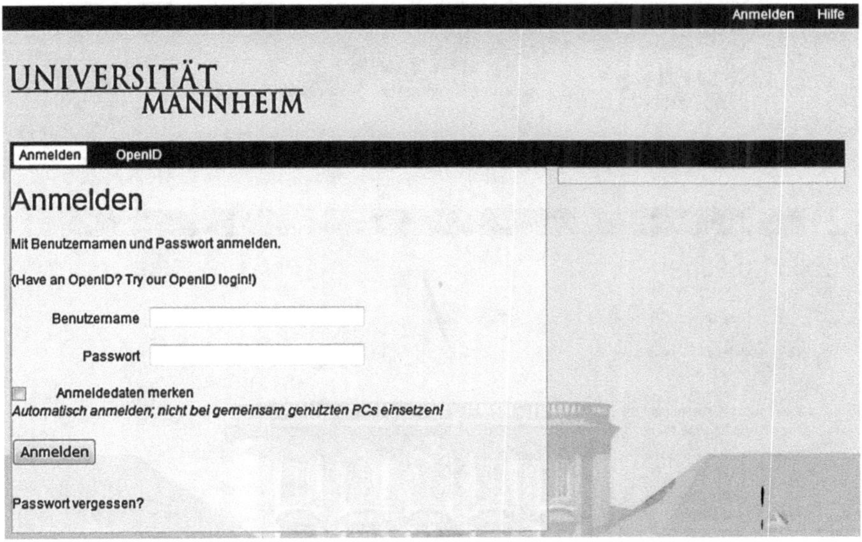

Abbildung 4.5.: Startseite der Web-Anwendung

Nach dem Anmelden in der Plattform ist die öffentliche Zeitleiste der Plattform sichtbar. Abbildung 4.6 zeigt diese Zeitleiste exemplarisch aus Sicht des Nutzers *Erik*.

Wie in Abschnitt 4.4.1 erwähnt, existieren für die *status.net*-Plattform ca. 40 Sprachversionen. Die implementierte *Eclipse*-Erweiterung liegt jedoch ausschließlich in englischer Sprache vor[20]. Um in den folgenden Beispielen konsistent mit den in der Evaluation in Kapitel 5 angeführten Beispielen zu bleiben, wird im Folgenden stets die englische Version der *status.net*-Plattform beschrieben.

Der Aufbau der Nutzeroberfläche ist vergleichbar mit den meisten bekannten Mikroblogging-Plattformen. Im oberen Bereich befindet sich ein Eingabefeld, in dem die Nachricht formuliert werden kann. Auf der unteren linken Seite befindet sich die öffentliche Zeitleiste, d.h. dort sind alle Nachrichten zu finden, die in der Plattform gesendet wurden (in der vorliegenden Version werden keine privaten Direktnachrichten unterstützt). Auf der rechten Seite befinden sich die populärs-

20 Da die Kommunikation in verteilten Softwareentwicklungsprojekten meist in englischer Sprache erfolgt, sollte die Verwendung eines englischsprachigen Plug-ins in der Regel kein Problem darstellen.

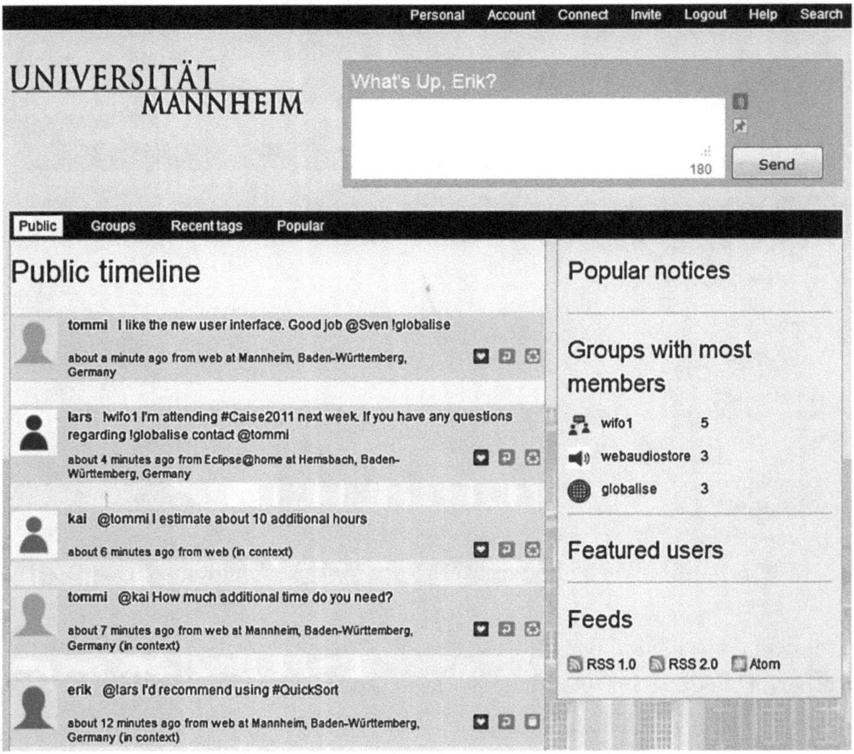

Abbildung 4.6.: Öffentliche Zeitleiste des Nutzers Erik

ten Nachrichten (darunter versteht man die Nachrichten, die von vielen Nutzern als Favorit markiert wurden), die Gruppen mit den meisten Mitgliedern, Nutzer die besonders hervorgehoben werden sowie die Möglichkeit, die Zeitleiste per *RSS-Feed* zu abonnieren[21]. Im Folgenden wird auf die unterschiedlichen Bereiche der Seite eingegangen, beginnend im oberen Bereich der Plattform.

In der obersten Zeile befindet sich unter dem Menüpunkt *Personal* die Möglichkeit, zur persönlichen Zeitleiste des Nutzers umzuschalten. Die persönliche Zeitleiste enthält nur Beiträge von den Personen, deren Nachrichten der Nutzer abonniert hat (vielfach spricht man hierbei von *folgen*). Unter dem Menüpunkt

21 *Really Simple Syndication* (RSS) steht für ein internetbasiertes Nachrichtenformat, mit dem Onlineveröffentlichungen abonniert werden können (Bughin, 2008).

Account können persönliche Einstellungen vorgenommen werden. Beispielsweise kann das eigene Profilbild oder der Nutzername geändert werden. Zudem gibt es die Möglichkeit, persönliche Informationen einzutragen, um so einfacher von anderen Personen gefunden werden zu können. Der Menüpunkt *Connect* enthält Informationen über die Verbindung mit anderen Werkzeugen. Über diese Funktion kann beispielsweise die Verbindung mit dem *Eclipse*-Plug-in konfiguriert werden[22].

Die Authentifizierung zwischen der Web-Anwendung und anderen eingebundenen Werkzeugen erfolgt dabei mittels des Standards *OAuth 1.0a* (Details zu diesem Standard finden sich in Abschnitt 4.4.3 und Anhang D.1). Mittels *Invite* können weitere Nutzer zur Werkzeugnutzung eingeladen werden. Über *Logout* kann der Nutzer sich von der Plattform abmelden. *Help* enthält eine Hilfefunktion und Informationen über *status.net.* Mit Hilfe der Suchfunktion (*Search*) ist es möglich, nach Personen, Nachrichten oder Gruppen zu suchen. Die Personensuche schließt dazu alle profilbezogenen Daten eines Nutzers ein. Um die Auffindbarkeit zu steigern ist es sinnvoll, im eigenen Profil möglichst viele Informationen zu hinterlegen.

In der Mitte des oberen Bereichs von Abbildung 4.6 befindet sich das bereits erwähnte Texteingabefeld. Im Beispiel wurde die Nachrichtenlänge auf 180 Zeichen begrenzt. Diese Zeichenzahl kann vom Administrator der Seite beliebig geändert werden. Nach einer Studie von Zhang et al. (2010a) beträgt die durchschnittliche Nachrichtenlänge in der Mikroblogging-Plattform *Yammer* 171 Zeichen; Guzzi et al. (2010) beziffern die durchschnittliche Nachrichtenlänge von Softwareentwicklern mit 55 Zeichen. Die Begrenzung auf 180 Zeichen erscheint insofern praktikabel. Abbildung 4.7 zeigt einen Detailausschnitt dieses Eingabefelds nach der Eingabe einer Nachricht.

Rechts neben dem Texteingabefeld existieren zwei weitere Funktionen: Hinter dem Büroklammersymbol verbirgt sich die Möglichkeit, Anhänge zu einer Nachricht hinzuzufügen, um den Empfängern der Nachricht auf diesem Wege ergänzende Kontextinformationen zur Verfügung zu stellen. Es ist außerdem möglich, den Standort anzuzeigen, von dem eine Nachricht versendet wurde. Die Ermittlung

22 Eine detaillierte Beschreibung der Konfiguration findet sich in Anhang C.3 (siehe S. 170).

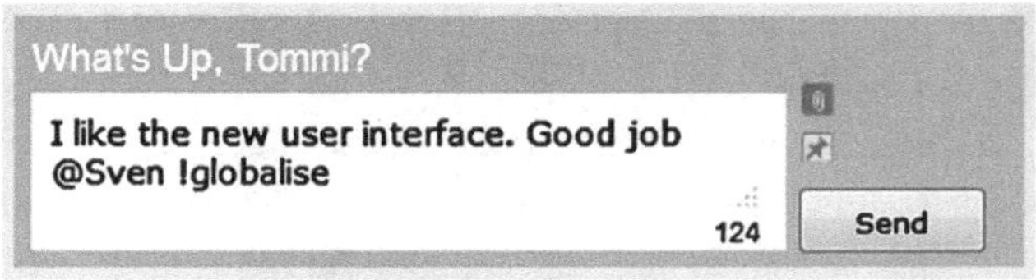

Abbildung 4.7.: Nachricht verfassen

des Standorts erfolgt dabei anhand der IP-Adresse[23]. Mit Hilfe des Reißnagel-Symbols kann diese Funktion im Einzelfall ausgeschaltet werden, um so den aktuellen Standort des Absenders zu verbergen. Die Anzeige des Standorts kann zudem auch in den persönlichen Einstellungen des Nutzers dauerhaft deaktiviert werden. Beim Klick auf den mit *Send* beschrifteten Button wird die Nachricht schließlich abgeschickt und im Nachrichtenstrom dargestellt.

Die Plattform bietet darüber hinaus die Möglichkeit, Nachrichten mit bestimmten zusätzlichen Eigenschaften zu versehen. Tabelle 4.4 zeigt einen Überblick über die unterstützten Befehle bzw. Steuerzeichen. Mit Hilfe des At-Zeichens ist

Tabelle 4.4.: Befehlsreferenz

Befehl	**Beispiel**	**Funktion**
@	@Sven	Adressieren einer Person
!	!globalise	Versenden einer Nachricht an eine Gruppe
#	#QuickSort	Markieren einer Nachricht durch ein Hashtag

es möglich, Personen direkt anzusprechen. Zudem wird auf diese Art und Weise kenntlich gemacht, wenn eine Nachricht als Antwort auf eine andere Nachricht verfasst wurde oder wenn eine Nachricht einer anderen Person weitergegeben wurde. Auf diese Funktionen wird im weiteren Verlauf dieses Abschnitts eingegangen. Durch einen Klick auf einen Benutzernamen, dem das At-Zeichen vorangestellt ist, wird das Profil des entsprechenden Benutzers geöffnet. Abbildung 4.8 zeigt ein solches Nutzerprofil exemplarisch.

23 Vgl. etwa http://www.mozilla.org/de/firefox/geolocation (25.05.2012) für Details zur technischen Realisierung dieser Funktion im Firefox-Browser. Auch andere Browser bieten diese Funktionalität.

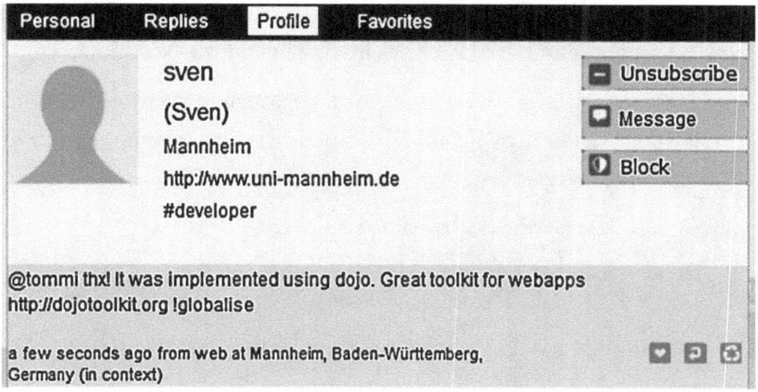

Abbildung 4.8.: Beispiel eines Nutzerprofils

In diesem Nutzerprofil werden zum einen die persönlichen Angaben und die Nachrichten des Nutzers angezeigt, zum anderen ist es möglich, die Nachrichten des Nutzers zu abonnieren (*Subscribe*), eine Direktnachricht an den Nutzer zu schicken (*Message*) sowie den Nutzer dauerhaft zu blockieren (*Block*). Nachrichten blockierter Nutzer erscheinen nicht mehr in der eigenen Zeitleiste. Im Gegensatz zu vielen sozialen Netzwerken sind Beziehungen in der Plattform ungerichtet, d.h. die Nachrichten einer anderen Person können abonniert werden, ohne dass diese Person dem Abonnement zustimmen muss (vgl. Abschnitte 2.4 und 4.2.3). Für das Versenden von Direktnachrichten ist es allerdings notwendig, dass die Verbindung zwischen zwei Nutzern bidirektional ist, also dass beide Nutzer den Nachrichtenstrom des jeweils anderen abonniert haben.

Indem ein Ausrufezeichen vor den Gruppennamen geschrieben wird, können Nachrichten direkt an die entsprechende Gruppe gesendet werden. Auf die Gruppenfunktion wird im weiteren Verlauf dieses Abschnitts detaillierter eingegangen. Das letzte Steuerzeichen der Web-Anwendung ist das Raute-Zeichen mit dem es möglich ist, *Tags* zu erstellen. Bei einem Klick auf ein auf diese Art und Weise markiertes Wort werden alle Nachrichten angezeigt, die dieses *Tag* enthalten. Zudem werden die meistverwendeten *Tags* in einer sogenannten *Tag Cloud* je nach

Häufigkeit des Auftretens in unterschiedlicher Größe dargestellt[24]. Somit ist es möglich, einen Überblick über aktuell wichtige Themen zu bekommen.

Abbildung 4.9 zeigt einen Detailausschnitt der oben verfassten Nachricht im Nachrichtenstrom. Neben dem Profilbild werden der Nutzername des Absenders sowie die Nachricht angezeigt.

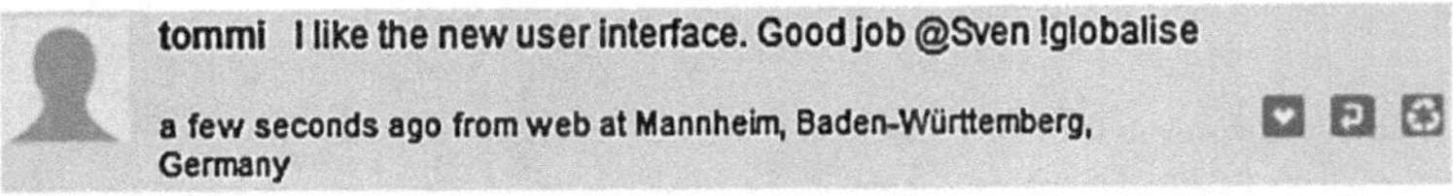

Abbildung 4.9.: Nachricht weitergeben und beantworten

Im Beispiel wird sowohl der Nutzer Sven direkt adressiert als auch kenntlich gemacht, dass die Nachricht dem Projekt *globalise* zuzuordnen ist. Unterhalb der eigentlichen Nachricht werden Kontextinformationen zu dieser Nachricht angezeigt. Neben der Information, zu welchem Zeitpunkt die Nachricht versendet wurde (*a few seconds ago*), befindet sich die Information über das genutzte Medium (*from web*) und über den Ort, von dem aus die Nachricht abgesendet wurde (*Mannheim*). Somit werden implizit Informationen weitergeben, die die Informiertheit der Empfänger erhöhen (vgl. Abschnitt 2.3).

Die Plattform bietet wie jede andere Mikroblogging-Plattform die Möglichkeit, Nachrichten an die eigenen Abonnenten weiterzugeben und zu beantworten. Auf der rechten Seite des Bildausschnitts sind daher drei weitere Funktionen sichtbar. Mit dem Herz-Button kann eine Nachricht als Favorit markiert werden. Solche Nachrichten werden auf der Startseite der Nutzer angezeigt, wobei die Nachrichten, die die meisten Markierungen haben, ganz oben angezeigt werden. Somit werden Verfasser von populären Nachrichten durch diese zusätzliche Aufmerksamkeit zum einen besonders belohnt, und wichtige Nachrichten zum anderen in den Fokus der übrigen Nutzer gerückt.

Mit einem Klick auf den rechten Button kann eine Nachricht an die eigenen Abonnenten weitergegeben werden[25]. Auf diese Art und Weise ist es möglich, Personen mit einer Nachricht zu erreichen, die den eigenen Nachrichtenstrom

24 Eine *Tag Cloud* ist eine visuelle Darstellung einer Liste von *Tags*, die die Popularität jedes *Tags* auf eine gewisse Art und Weise (beispielsweise durch Veränderungen der Schriftgröße oder der Farbe) visualisiert (Murugesan, 2007).

25 Das entspricht dem sogenannten *retweeten* in der öffentlichen *Twitter*-Plattform.

nicht abonniert haben. Wenn beispielsweise der Nutzer B die Nachrichten des Nutzers A abonniert hat und A eine Nachricht schreibt, die B auch relevant für die eigenen Abonnenten hält, dann bekommt auch der Nutzer C, der die Nachrichten von B aber nicht die von A abonniert hat, diese Nachricht. C hat die Möglichkeit, direkt auf die Nachricht zu antworten und A somit zu helfen. Für A ist es damit möglich, den eigenen Adressatenkreis zu vergrößern[26].

Mit Hilfe des mittleren Buttons kann schließlich auf die entsprechende Nachricht geantwortet werden. Wenn ein Nutzer auf eine Nachricht antwortet, dann ist bei beiden Nachrichten ein neuer Link mit der Aufschrift *in context* sichtbar (vgl. Abbildung 4.10).

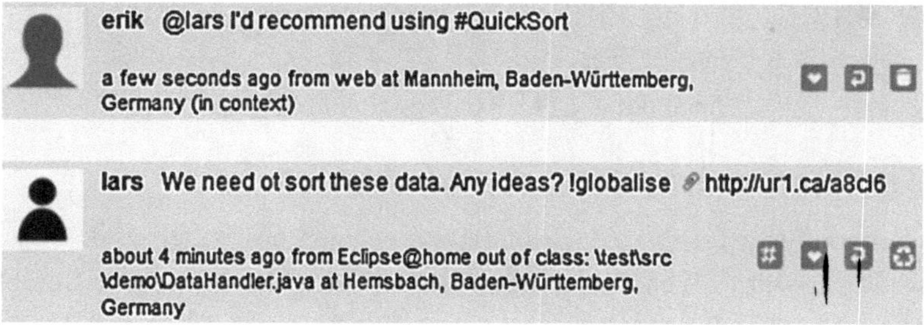

Abbildung 4.10.: Antwort anzeigen

Somit wird kenntlich gemacht, dass zu der entsprechenden Nachricht weitere Kontextinformationen verfügbar sind. Wird der neue Link ausgewählt, dann werden alle Nachrichten, die zu der entsprechenden Konversation gehören, in einer Konversationsansicht auf einer neuen Seite angezeigt. Abbildung 4.11 zeigt ein Beispiel dieser Konversationsansicht, die das in Abbildung 4.2 illustrierte geforderte Verhalten umsetzt. Schließlich ist es außerdem möglich, eigene Nachrichten zu löschen. Dazu genügt ein Klick auf den Mülleimer-Button, der neben eigenen Nachrichten eingeblendet wird.

Wie in Abschnitt 4.4.1 erwähnt, unterstützt die Plattform im Gegensatz zu vielen anderen Mikroblogging-Plattformen eine Gruppenfunktion. Gruppen können dabei sehr verschiedene Ausprägungen haben. Denkbar sind etwa Gruppen zu Themengebieten, die für viele Mitarbeiter interessant sind, oder die Einrichtung

26 Ein solches Beispiel wurde bereits in Abschnitt 4.2.3 ausführlich dargestellt.

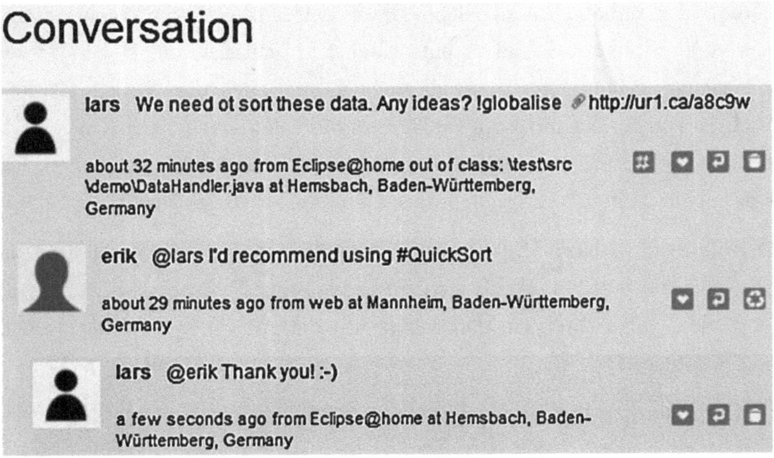

Abbildung 4.11.: Konversation anzeigen

einer Gruppe für jedes Projekt, das im Unternehmen bearbeitet wird. Dadurch ist es beispielsweise neuen Projektmitarbeitern leicht möglich, einen Überblick über den bisherigen Projektverlauf zu bekommen. Gruppen können in der Web-Anwendung von jedem Mitarbeiter angelegt werden, wodurch der Administrationsaufwand reduziert wird.

Nachrichten können direkt an eine Gruppe gesendet und dadurch von allen Gruppenmitgliedern empfangen werden. Zudem können die Nachrichten, die zu einer Gruppe gehören, aggregiert angezeigt werden. Abbildung 4.12 zeigt exemplarisch die Startseite der Gruppe *globalise* im Beispielszenario. Im oberen Bereich der Seite werden alle verfügbaren Informationen zu dieser Gruppe angezeigt. Außerdem gibt es dort die Möglichkeit, einer Gruppe beizutreten oder diese zu verlassen. Darunter werden alle Nachrichten angezeigt, die an diese Gruppe gesendet wurden. Im Beispiel wird das durch `!globalise` kenntlich gemacht. Auf der rechten Seite werden die Profilbilder der Gruppenmitglieder angezeigt, darunter finden sich Informationen über das Gründungsdatum, die Anzahl der Gruppenmitglieder und über den Administrator der Gruppe. Außerdem wird eine gruppenspezifische *Tag Cloud* angezeigt die nur die *Tags* enthält, die in den Gruppennachrichten verwendet wurden. Genauso wie die öffentliche und die pri-

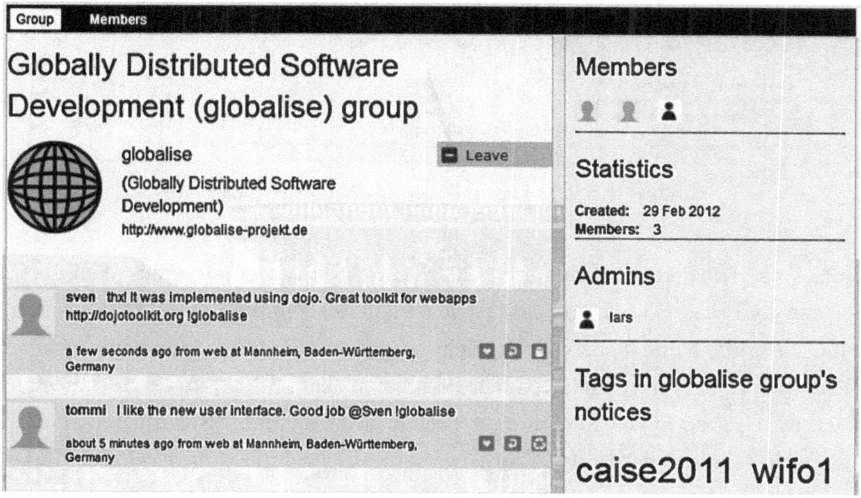

Abbildung 4.12.: Gruppe anzeigen

vate Zeitleiste eines Nutzers per *RSS-Feed* abonniert werden können, können auch Nachrichten der Gruppe abonniert werden.

Die Funktionen der Web-Anwendung, die auf der Integration in die *Eclipse IDE* aufbauen, werden nach der nun folgenden Vorstellung der Funktionsweise des *Eclipse*-Plug-ins erläutert.

Eclipse-Plug-in

Der wichtigste Bestandteil des *Eclipse*-Plug-ins ist eine Benutzerschnittstelle zur Web-Anwendung. Nach erfolgreicher Installation (vgl. Anhang C.2, S. 170) und Konfiguration (vgl. Anhang C.3, S. 170) wird in einem neuen Reiter im unteren Bereich der IDE der private Nachrichtenstrom des Nutzers angezeigt (vgl. Abbildung 4.13).

Die Darstellung des Nachrichtenstroms enthält die gleichen Informationen wie die Web-Anwendung, d.h. es werden der Nutzername des Absenders, die Nachricht, der Zeitpunkt des Absendens und die Nachrichtenquelle angezeigt. Zudem wird die Klasse angezeigt, aus der die Nachricht abgeschickt wurde. Auf diese Funktion wird im weiteren Verlauf dieses Abschnitts eingegangen. Um die Da-

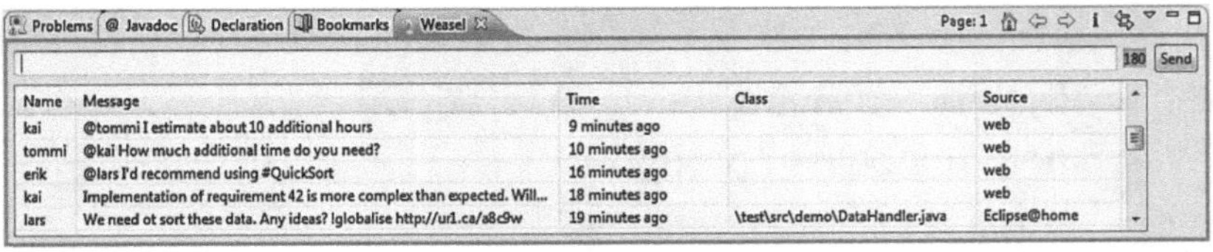

Abbildung 4.13.: Darstellung des Nachrichtenstroms

tenlast zu reduzieren, werden stets 20 Nachrichten auf einmal vom Webserver geladen und angezeigt. Durch die beiden Pfeiltasten im oberen rechten Bereich kann zu älteren und neueren Nachrichten navigiert werden. Durch die *Home*-Taste (das Haussymbol links von den Pfeiltasten) kann direkt zu den aktuellsten Nachrichten gesprungen werden. Auf welcher Seite dieser 20-Nachrichten-Blöcke man sich befindet, wird durch die Angabe der Seite links von der *Home*-Taste angezeigt (in Abbildung 4.13 wird dies durch `Page: 1` kenntlich gemacht).

Eine weitere Kernfunktion des Plug-ins ist das Versenden von Nachrichten aus der Arbeitsumgebung der Entwickler heraus. Somit soll diesen die Kommunikation erleichtert und dadurch die Publikationsfrequenz gesteigert werden, um die Informiertheit der anderen Projektbeteiligten zu erhöhen. Nachrichten können im Plug-in mit den gleichen Steuersymbolen wie in der Web-Anwendung versehen werden (vgl. Tabelle 4.4). Zudem wird vergleichbar wie in der Web-Anwendung die verbleibende Zeichenzahl angezeigt und farblich hervorgehoben (ist die Zeichenzahl im zulässigen Rahmen, dann wird sie grün hinterlegt dargestellt, ansonsten rot).

Wenn eine Nachricht aus dem Plug-in versendet wird, dann wird sowohl in dem integrierten Nachrichtenstrom als auch in der Web-Anwendung als Quelle (*Source*) der Name des verwendeten Werkzeugs angezeigt. Im Beispiel ist das *Eclipse@home* um zu signalisieren, dass die Nachricht von einem Heimarbeitsplatz aus gesendet wurde. Auch diese zusätzlichen Meta-Informationen erhöhen die Informiertheit der verteilt arbeitenden Mitarbeiter, da so zum einen implizit herausgestellt wird, welches Medium zurzeit genutzt wird, und zum anderen gezeigt wird, dass der entsprechende Entwickler zurzeit an codebezogenen Aufgaben arbeitet. Durch die Integration der Mikroblog-Nachrichten in die IDE ist es nun also für Entwickler möglich, ohne Medienbruch (d.h. ohne die übliche Arbeitsumgebung verlassen zu müssen) über die für sie relevanten Nachrichten im

Unternehmen oder in ihren Projekten informiert zu bleiben und selbst Nachrichten zu verfassen.

Genauso wie in der Web-Anwendung ist es auch im *Eclipse*-Plug-in möglich, Nachrichten weiterzugeben oder auf Nachrichten zu antworten. Dazu genügt ein Rechtsklick auf die entsprechende Nachricht und die Auswahl der gewünschten Funktion. Dies ist in Abbildung 4.14 dargestellt.

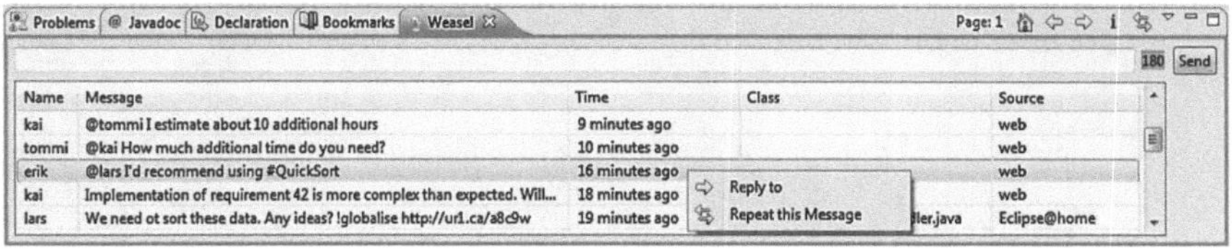

Abbildung 4.14.: Nachricht weitergeben und beantworten

Auch die oben vorgestellte Konversationsansicht wird durch das *Eclipse*-Plug-in unterstützt. Diese wird in einem Pop-up dargestellt und kann durch einen Doppelklick auf eine der zur entsprechenden Konversation gehörenden Nachrichten aufgerufen werden. Oberhalb der Konversation wird auch der Avatar des Verfassers der ausgewählten Nachricht angezeigt (vgl. Abbildung 4.15).

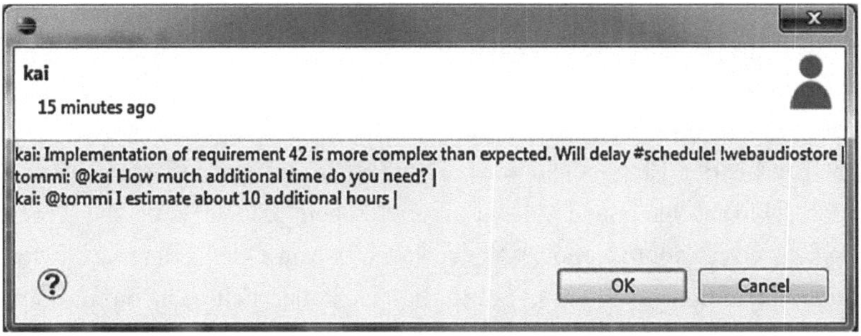

Abbildung 4.15.: Konversation anzeigen

Neben der Anzeige des Nachrichtenstroms und der Möglichkeit, auf die eben dargestellte Art und Weise Nachrichten zu verfassen, bietet das Plug-in die Möglichkeit, Nachrichten direkt aus dem Code heraus zu versenden. Im Folgenden wird diese Funktion an einem einfachen Beispiel demonstriert. Abbildung 4.16 zeigt die Klasse `DataHandler`, die im Konstruktor ein Array mit drei Zahlen initialisiert.

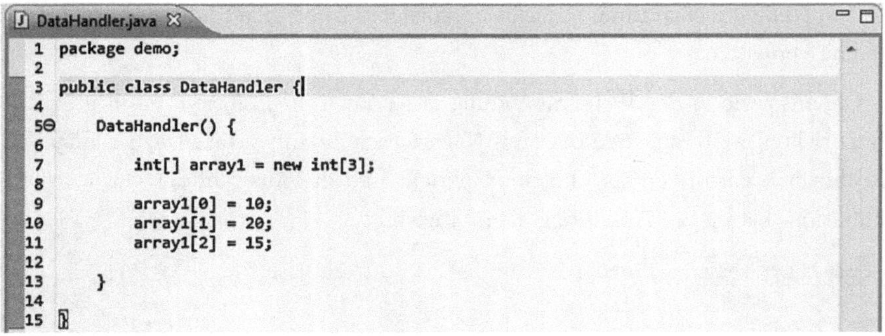

Abbildung 4.16.: Quellcodebeispiel

Im hier skizzierten Szenario wird davon ausgegangen, dass der für diese Klasse zuständige Entwickler das Array `array1` aufsteigend sortieren möchte[27]. Allerdings ist er sich nicht sicher, welcher Sortieralgorithmus für dieses spezifische Problem am geeignetsten ist. Zudem ist ihm nicht bekannt, welcher seiner Kollegen der richtige Ansprechpartner für dieses Problem ist. Mittels des vorliegenden Plug-ins hat er nun die Möglichkeit, eine Nachricht direkt aus dem Code an seine Abonnenten zu schicken. Dazu genügt ein Rechtsklick auf die Zeile, aus der die Nachricht gesendet werden soll. Anschließend kann die entsprechende Funktion im Kontextmenü ausgewählt werden (vgl. Abbildung 4.17).

Daraufhin wird ein neues Fenster eingeblendet, in dem die Nachricht eingegeben werden kann (vgl. das Fenster im unteren Teil von Abbildung 4.18). Neben dem entsprechenden Eingabefeld wird darauf hingewiesen, wie viele Zeichen dem Verfasser der Nachricht noch zur Verfügung stehen. Zudem kann der Verfasser entscheiden, ob er Kontextinformationen in Form von Quellcodeausschnitten an die Nachricht anhängen möchte. Sollte dies nicht der Fall sein, dann kann die Nachricht direkt abgesendet werden. Anschließend wird die Nachricht an der entsprechenden Stelle im Quellcode angezeigt. Wenn der Verfasser der Nachricht jedoch einen Quellcodeausschnitt anhängen möchte, dann kann er den entsprechenden Haken auf der rechten Seite des Eingabefensters aktivieren und anschließend in den entsprechenden Feldern eintragen, wie viele Zeilen vor und wie viele Zeilen nach der entsprechenden Codezeile mitgesendet werden sollen.

27 Das gewählte Beispiel wird in der Realität sicherlich nicht vorkommen. Es ist jedoch bewusst einfach gehalten, um die Möglichkeiten des hier entwickelten Artefakts zu veranschaulichen.

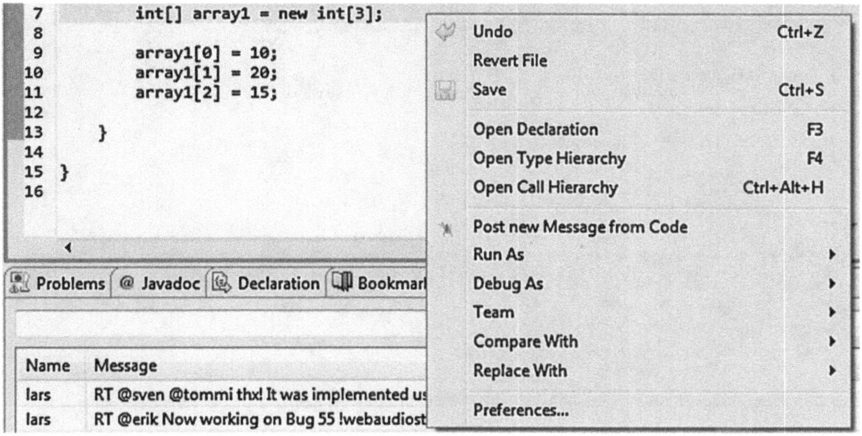

Abbildung 4.17.: Kontextmenü

In der *Eclipse IDE* wird auf zwei Arten kenntlich gemacht, dass die Nachricht aus dem Code versendet wurde. Abbildung 4.19 zeigt beide Darstellungsformen. Zum einen wird in der entsprechenden Codezeile mit einem neuen Symbol angezeigt, dass von dieser Stelle aus eine Nachricht versendet wurde. In einem *Mouseover*-Menü wird die zugehörige Nachricht an dieser Stelle eingeblendet. Mögliche Antworten auf diese Nachricht werden ebenfalls an dieser Stelle angezeigt. Somit wird die Nachvollziehbarkeit erhöht und Begründungszusammenhänge dokumentiert (vgl. Abschnitt 2.2). Zum anderen wird in der Zeitleiste der Hinweis eingeblendet, aus welcher Klasse die Nachricht verschickt wurde (vgl. die vierte Spalte in Abbildung 4.19). Dadurch können Entwickler, die am gleichen Projekt arbeiten, unmittelbar sehen, in welcher Klasse Diskussionsbedarf besteht. Somit können sie sich ohne weitere Rückfragen bezüglich des Kontexts der Nachricht weitere Informationen zur Beantwortung der entsprechenden Frage einholen. Da die Nachrichten, die aus dem Quellcode versendet wurden, als Lesezeichen mit der entsprechenden Codezeile verknüpft werden (vgl. Abschnitt 4.4.3), kann über einen Doppelklick auf das entsprechende Lesezeichen in der *Eclipse IDE* zur betroffenen Stelle im Code gesprungen werden[28].

28 Die Doppelklick-Funktion auf die entsprechende Nachricht ist bereits mit der Anzeige der gesamten Konversation belegt, so dass der „Umweg" über die Lesezeichen in Kauf genommen werden muss.

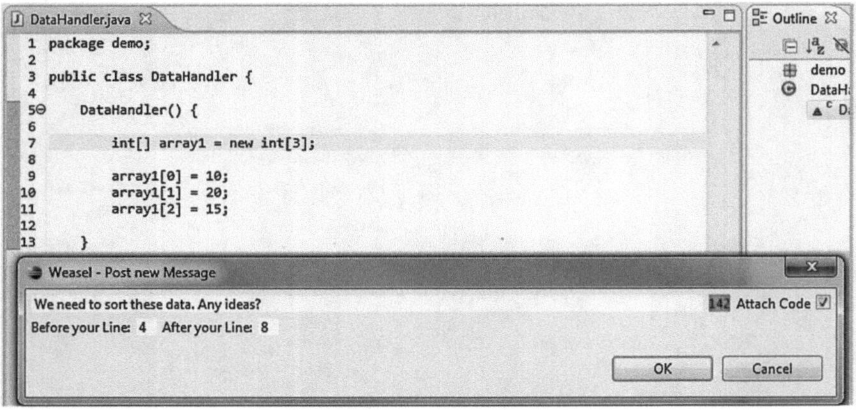

Abbildung 4.18.: Senden einer Nachricht aus dem Quellcode

Für Nachrichten, die aus dem Quellcode versendet wurden, wird diese Information ebenfalls in der Web-Anwendung eingeblendet. Dadurch wird es den Mitarbeitern, die die Nachricht über diese Benutzerschnittstelle bekommen, erleichtert, informiert darüber zu bleiben, an welchem Problem und in welcher Klasse zurzeit gearbeitet wird. Abbildung 4.20 zeigt die Darstellung dieser Information in der Web-Anwendung.

Die Abbildung zeigt ebenfalls, auf welche Art und Weise die mit der Nachricht mitgesendeten Kontextinformationen in die Nachricht eingebettet werden. Neben den bekannten Symbolen rechts von der Nachricht existiert bei den Nachrichten, bei denen Quellcodeausschnitte mitgesendet wurden, ein Button mit einem Raute-Zeichen. Mit diesem kann der Quellcode in einem Pop-up-Fenster über dem eigentlichen Nachrichtenstrom angezeigt werden. Abbildung 4.21 zeigt diese Anzeige für das oben angeführte Beispiel.

Um die Lesbarkeit des mitgesendeten Quellcodes zu verbessern, wird der im Pop-up-Fenster eingeblendete Ausschnitt mittels Syntaxhervorhebungen (eng. *syntax highlighting*) formatiert. Mit Hilfe der so dargestellten Kontextinformationen ist es den Mitarbeitern möglich, die zurzeit nicht mit Implementierungsaufgaben beschäftigt sind, die konkrete Frage besser zu verstehen und diese zu beantworten. Nach der Darstellung der konkreten Funktionen des integrierten Kommunikationsansatzes wird im nächsten Abschnitt auf die Architektur und

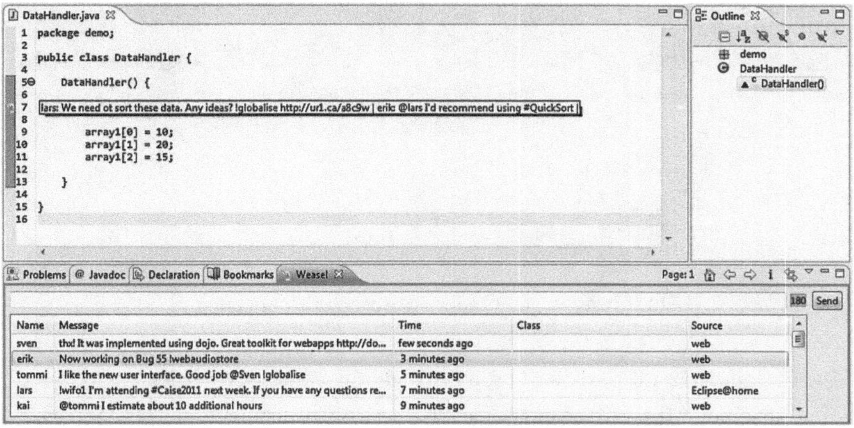

Abbildung 4.19.: Nachricht im Code anzeigen

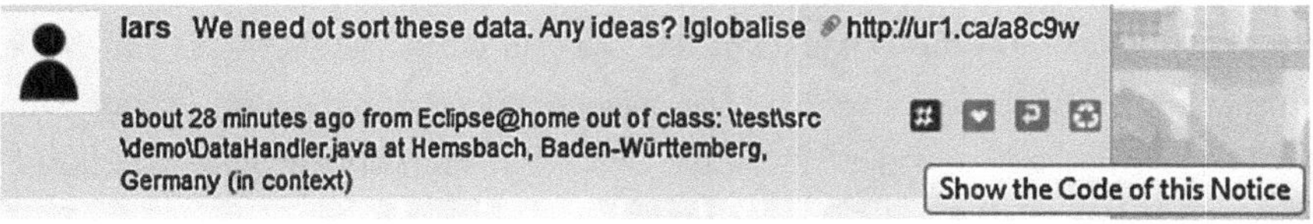

Abbildung 4.20.: Nachricht mit Kontext anzeigen

auf die für die Realisierung notwendigen Entwicklungen bzw. Erweiterungen eingegangen.

4.4.3. Architektur und implementierte Erweiterungen

Nachdem in Abschnitt 4.4.1 die zugrundeliegende Open-Source-Software ausgewählt und im vorherigen Abschnitt die Funktionen der Werkzeugunterstützung vorgestellt wurden, wird in diesem Abschnitt auf Details zur Architektur und auf die implementierten Erweiterungen eingegangen. Im Rahmen des vom konstruktionswissenschaftlichen Paradigma geforderten iterativen Vorgehens beim Artefaktdesign (vgl. Abschnitt 1.3) wurde eine erste Version des Werkzeugs im Rahmen eines Studentenprojekts in der Lehrveranstaltung *Globally Distributed Software Development Team Project* der Universität Mannheim eingesetzt[29]. Ziel

29 http://heinzl.bwl.uni-mannheim.de/fall11gdsdtp (07.09.2012).

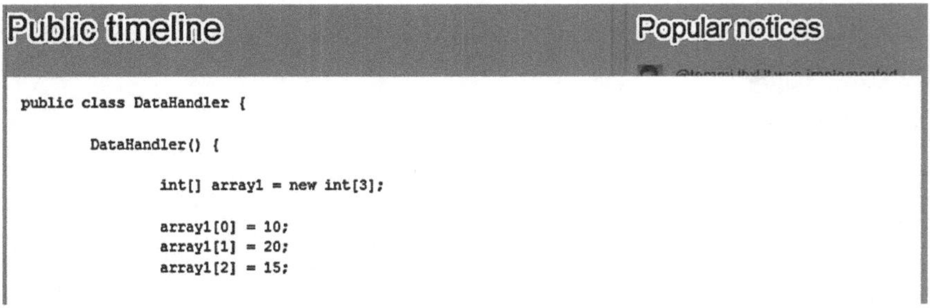

Abbildung 4.21.: Quellcodeausschnitt anzeigen

dieses dreimonatigen Projekts war die Entwicklung einer *Java*-basierten Softwarelösung für einen Musikstreaming-Dienst. Mit den Erfahrungen der studentischen Entwickler konnten neue Softwareanforderungen[30] gewonnen werden, welche in einer weiteren Iteration umgesetzt wurden. Zudem konnten Fehler im Programmcode identifiziert und die Dokumentation in Form einer Installations- und Nutzungsanleitung verbessert werden. Die folgende Beschreibung der Architektur des Lösungsansatzes und der neu implementierten Funktionen bezieht sich auf die Version *Weasel 1.0.0* des Werkzeugs.

Architektur und Client-Server-Kommunikation

Wie bereits in den vorherigen Abschnitten ausführlich dargestellt wurde, besteht die entwickelte Lösung aus zwei Komponenten. Neben der Erweiterung der *status.net*-Plattform um spezifische Funktionen wurde ein Plug-in für die *Eclipse IDE* entwickelt. Die Datenhaltung erfolgt dabei zentral auf dem Webserver der Web-Anwendung in einer SQL-Datenbank. Der Datenzugriff aus dem Plug-in erfolgt über `HTTP-Requests`. Abbildung 4.22 zeigt einen Überblick über diesen Sachverhalt. Die angeforderten Daten werden im XML-Format übertragen und anschließend vom Plug-in geparst, um als Objekt behandelt werden zu können. Die gesendeten Nachrichten werden vor dem Senden ebenfalls entsprechend im XML-Format codiert.

Die Authentifizierung zwischen der *status.net*-Plattform und dem *Eclipse*-Plug-in erfolgt mittels des *Open Authentication* Standards *OAuth 1.0a.* Dieser Authen-

30 Beispielsweise in Bezug auf die Anordnung von Schaltflächen.

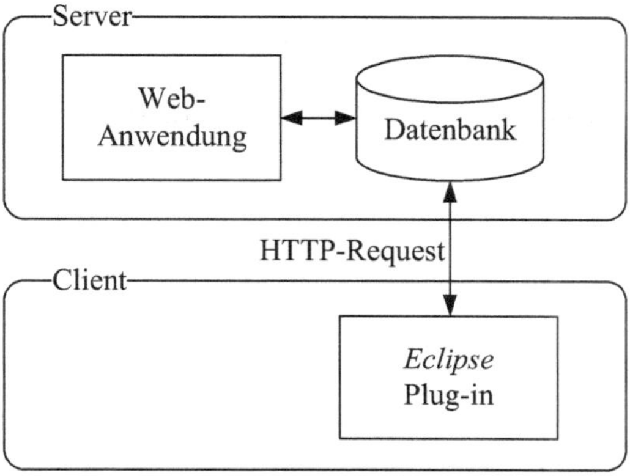

Abbildung 4.22.: Architektur der Softwarekomponenten

tifizierungsstandard wird mittlerweile in den meisten sozialen Anwendungen eingesetzt und stellt den aktuellen Stand der Technik dar (Lachenmaier und Ott, 2012). Er ermöglicht die sichere Kommunikation zwischen verschiedenen Anwendungen, ohne den Nutzernamen und das zugehörige Passwort austauschen zu müssen (LeBlanc, 2011). Details zur Funktionsweise der Authentifizierung mittels diesem Standard finden sich in Anhang D.1.

Implementierung und Aufbau des *Eclipse*-Plug-ins

Das Ziel der Entwicklung eines Plug-ins für die *Eclipse IDE* ist die nahtlose Integration einer Kommunikationsplattform in die natürliche Arbeitsumgebung der Entwickler (vgl. Abschnitt 4.3). Durch diese Integration soll die Kommunikationshürde der Entwickler sinken und somit deren Informiertheit steigen. Neben der Kommunikation soll die Plattform auch quellcodebezogene Diskussionen mit der Quelle ihres Ursprungs verknüpfen, um so die Nachvollziehbarkeit von Begründungszusammenhängen dauerhaft zu ermöglichen. Im Folgenden wird dargestellt, wie diese Aspekte, deren Funktionsweise bereits im vorhergehenden Abschnitt dargestellt wurde, technisch umgesetzt wurden.

Das Plug-in wurde im Rahmen dieser Arbeit vollständig neu entwickelt und baut auf dem in der *Eclipse IDE* umgesetzten Mechanismus der Erweiterungspunkte (englisch: *extension points*) auf (Clayberg und Rubel, 2009; Hennig und

Seeberger, 2008). Das Plug-in ist in einer `.jar-Datei` gepackt und muss lediglich in den entsprechenden Ordner der *Eclipse* Instanz kopiert werden (vgl. Anhang C.2.2). In der `.jar-Datei` sind die zum Starten des Plug-ins erforderlichen Informationen in der Datei `MANIFEST.MF` enthalten (vgl. Anhang D.3.1). Die für das Plug-in benötigten Bibliotheken (vgl. Anhang D.3.6) werden in der Datei `build.properties` definiert (vgl. Anhang D.3.2). Die entsprechenden Erweiterungspunkte werden schließlich in der Datei `plugin.xml` festgelegt (vgl. Anhang D.3.3). Abbildung D.2 (vgl. Anhang D.3.4) zeigt ein Paketdiagramm des implementierten Plug-ins; die Klassen des Plug-ins werden in Tabelle D.3 dokumentiert (vgl. Anhang D.3.5). Auf die wichtigsten Konzepte der Implementierung wird im Folgenden eingegangen.

Nach erfolgreicher Konfiguration des Plug-ins (vgl. Anhang C.3) werden die letzten 20 Nachrichten per `HTTP-Request` von der Datenbank angefordert, in entsprechende *Java*-Klassen (`Status.java`) geparst und in einer verketteten Liste gespeichert. Die Kommunikation mit dem Server wird dazu mittels der Klasse `OAuthInstance.java` gesteuert. Anschließend werden diese Nachrichten in Form einer Tabelle im unteren Teil des Plug-ins dargestellt (siehe etwa Abbildung 4.13). Daneben unterstützt das Plug-in zwei weitere Arten, wie Nachrichten angezeigt werden können. Zum einen können Nachrichten inklusive der erfolgten Antworten in einer Detailansicht dargestellt werden (vgl. Abbildung 4.15). Dazu wird die Information benötigt, welche Nachrichten als Antworten zu einer Ursprungsnachricht bzw. zu einer Konversation verfasst wurden. Zum anderen können Nachrichten in einem *Mouseover*-Menü angezeigt werden (Abbildung 4.19). Dieses basiert auf dem in die *Eclipse IDE* integrierten Lesezeichen-Mechanismus. Auf diesen wird im weiteren Verlauf dieses Abschnitts eingegangen.

Nachrichten können auf zwei Arten aus dem Plug-in versendet werden. Neben dem Versenden der Nachricht aus der Standardansicht des Plug-ins gibt es die Möglichkeit, über das Kontextmenü eine Nachricht aus dem Code zu versenden (vgl. Abbildung 4.17). Die Funktionsweise beider Versendemechanismen ist ähnlich: Bereits während der Eingabe wird überprüft, ob die Nachricht den Längenbeschränkungen genügt. Ist dies der Fall, dann wird aus der Nachricht ein `Status`-Objekt erzeugt und dieses in XML geparst. Anschließend wird es an die Datenbank übermittelt. Wenn die Nachricht aus dem Quellcode über das Pop-up-Fenster versendet wird (vgl. Abbildung 4.18), dann wird zusätzlich die Information mitgesendet, aus welcher Klasse die Nachricht gesendet wurde. Zudem kann ausgewählt werden, ob Code mitgesendet werden soll. Wenn dies der Fall ist, dann wird der Code zwischen der eingegebenen Begrenzung in eine Textdatei geschrieben und als Anhang mit der Nachricht übermittelt. Schließlich wird an der Stelle im Code, an der das Kontextmenü aktiviert wurde, ein sogenannter *Toggle-Punkt* angelegt.

Der *Toggle-Punkt* ist eine Implementierung des in die *Eclipse IDE* integrierten Lesezeichens und erbt entsprechend von diesem Konzept. Auf diese Art und Weise werden die Aspekte der Nachvollziehbarkeit realisiert, da die Diskussionen, die zu konkreten Implementierungen geführt haben, an die betreffenden Codezeilen angehängt werden. Somit sind die Begründungszusammenhänge für einzelne Entscheidungen dokumentiert. Zudem steigt durch das Mitschicken des Pfades und der Klasse, aus der eine Nachricht gesendet wurde, die Informiertheit aller Leser darüber, woran der Sender der Nachricht gerade arbeitet. Durch das mögliche Mitsenden von Kontextinformationen mit der Nachricht sollte es den Lesern der Nachricht leichter fallen, die Nachricht zu verstehen, um so fundiert Antwort geben zu können. Schließlich ist es ebenfalls möglich, Nachrichten an die eigenen Abonnenten weiterzugeben oder Nachrichten zu beantworten (vgl. Abbildung 4.14). In beiden Fällen wird die Identifikationsnummer der ursprünglichen Nachricht gemeinsam mit der neuen Nachricht übermittelt.

Erweiterung der *status.net*-Plattform

Ziel der Weiterentwicklung einer Mikroblogging-Plattform um softwareentwicklungsspezifische Funktionen ist die Bereitstellung einer Kommunikationsplattform für Projektbeteiligte, die nicht unmittelbar mit der Entwicklung betraut sind, sowie die Bereitstellung eines zentralen Kommunikationswerkzeugs. Durch die Verwendung einer Open-Source-Software sollte im Rahmen der hier entwickelten Lösung der Entwicklungsaufwand minimiert werden. Die in Abschnitt 4.4.1 begründet ausgewählte *status.net*-Plattform besteht aus insgesamt mehr als 4.700 Dateien. Aufgrund dieser Komplexität soll im Folgenden lediglich auf die neu entwickelten Funktionen und die dadurch betroffenen Dateien eingegangen werden. Eine Dokumentation der betroffenen Ordner und der geänderten bzw. neu entwickelten Dateien findet sich in Anhang D.2.

Neben einer Anpassung des Layouts der entwickelten Web-Anwendung wurden in erster Linie neue Funktionen zum Aufrechterhalten der Informiertheit und zur Darstellung des Codes implementiert. So wurde in der Datenbanktabelle `notice`, die für die Speicherung der gesendeten Nachrichten zuständig ist, eine neue Spalte `postedclass` hinzugefügt, in der die Klasse gespeichert wird, aus der eine Nachricht gesendet wurde. Entsprechend wurden die Installationsroutinen und das damit verbundene Anlegen von Datenbanktabellen angepasst. Zudem wurden die API-Funktionen angepasst, um die Kommunikation mit dem Plug-in in Bezug auf diese neuen Informationen zu ermöglichen. Schließlich wurde auch in der Datei `Notice.php` das neue Attribut `postedclass` hinzugefügt, um die Anzeige in der Web-Anwendung zu ermöglichen. Das Resultat dieser Anpassungen ist in der unteren Nachricht in Abbildung 4.10 ersichtlich.

Daneben wurden Funktionen für die Anzeige des mitgesendeten Quellcodes in der Web-Anwendung implementiert. Der mitgesendete Quellcode wird als Anhang zu einer Nachricht gespeichert. Auf diesen Anhang wird mittels einer URL referenziert, die mit der Nachricht mitgesendetet wird. Um Zeichen zu sparen, wird die entsprechende URL mit Hilfe eines URL-Kürzungsdienstes abgekürzt[31]. Abbildung 4.20 zeigt diesen Sachverhalt.

Die *status.net*-Plattform unterstützt die für die Anzeige des Quellcodes notwendigen Dateitypen (`.java` und `.txt`) nicht standardmäßig. Daher mussten diese zunächst in der Datei `default.php` freigegeben werden. Zudem wurde eine neue Schaltfläche (beispielsweise in Abbildung 4.20 mit einem Raute-Zeichen dargestellt) neu hinzugefügt, mit deren Hilfe der mitgesendete Quellcode angezeigt werden kann. Diese wird immer dann angezeigt, wenn Quellcode an eine Nachricht angehängt wird. Schließlich wurde die Anzeige des Quellcodes in dem entsprechenden Pop-up-Fenster neu implementiert (vgl. Abbildung 4.21). Für die Realisierung der Syntaxhervorhebungen für die Darstellung des Quellcodeausschnitts kommt die PHP-Bibliothek `Geshi` zum Einsatz.

31 Die *status.net*-Plattform stellt hierfür mehrere öffentliche URL-Kürzungsdienste zur Auswahl. Der gewählte Dienst verweist lediglich auf die Position des auf dem Webserver abgelegten Anhangs, so dass hierdurch kein Sicherheitsproblem entsteht. Personen, die keinen Zugriff auf die Web-Anwendung haben, können nicht auf die gespeicherten Inhalte zugreifen.

4.5. Zusammenfassung

In diesem Kapitel wurde mit dem integrierten Kommunikationsansatz das zentrale Artefakt dieser Arbeit entwickelt. Dazu wurde zunächst aufbauend auf den aus dem KAMOK abgeleiteten Anforderungen ein Ansatz konzipiert, der ein Kommunikationswerkzeug in die natürliche Arbeitsumgebung der Softwareentwickler integriert. Die Ziele dieser Integration sind die Verbesserung von Informiertheit und Nachvollziehbarkeit insbesondere in verteilten Entwicklungsprojekten. Zu diesem Zweck sollen in erster Linie die Kommunikationsstrategien *Kontextualisierung* und *Kontrolle durch Testen und Anpassen* unterstützt werden.

Nach dieser allgemeinen Konzeption des integrierten Kommunikationsansatzes wurde mit der Mikroblogging-Technologie zunächst eine Basistechnologie begründet ausgewählt. Dazu wurden die in Abschnitt 2.4 angeführten Medien hinsichtlich ihrer Eignung analysiert, die aus dem KAMOK abgeleiteten Anforderungen zu unterstützten. Danach folgte eine Analyse existierender Ansätze. Diese ergab, dass die vom integrierten Kommunikationsansatz geforderte nahtlose Verknüpfung von Diskussionen mit Quellcodedateien sowie die Einbettung der Kommunikation in eine IDE bislang noch durch keinen existierenden Ansatz unterstützt wird. Die spezifischen Eigenschaften der Mikroblogging-Technologie wurden anschließend im Detail vorgestellt. Aufbauend auf diesen Analysen wurde schließlich der für die Realisierung des integrierten Kommunikationsansatzes notwendige Neuentwicklungsbedarf ermittelt.

Danach wurde für den integrierten Kommunikationsansatz eine Werkzeugunterstützung realisiert. Dazu wurden zunächst mit der *Eclipse IDE* und der *status.net*-Plattform Werkzeuge ausgewählt, die als Basis für die Softwareunterstützung des Ansatzes geeignet sind. Anschließend wurden die Funktionen der Softwarelösung mittels einer Nutzungsbeschreibung dargestellt, bevor auf die Architektur der Lösung und die erforderlichen Erweiterungen eingegangen wurde. Im folgenden Kapitel wird nun die Evaluation des integrierten Kommunikationsansatzes vorgenommen.

5. Evaluation des integrierten Kommunikationsansatzes

Neben der theoriegeleiteten Entwicklung eines Artefakts ist die in angemessener Art und Weise durchgeführte Evaluation des Artefakts ein Kernbestandteil des konstruktionswissenschaftliche Forschungsansatzes (Hevner et al., 2004; Peffers et al., 2007). Dabei wird Evaluation *„als die Aufgabe verstanden, zur Lösung eines bestimmten Problems definierte Objekte auf der Grundlage eines Systems von Kriterien zielbezogen zu beurteilen“* (Heinrich, 2000, S. 9). Im Rahmen einer solchen Evaluation sollen die Nützlichkeit, Qualität und Wirksamkeit eines Designartefakts durch korrekt angewandte Evaluationsmethoden demonstriert werden (Hevner et al., 2004).

Der konstruktionswissenschaftliche Forschungsansatz folgt keinem statischen Ablauf; stattdessen wird er als iterative Vorgehensweise definiert (Hevner et al., 2004). Daher wurde der in dieser Arbeit entwickelte Ansatz in mehreren Iterationen implementiert. Nach Abschluss der ersten Iteration wurde eine erste Evaluationsphase durchgeführt. Dazu wurde der Ansatz in einem Studentenprojekt von mehreren Studenten eingesetzt (vgl. Abschnitt 4.4.3). Aus den Erfahrungen der Studenten konnten weitere Softwareanforderungen und Hinweise auf Verbesserungsmöglichkeiten gewonnen werden, welche anschließend in einer weiteren Iteration umgesetzt wurden. Nach Abschluss dieser zweiten Entwicklungsphase wurde eine Beurteilung des Ansatzes anhand des Wissens und der Meinung von Fachexperten durchgeführt. Im nächsten Abschnitt wird zunächst auf die Wahl der Evaluationsmethode und anschließend in den Abschnitten 5.2 und 5.3 auf die Evaluationsergebnisse eingegangen. Das Kapitel schließt mit einer kurzen Zusammenfassung der wesentlichen Erkenntnisse.

5.1. Hintergrund der Evaluation

Die Evaluation des entwickelten Artefakts ist ein wesentlicher Bestandteil des konstruktionswissenschaftlichen Forschungsparadigmas. Im Gegensatz zum verhaltenswissenschaftlichen Paradigma, das auf die Identifikation von kausalen Ursache-Wirkungsbeziehungen und somit auf das Schaffen von neuem Wissen abzielt, steht bei diesem Paradigma der Nachweis des Nutzens und der Zweckmäßigkeit des neuen Artefakts im Vordergrund (Ågerfalk, 2010). Die Suche nach der Wahrheit (im verhaltenswissenschaftlichen Paradigma) und die Schaffung eines Nutzens (im konstruktionswissenschaftlichen Paradigma) sind allerdings als *„zwei Seiten der gleichen Medaille"* anzusehen (Hevner et al., 2004, S. 77). Im Rahmen des hier angewendeten konstruktionswissenschaftlichen Forschungsansatzes muss daher eine Evaluationsmethode gefunden werden, die beide Aspekte adäquat berücksichtigt. Im Folgenden wird zunächst auf den Hintergrund der Evaluation und die gewählte Vorgehensweise eingegangen.

IT-Artefakte können in Bezug auf Funktionalität, Vollständigkeit, Konsistenz, Genauigkeit, Leistung, Zuverlässigkeit, Nützlichkeit sowie weiteren Qualitätseigenschaften bewertet werden (Hevner et al., 2004). Durch die Durchführung einer Evaluation kann die Erfolgswahrscheinlichkeit eines Projekts erhöht werden, da aufgrund der Evaluationsergebnisse Korrekturen möglich sind. Grundsätzlich stehen zwei mögliche Evaluationszeitpunkte zur Wahl. Bei der *ex ante* Evaluation werden neue Artefakte evaluiert, bevor sie implementiert werden. Bei der *ex post* Evaluation werden Artefakte entsprechend nach Abschluss der Implementierungsphase evaluiert (Pries-Heje et al., 2008).

Je nach Problemausprägung und Artefakt kann die Evaluation auf verschiedene Art und Weise erfolgen. Neben einem Vergleich der Funktionalität des Artefakts mit den gesetzten Zielen können dies beispielsweise quantitative Performanzmessungen, Umfragen zur Zufriedenheit, Feedback des Kunden, Fallstudien, Experimente oder Simulationen sein (Peffers et al., 2007; Sjøberg et al., 2007). Die Evaluation kann also verschiedene Formen der empirischen Erhebung oder der logischen Argumentation annehmen (Peffers et al., 2007). Nach Hevner et al. (2004) sollten deskriptive Evaluationsmethoden allerdings nur für innovative Artefakte verwendet werden, bei denen andere Formen der Evaluation nicht möglich sind. Vielfach werden daher Experimente als mögliche Evaluationsmethode angeführt.

Um ein Experiment durchzuführen, müssten jedoch sowohl für die Experimentalgruppe als auch für die Kontrollgruppe Werkzeuge zur Verfügung stehen, die eine vergleichbare Reife aufweisen (Vanderhaeghen et al., 2010). Wie bereits in Abschnitt 1.3 dargestellt, kann die Entwicklung marktreifer Lösungen im Rahmen des konstruktionswissenschaftlichen Vorgehens meist nicht geleistet werden (Frank, 2006; Vanderhaeghen et al., 2010). Zudem ist es nahezu unmöglich, alle Faktoren in einem Experiment so zu kontrollieren, dass Unterschiede in der Leistung zwischen den Kontroll- und den Experimentalgruppen zweifelsfrei auf das neue Artefakt zurückgeführt werden können (Kitchenham, 2007). Entsprechend scheiden Experimente hier als Evaluationsmethode aus (Frank, 2006). Ebenso ist die Evaluation mittels des Einsatzes in einem „echten“ Projekt problematisch, da stets unklar ist, wie sich das Projekt ohne den Ansatz entwickelt hätte.

Die Evaluation kann auch durch die Erzeugung und Diskussion möglicher Anwendungsszenarien oder durch den Vergleich mit dem aktuellen Stand des Wissens erfolgen (Frank, 2006). Der primäre Zweck der Bewertung eines Artefakts bezieht sich jedoch auf seine Fähigkeit, das beabsichtigte Ziel zu erfüllen (Frank, 2006). Demzufolge ist ein Artefakt dann vollständig und effektiv, wenn es die Anforderungen und Rahmenbedingungen des Problems erfüllt, das es lösen soll (Hevner et al., 2004).

Aufgrund der angesprochenen Problematik in Bezug auf den Einsatz des entworfenen Ansatzes in einem realistischen oder experimentellen Szenario soll daher auf die letzten beiden Optionen zurückgegriffen werden. Die Neuartigkeit des Ansatzes wurde bereits durch die Analyse existierender Ansätze in Abschnitt 4.2.2 gezeigt. Im Folgenden wird nun zunächst eine Bewertung hinsichtlich der Nützlichkeit und Wirksamkeit des Artefakts mit Hilfe einer deskriptiven Evaluation durch Fachexperten vorgenommen. Anschließend folgt eine Darstellung einer qualitativen Bewertung durch die Fachexperten.

5.2. Deskriptive Evaluation

Da der integrierte Kommunikationsansatz auf dem kognitiv-affektiven Modell der organisationalen Kommunikation von Te'eni (2001) aufbaut, sollte seine Nützlichkeit in Bezug auf dieses Modell überprüft werden. Daher wird in diesem Abschnitt ein Vorschlag für eine deskriptive Evaluationsmethode unterbreitet, mit der die Nützlichkeit des Ansatzes bewertet werden kann (Hevner et al., 2004). Dazu wird zunächst aus dem KAMOK ein zielkongruentes Teilmodell abgeleitet, das anschließend einem ersten Test im Rahmen einer Bewertung durch Fachexperten unterzogen wird[1]. Schließlich erfolgt eine Diskussion der Eignung des Modells für zukünftige Anwendungen.

5.2.1. Entwicklung von Propositionen

Der in Kapitel 4 konzipierte integrierte Kommunikationsansatz für die verteilte Softwareentwicklung baut auf den in Abschnitt 3.3 aus dem KAMOK abgeleiteten Anforderungen auf. Wie in Abschnitt 3.2 angeführt, sind die drei Kernbestandteile dieses Modells die Kommunikationsinputs, der Kommunikationsprozess sowie die Kommunikationsauswirkungen. Diese Kernbestandteile werden von der Kommunikationskomplexität beeinflusst. Im Folgenden wird auf die einzelnen Teilaspekte und deren Einbeziehung im hier verwendeten Evaluationsmodell eingegangen.

Kommunikationsinputs

Der im Rahmen dieser Arbeit entwickelte integrierte Kommunikationsansatz wurde speziell für die Rahmenbedingungen der verteilten Softwareentwicklung konzipiert. Daher werden die aus solchen Szenarien resultierenden Rahmenbedingungen als Inputfaktoren vorausgesetzt (vgl. Abschnitt 3.3.1). Das Evaluationsmodell sollte daher ebenfalls in verteilten Softwareentwicklungsprojekten angewendet werden. Die Kommunikationsinputs fließen entsprechend nicht gesondert in das Modell mit ein.

Kommunikationsprozess

Der Kommunikationsprozess wurde in Kapitel 3.2.3 ausführlich dargestellt. Im Mittelpunkt dieses Kommunikationsprozesses stehen die Kommunikationsstrate-

1 Auch andere Autoren testen lediglich die Teile des Modells, die Bezug zu den Zielen der jeweiligen Arbeit haben (vgl. etwa Katz und Te'eni, 2007, oder Majchrzak et al., 2005).

gien. Diese stellen die Basis des Kommunikationsprozesses dar und bedingen somit die anderen Bestandteile des Prozesses. Entsprechend werden die Kommunikationsstrategien im hier entwickelten Evaluationsmodell berücksichtigt. Aus der Anforderungserhebung in Kapitel 3 ging hervor, dass ein Kommunikationsansatz für die verteilte Softwareentwicklung insbesondere die Kommunikationsstrategien *Kontextualisierung* und *Kontrolle durch Testen und Anpassen* unterstützen sollte. Die anderen vier Kommunikationsstrategien müssen hingegen nicht explizit unterstützt werden (vgl. Abschnitt 3.3.2). Da der entwickelte Ansatz folglich auf den Medien- und Nachrichteneigenschaften aufbaut, die aus den ausgewählten Kommunikationsstrategien resultieren, werden diese beiden Strategien im hier entwickelten Evaluationsmodell abgebildet. Die übrigen vier nicht explizit unterstützten Kommunikationsstrategien fließen nicht gesondert in das Evaluationsmodell mit ein[2].

Kommunikationsauswirkungen

Die Ziele der Kommunikation sind die Schaffung eines gemeinsamen Verständnisses zwischen Sender und Empfänger sowie der Aufbau einer Beziehung zwischen diesen (vgl. Abschnitt 3.2.4 sowie Te'eni, 2001). Da der integrierte Kommunikationsansatz auf die Kommunikation in der verteilten Softwareentwicklung abzielt und private Kommunikation nicht explizit berücksichtigt, werden das gemeinsame Verständnis und die Arbeitsbeziehung als abhängige Konstrukte in das Evaluationsmodell mit einbezogen. Das gemeinsame Verständnis bezieht sich dabei auf das Vorliegen von verständlichen und wahren Nachrichten sowie auf das Bewusstsein des Senders, dass der Empfänger die Nachricht verstanden hat. Unter der Arbeitsbeziehung versteht man hingegen die Beziehung zwischen Sender und Empfänger, die durch vertrauenswürdige und angemessene Kommunikation beeinflusst wird.

2 Die genannten Strategien wurden dennoch zur Prüfung, ob der entwickelte Ansatz eine (nicht explizit beabsichtigte) Auswirkung auf die Strategien hat, in die Bewertung durch Fachexperten mit einbezogen. Eine Darstellung der Ergebnisse findet sich in Abschnitt 5.2.3 sowie in Anhang F.

Tabelle 5.1.: Definitionen der Konstrukte des Evaluationsmodells (in Anlehnung an Te'eni, 2001)

Konstrukt	Definition
Nutzung des Ansatzes	Vergleich der Nutzung des Ansatzes mit der aktuellen Vorgehensweise.
Kontextualisierung	Explizites Bereitstellen von Kontextinformationen in der Nachricht.
Kontrolle: Testen und Anpassen	Sicherstellung der Effektivität von Kommunikationsprozessen.
Gemeinsames Verständnis	Die Kommunikation wird als verständlich und wahr angesehen.
Arbeitsbeziehung	Die Beziehung zwischen Sender und Empfänger, beeinflusst durch vertrauenswürdige und angemessene Kommunikation.

Propositionen

Im Folgenden werden die aus den angeführten Bestandteilen des Evaluationsmodells abgeleiteten Propositionen dargestellt. Die zugrundeliegenden Definitionen werden in Tabelle 5.1 kurz zusammengefasst[3]. Um den Nutzen und die Wirksamkeit des integrierten Kommunikationsansatzes für die verteilte Softwareentwicklung ermitteln zu können, muss dieser mit der aktuellen Vorgehensweise, bei der der Ansatz nicht verwendet wird, verglichen werden. Wie aus Abschnitt 3.3 hervorgeht, sollen die Kommunikationsstrategien *Kontextualisierung* und *Kontrolle durch Testen und Anpassen* unterstützt werden. Entsprechend lassen sich folgende Propositionen formulieren:

> **Proposition 1**: Durch die Nutzung des integrierten Kommunikationsansatzes wird die Kommunikationsstrategie *Kontextualisierung* besser unterstützt als durch die aktuelle Vorgehensweise.

> **Proposition 2**: Durch die Nutzung des integrierten Kommunikationsansatzes wird die Kommunikationsstrategie *Kontrolle durch Tes-*

3 Eine ausführliche Darstellung der einzelnen Konstrukte findet sich in Abschnitt 3.2.

ten und Anpassen besser unterstützt als durch die aktuelle Vorgehensweise.

Durch die Verwendung des Ansatzes soll das gemeinsame Verständnis der Kommunikationspartner verbessert werden. Da der Ansatz auf die Unterstützung der genannten Kommunikationsstrategien abzielt, lassen sich folgende Propositionen formulieren:

Proposition 3: Die bessere Verfügbarkeit von Kontextinformationen führt zu einem besseren gemeinsamen Verständnis der Kommunikationspartner.

Proposition 4: Die besseren Möglichkeiten zur Ausübung der *Kontrolle durch Testen und Anpassen* führen zu einem besseren gemeinsamen Verständnis der Kommunikationspartner.

Das zweite Ziel der Kommunikation ist die Verbesserung der Arbeitsbeziehung zwischen den Kommunikationspartnern. Da die Kommunikation unter Verwendung der zu unterstützenden Strategien stattfindet, lassen sich schließlich die folgenden Propositionen formulieren:

Proposition 5: Die bessere Verfügbarkeit von Kontextinformationen führt zu einer Verbesserung der Arbeitsbeziehung zwischen den Kommunikationspartnern.

Proposition 6: Die besseren Möglichkeiten zur Ausübung der *Kontrolle durch Testen und Anpassen* führen zu einer Verbesserung der Arbeitsbeziehung zwischen den Kommunikationspartnern.

Das resultierende Evaluationsmodell ist in Abbildung 5.1 dargestellt. Wie bereits erwähnt, stehen die beiden explizit unterstützten Kommunikationsstrategien im Mittelpunkt des integrierten Kommunikationsansatzes und der Evaluation. Durch den Vergleich des neuen integrierten Ansatzes mit der aktuellen Vorgehensweise („keine Nutzung des Ansatzes“) kann die Auswirkung des Ansatzes auf diese Kommunikationsstrategien ermittelt werden.

5.2.2. Vorgehensweise

Um die Wirksamkeit des integrierten Kommunikationsansatzes mit Hilfe des im vorherigen Abschnitt dargestellten Evaluationsmodells zu ermitteln, wurde ei-

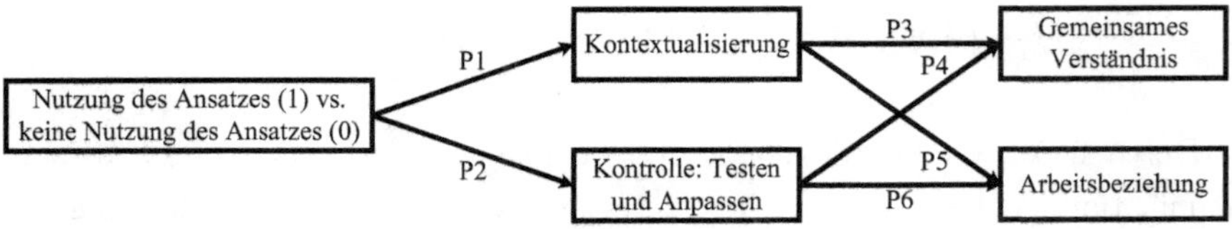

Abbildung 5.1.: Evaluationsmodell

ne Fallstudie mit Mitarbeitern eines mittelständischen Unternehmens der deutschen Softwareindustrie durchgeführt. Mit Hilfe einer solchen Einzelfallstudie ist es möglich, die Generalisierbarkeit des Ansatzes analytisch zu ermitteln (Lee und Baskerville, 2003; Yin, 2008). Das an der Fallstudie beteiligte Unternehmen agiert als Nearshoring-Anbieter[4] am Markt. Am deutschen Standort arbeiten zum Zeitpunkt der Fallstudie ca. 20 Mitarbeiter vornehmlich im Projektmanagement, die anderen knapp 100 Mitarbeiter arbeiten an drei verschiedenen Standorten in Osteuropa. Das Unternehmen ist als Evaluationspartner für den hier entwickelten integrierten Kommunikationsansatz geeignet, da die Mitarbeiter täglich mit den Herausforderungen der verteilten Softwareentwicklung konfrontiert sind (vgl. Abschnitt 2.1). Die Projektmanager am deutschen Standort arbeiten täglich mit den osteuropäischen Entwicklern zusammen und koordinieren dabei die Zusammenarbeit mit den überwiegend deutschen Kunden. Tabelle 5.2 zeigt einen Überblick über die Interviewpartner. Zur Wahrung der Vertraulichkeit wurden den Interviewpartnern Identifikationsnummern zugewiesen. Die Identifikationsnummern M1 bis M7 stehen für Personen mit Managementfunktion, wohingegen mit den Identifikationsnummern E1 und E2 Entwickler bezeichnet werden.

Insgesamt wurden neun Mitarbeiter des Softwareherstellers im Rahmen der Fallstudie befragt. Fünf dieser Interviewpartner arbeiten als Projektmanager am deutschen Standort, einer ist der Leiter des operativen Geschäfts und arbeitet ebenfalls an diesem Standort. M6 ist der Kreativ-Leiter des Unternehmens und arbeitet am kleinsten osteuropäischen Standort. Die anderen beiden Interviewpartner arbeiten als Entwickler am größten Entwicklungsstandort in Osteuropa.

4 Unter Nearshoring versteht man die Zusammenarbeit mit Entwicklungsstandorten, die außerhalb des Heimatlandes aber dennoch in der gleichen oder in einer nahen Zeitzone liegen, und die durch einen kurzen Flug erreicht werden können (Abbott und Jones, 2002; Carmel und Abbott, 2006). Die geografische, zeitliche und kulturelle Distanz zu diesen Ländern sind daher zwar vorhanden aber nicht so stark ausgeprägt wie zu den klassischen Offshoringstandorten in Asien.

Tabelle 5.2.: Übersicht über die Interviewpartner (D = Deutschland; OE 1 & OE 2 = osteuropäische Standorte)

ID	Position	Ort	Erfahrung	Projekte	Teamgröße
M1	Projektmanager	D	5 Jahre	100+	1-15
M2	Projektmanager	D	4 Jahre	50	3
M3	Leiter Operations	D	7 Jahre	30	3-7
M4	Projektmanager	D	7 Jahre	10	5
M5	Projektmanager	D	2 Jahre	35	4
M6	Creative Director	OE 1	10 Jahre	100+	2-30
M7	Projektmanager	D	11 Jahre	40	5
E1	Senior iOS Developer	OE 2	6 Jahre	>20	3-4
E2	.net Developer	OE 2	6 Jahre	15	8-15

Alle Interviewpartner hatten zum Zeitpunkt der Befragung im Frühjahr 2012 zwischen zwei und elf Jahren Erfahrung mit verteilten Entwicklungsprojekten und jeweils zwischen zehn und über einhundert Entwicklungsprojekte abgeschlossen. Die Mitarbeiter mit Managementfunktion haben vor ihrer Managementkarriere in der Regel ebenfalls als Entwickler gearbeitet, so dass sie Entwicklungsprozesse aus beiden Perspektiven kennen und beurteilen können.

Die Zahl der beteiligten Teammitglieder pro Projekt schwankt zwischen sehr kleinen Projekten mit nur einer beteiligten Person und Projekten mit ca. 30 Mitarbeitern. Üblicherweise werden in diesem Unternehmen jedoch kleinere Projekte mit einstelligen Mitarbeiterzahlen durchgeführt. Die Kommunikation zwischen den Projektmitarbeitern erfolgt zurzeit mit einer Vielzahl von Werkzeugen. Als primäres Kommunikationswerkzeug dient *Microsoft Lync*[5]. Dieses Kommunikationssystem unterstützt Telefonanrufe, Telefonkonferenzen sowie Individual- und Gruppenchats. Daneben kommen E-Mails und drei unterschiedliche Ticketingsysteme zum Einsatz. Bei diesen Ticketingsystemen handelt es sich um das aktuelle System sowie um zwei ältere Systeme, die noch in laufenden Projekten bis zu deren Abschluss verwendet werden. Die Dokumentation der Entwicklung erfolgt

5 http://office.microsoft.com/de-de/lync (04.10.2012).

zum einen im Quellcode selbst und zum anderen in den Kommentaren beim Einchecken des Quellcodes in das Versionierungssystem.

Im Rahmen der Interviews wurde der integrierte Kommunikationsansatz den Fachexperten zunächst im Detail vorgestellt. Dabei wurde zuerst auf das Mikroblogging-Konzept im Allgemeinen und anschließend auf das unternehmensinterne Mikroblogging im Besonderen eingegangen (vgl. Abschnitte 2.4.2 und 4.2.3). Schließlich erfolgte eine Präsentation des Ansatzes, wobei zunächst auf die Web-Anwendung und anschließend das *Eclipse*-Plug-in eingegangen wurde. Während der Vorstellung des Ansatzes und im Anschluss an die Präsentation hatten die Interviewpartner die Möglichkeit, verbliebene Unklarheiten zu klären und allgemeine Rückmeldungen zum vorgestellten Ansatz zu geben. Anschließend wurde das Interviewkonzept erläutert und der Fragebogen im Gespräch beantwortet.

Hierfür wurde jede Kommunikationsstrategie definiert und mit Hilfe von Beispielen illustriert[6]. Anschließend bewerteten die Evaluationspartner die Auswirkungen des integrierten Kommunikationsansatzes auf die entsprechende Kommunikationsstrategie auf einer siebenstufigen Likertskala im Vergleich zur aktuellen Vorgehensweise. Diese Likertskala beinhaltet Werte von -3 (eine erwartete Verschlechterung im Vergleich zur aktuellen Vorgehensweise) bis +3 (eine erwartete Verbesserung im Vergleich zur aktuellen Vorgehensweise). Wenn keine Änderung erwartet wurde, konnte die entsprechende Frage mit 0 bewertet werden. Schließlich wurden in gleicher Art und Weise die Veränderungen des gemeinsamen Verständnisses und der Arbeitsbeziehungen abgefragt.

Am Ende der Befragung folgte ein qualitativer Teil, in dem die Interviewpartner um eine Einschätzung der Eignung des Ansatzes für das eigene Unternehmen sowie von erwarteten Schwierigkeiten beim Einsatz des Ansatzes gebeten wurden. Weiterhin hatten die Interviewpartner in diesem Teil der Befragung Gelegenheit, Verbesserungsvorschläge zu äußern. Der deutschsprachige[7] Fragebogen befindet sich in Anhang E (siehe S. 187). Alle Interviews wurden mit einem Aufnahmegerät mitgeschnitten und im Anschluss transkribiert. Im nächsten Abschnitt werden

6 Wie im vorherigen Abschnitt dargestellt, wurden dabei sowohl die beiden Kommunikationsstrategien, die im Evaluationsmodell berücksichtigt werden, als auch die anderen vier Kommunikationsstrategien in die Diskussion mit einbezogen.

7 Die osteuropäischen Interviewpartner wurden in englischer Sprache befragt. Dazu stand der Fragebogen ebenfalls in englischer Sprache zur Verfügung.

zunächst die Ergebnisse in Bezug auf das in Abbildung 5.1 dargestellte Evaluationsmodell vorgestellt. In Abschnitt 5.3 folgen die Ergebnisse des qualitativen Teils.

5.2.3. Ergebnisse

Wie in Abschnitt 5.2.1 dargestellt, wurde das in Abbildung 5.1 veranschaulichte Modell für die Evaluation im Rahmen einer Fallstudie herangezogen. Im Folgenden wird zunächst auf die Ergebnisse der Fallstudie in Bezug auf die Bewertung der einzelnen Aspekte des Evaluationsmodells sowie auf Gründe eingegangen, die zu den jeweiligen Bewertungen geführt haben. Anschließend folgt eine Diskussion der Aussagen in Bezug auf die vier Kommunikationsstrategien, die nicht in das Evaluationsmodell eingeflossen sind, sowie die Darstellung der Zuordnung von Rangfolgen der einzelnen Kommunikationsstrategien durch die Fachexperten.

Ergebnisse der Fallstudie

Laut Proposition 1 wird die Kommunikationsstrategie *Kontextualisierung* durch die Nutzung des integrierten Kommunikationsansatzes besser unterstützt als mit der aktuellen Vorgehensweise. Aktuell gibt es in dem Unternehmen keinen Ansatz, mit dem Kontextinformationen auf einfache Art und Weise geteilt werden können. Für codebezogene Fragen muss der Quellcode umständlich in das jeweilige Kommunikationswerkzeug kopiert werden. Voraussetzung ist jedoch, dass derjenige, der die offene Frage beantworten kann, dem Sender der Nachricht bekannt ist.

Auf der siebenstufigen Likertskala wurden die Möglichkeiten für das Teilen von Kontextinformationen im Schnitt mit dem Wert 2,11 bewertet. Dies spiegelt eine relativ hohe aggregierte Zustimmung der Interviewpartner wider. M1 bemerkt, dass die Möglichkeiten für das Teilen von Kontextinformationen auf jeden Fall besser werden. Allerdings hänge es auch davon ab, wie intensiv der Ansatz genutzt wird und ob alle Teammitglieder den Ansatz in der gleichen Art nutzen. Für M5 besitzt der Ansatz ebenfalls in Bezug auf das Teilen von Kontextinformationen einen großen Mehrwert, da dies hiermit viel besser als mit der aktuellen Vorgehensweise möglich sei.

Kritischer äußert sich M7. Für diesen kommt der Nutzen des integrierten Kommunikationsansatzes auf den Einzelfall an. Bei komplexen Fragestellungen, die mehrere Klassen betreffen, würde *Screensharing* eher zum Erfolg führen, da man dann mit einzelnen Quellcodeausschnitten nicht weit komme[8]. Für weniger komplexe Fragestellungen erwartet M7 allerdings, dass man mit dem Ansatz schneller zu einer Lösung kommen kann. M2 hebt hingegen hervor, dass insbesondere die Nachvollziehbarkeit durch den integrierten Kommunikationsansatz verbessert werden kann. Bei der aktuellen Vorgehensweise werde Quellcode lediglich durch Kommentare an der entsprechenden Stelle des Codes dokumentiert, allerdings fehle dabei die Historie, die zu der jeweiligen Entscheidung geführt hat. Da der integrierte Kommunikationsansatz diese Nachvollziehbarkeit explizit unterstützt, wird er in Bezug auf diesen Aspekt sehr positiv bewertet.

Proposition 2 besagt, dass die Kommunikationsstrategie *Kontrolle durch Testen und Anpassen* durch den integrierten Kommunikationsansatz besser genutzt werden kann als mit der aktuellen Vorgehensweise. Die Fachexperten bewerten diesen Aspekt auf der Likertskala im Schnitt mit 1,56, was eine leicht überdurchschnittliche Zustimmung signalisiert. M1 begründet die positive Bewertung damit, dass es mit dem Ansatz möglich sei, schnelles Feedback zu bekommen. Dies führe zu kürzeren Entwicklungszeiten und kürzeren Reaktionszeiten, was im Interesse von jedem Einzelnen sei. Für M2 ist dies hingegen eher vergleichbar mit E-Mails, wobei mittels des integrierten Kommunikationsansatzes möglicherweise in kürzeren Abständen nachgefragt wird. M6 hebt besonders hervor, dass diese Kommunikationsstrategie dadurch unterstützt wird, dass Nachrichten ungerichtet gesendet werden. Dies sei insbesondere dadurch der Fall, dass Nachrichten an eine Gruppe von Personen die Wahrscheinlichkeit erhöhen, dass einer der Empfänger auf die Nachricht antwortet.

M4 und M7 äußern sich dagegen skeptischer in Bezug auf Proposition 2. M4 führt an, dass es durch die Möglichkeit des schnellen Nachfragens sein könne, dass man andere Personen in ihrer Konzentration unterbricht, wodurch sich die Kommunikation verschlechtern könnte. Allerdings hänge dies stark vom Team und

8 Dies setzt allerdings voraus, dass dem Fragesteller der richtige Ansprechpartner bekannt ist und dieser Zeit hat, über das Problem des Fragestellers zu diskutieren. Der integrierte Kommunikationsansatz zielt hingegen auf ungerichtete Nachrichten in einem wenig-disruptiven Nachrichtenstrom ab (vgl. Kapitel 4).

den beteiligten Personen ab. Wenn der Ansatz richtig eingeführt werde, dann habe er das Potenzial, diese Kommunikationsstrategie in positiver Art und Weise zu beeinflussen. M7 ist hingegen skeptisch, ob ungerichtete Fragen beantwortet werden. Aus seiner Sicht kann es schwieriger werden, Antworten zu bekommen, da sich niemand explizit angesprochen fühlt. Zudem würden etwa bei der ungerichteten Frage, ob jeder einen gewissen Sachverhalt verstanden hat, diejenigen nicht antworten, die es nicht verstanden haben. Dies liege daran, dass jeder davon ausgehe, dass sich jemand anderes melden würde, wenn der Sachverhalt unklar ist. Wenn hingegen alle anderen den Sachverhalt verstanden hätten, dann sei es letztendlich unerheblich, ob man den Sachverhalt selbst ebenfalls verstanden hat. Insgesamt wird der Ansatz jedoch in Bezug auf die Unterstützung der Kommunikationsstrategie *Kontrolle durch Testen und Anpassen* positiv bewertet.

Proposition 3 sagt aus, dass die bessere Verfügbarkeit von Kontextinformationen zu einem besseren gemeinsamen Verständnis der Kommunikationspartner führt. Dieser Aspekt wird im Mittel mit 1,89 bewertet, was ebenfalls relativ hohe Zustimmung signalisiert. M2 sieht hier wiederum die Dokumentation der Historie als hilfreich an. Wenn diese dokumentiert sei, dann verstehe man besser, was gemeint ist. Zudem sei man durch das Teilen von Kontextinformationen deutlich besser in der Lage, ein gemeinsames Verständnis zu schaffen. M4 äußert sich zunächst kritisch, da die knappen kurzen Texte keine Diskussionen ersetzen könnten. Das Übermitteln von Quellcode könne allerdings helfen, Probleme schneller zu lösen. Zudem wisse man, an welchen Problemen die anderen Mitarbeiter arbeiten. Somit könne sich das gemeinsame Verständnis verbessern.

M5 und E1 bewerten die Möglichkeiten positiv, durch das Teilen von Kontextinformationen ein gemeinsames Verständnis zu erlangen. Für E1 steht der Effekt auf das Ergebnis der Diskussion im Vordergrund. Da dieses positiv beeinflusst wird, verbessere sich letztendlich auch das gemeinsame Verständnis. M5 führt als Beispiel das Vermeiden von Missverständnissen an, wenn ein Wort unterschiedliche Bedeutungen hat. Als Beispiel für ein solches Homonym nennt er eine Bank. Durch die Verfügbarkeit von Kontextinformationen könne man schnell erkennen, welche Art von Bank gemeint ist, und somit Missverständnisse vermeiden und letztendlich ein gemeinsames Verständnis herstellen. Es ist festzuhalten, dass der integrierte Kommunikationsansatz auch bezüglich Proposition 3 positiv bewertet wird.

Nach Proposition 4 führen die besseren Möglichkeiten zur Ausübung der Kontrolle durch Testen und Anpassen zu einem verbesserten gemeinsamen Verständnis der Kommunikationspartner. Auch dieser Aspekt erfährt mit einem Mittelwert von 1,89 verhältnismäßig hohe Zustimmung. Für M1 ist insbesondere das Zusammenspiel zwischen dem Mitschicken von Kontextinformationen und der Beschleunigung der Kommunikation wichtig. Dadurch, dass die Kontextinformationen direkt mitgesendet werden, muss nicht erst auf umständliche Art und Weise angegeben werden, wo die benötigten Informationen gefunden werden können. Somit kann das bei dieser Kommunikationsstrategie im Vordergrund stehende Feedback entsprechend schnell gegeben werden.

Für M5 ist hingegen entscheidend, dass man durch das System schnell nachfragen kann, ob Nachrichten verstanden worden sind. Zudem sei es vorteilhaft, dass die Kommunikation unmittelbar schriftlich dokumentiert werde. M7 ist wiederum auch in Bezug auf diesen Aspekt skeptisch und erwartet, dass man durch den integrierten Kommunikationsansatz weniger Kontrollmöglichkeiten hat. Entsprechend fällt seine Bewertung in Bezug auf diesen Aspekt negativ aus. Insgesamt wird der integrierte Kommunikationsansatz jedoch trotz dieser negativen Einschätzung von M7 sehr positiv bewertet.

Gemäß Proposition 5 führt die bessere Verfügbarkeit von Kontextinformationen zu einer Verbesserung der Arbeitsbeziehung zwischen den Kommunikationspartnern. Auch dieser Aspekt wird mit einem Mittelwert von 1,78 positiv bewertet. M1 begründet die hohe Bewertung damit, dass der Ansatz helfe, sich in die Welt des Kommunikationspartners hineinzudenken, da Teams in der Regel eine Mischung aus technischen und funktionalen Rollen seien. Durch den Ansatz werde ein Anreiz für alle Beteiligten geschaffen, die Denkweise der jeweils anderen Rolle zu verstehen. Für M2 wird die Kommunikation dadurch offener, dass dargelegt wird, wer welche Probleme hat. Die Beziehung zwischen den Kommunikationspartnern beeinflusse das jedoch nicht.

Laut M3 kann die Beziehung zwischen den Kommunikationspartnern möglicherweise verbessert werden, wenn man weiß, woran gerade gearbeitet wird und man dies entsprechend nachvollziehen kann. M6 hebt einen ähnlichen Aspekt hervor: Dadurch, dass mehr Kontextinformationen als zuvor verfügbar sind, könne besser festgestellt werden, was der Andere konkret meint. Durch zielgerichtetere Kommunikation könne daher die Beziehung zwischen den Kommunikationspartnern präziser werden. Für E1 und E2 hängt dieser Aspekt hingegen vom jeweiligen Fall ab. Für unerfahrene Entwickler, die viele Fragen stellen, sei ein solcher Ansatz hilfreich. Erfahrene Entwickler könnten sich jedoch von der Vielzahl an Fragen von unerfahrenen Entwicklern gestört fühlen, da die eigene Arbeit dadurch verzögert wird. Für erfahrene Entwickler könnte dies daher unter Umständen eine negative Auswirkung auf die Arbeitsbeziehung haben; für unerfahrene Entwickler sei die Auswirkung hingegen positiver.

Schließlich besagt Proposition 6, dass die besseren Möglichkeiten zur Ausübung der *Kontrolle durch Testen und Anpassen* zu einer Verbesserung der Arbeitsbeziehung zwischen den Kommunikationspartnern führt. Dieser Aspekt wird von den Fachexperten mit einem Mittelwert von 1,22 ebenfalls leicht überdurchschnittlich eingeschätzt. Für M2 ist entscheidend, dass man dem anderen auf einfache Art und Weise zeigen kann, dass man darauf bedacht ist, von ihm verstanden zu werden, was beziehungsaufbauend wirken würde. In eine ähnliche Richtung argumentiert M3. Demnach werde man weniger Konflikte haben, da schneller nachgefragt werden kann, warum Dinge getan oder nicht getan wurden oder ob der Kommunikationspartner Informationen bekommen hat. Entsprechend ist auch dieser Aspekt aus seiner Sicht leicht positiv zu werten.

M5 merkt an, dass beide Kommunikationspartner bereit sein müssen, den jeweils Anderen zu verstehen. Ohne diese Grundvoraussetzung könnte die Arbeitsbeziehung darunter leiden, dass Entwickler und Projektmanager unterschiedliche Kenntnis von technischen Details haben. Wenn etwa der Entwickler sehr technisch argumentiert und der Projektmanager nicht mehr folgen kann, dann könnte sich auch eine gewisse Aggression entwickeln. Durch den integrierten Kommunikationsansatz könne man dieses Risiko jedoch verringern und somit die Arbeitsbeziehung verbessern. M7, E1 und E2 sehen schließlich keine Auswirkung auf die Arbeitsbeziehung zwischen den Kommunikationspartnern in Bezug auf diese Kommunikationsstrategie. Es ist festzuhalten, dass Proposition 6 trotz dieser einzelnen neutralen Bewertungen im Vergleich zur aktuellen Vorgehensweise in der Summe positiv eingeschätzt wird.

Die arithmetischen Mittelwerte der Antwortausprägungen der Interviewpartner in Bezug auf die Propositionen des Evaluationsmodells sind in Abbildung 5.2

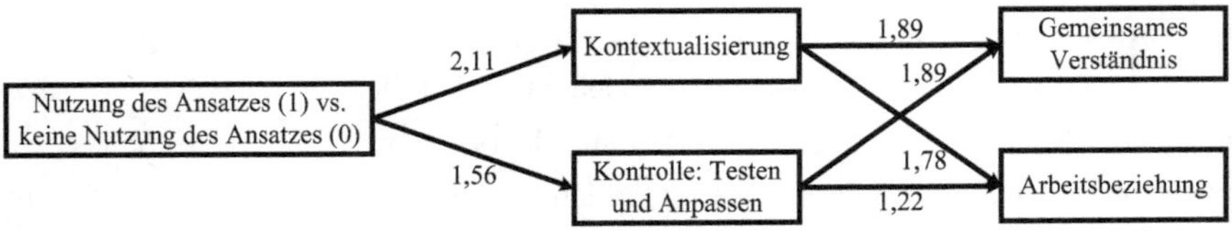

Abbildung 5.2.: Evaluationsmodell mit Auswertung. Dargestellt wird das arithmetische Mittel der Antwortausprägungen auf der siebenstufigen Likertskala.

dargestellt[9]. Es ist ersichtlich, dass insbesondere die Umsetzung der Kommunikationsstrategie *Kontextualisierung* sowie deren Auswirkung auf das gemeinsame Verständnis und die Arbeitsbeziehung hohe Zustimmung erhält. Allerdings wird auch die Umsetzung der Kommunikationsstrategie *Kontrolle durch Testen und Anpassen* und deren Auswirkungen auf die abhängigen Konstrukte in der Summe positiv bewertet.

Weitere Kommunikationsstrategien

Die vier Kommunikationsstrategien, die nach der Bewertung aus Abschnitt 3.3.2 nicht explizit im Ansatz umgesetzt werden sollten, wurden im Rahmen der Fallstudie ebenfalls mit den neun Fachexperten diskutiert. Ziel dieses Vorgehens war die Ermittlung von möglichen Effekten des integrierten Kommunikationsansatzes auf diese Kommunikationsstrategien (vgl. Abschnitt 5.2.1). Die konkreten Antwortausprägungen und arithmetischen Mittelwerte finden sich in Tabelle F.1 (siehe Anhang F ab S. 199). Im Folgenden wird auf die wesentlichen Erkenntnisse hinsichtlich dieser vier Kommunikationsstrategien eingegangen.

In Bezug auf den erwarteten Einfluss der Nutzung des Ansatzes auf die jeweiligen Kommunikationsstrategien ist festzuhalten, dass alle vier Strategien im Mittel schlechter als die Strategien *Kontextualisierung* und *Kontrolle durch Testen und Anpassen* bewertet werden. Am besten wird die Strategie *Affektivität* bewertet. Bei dieser Strategie bewerten die Interviewpartner insbesondere die Möglichkeiten positiv, Emotionen in kurzen Nachrichten zu übermitteln. Wenn beispielsweise

9 Die detaillierten Antwortausprägungen finden sich in Tabelle F.1. Das um die nicht explizit unterstützten Kommunikationsstrategien erweiterte Evaluationsmodell findet sich in Abbildung F.1 (siehe Anhang F ab S. 200).

ein Entwickler ein Aufgabe gut löst, kann man auf einfache und schnelle Art und Weise einen Kommentar dazu abgeben. Beispiele für solche Nachrichten sind nach Aussagen der Interviewpartner etwa kurze Gratulationen (M3) oder knapp formuliertes Lob („*Schönes Interface*“, M7). Für solche Nachrichten schreibe man üblicherweise keine E-Mails, die Schwelle für solche informelle Kommunikation sei entsprechend geringer (M2, M7). Allerdings merkt E1 an, dass man solche Nachrichten auch über andere Kommunikationskanäle übermitteln kann. Nur für die Übermittlung von Emotionen benötige man kein neues Werkzeug.

Bezüglich der Kommunikationsstrategie *geplante Kontrolle* merkt M4 an, dass dies mit dem Werkzeug schlechter umzusetzen sei. Einerseits fühle sich niemand direkt angesprochen, andererseits gehe der Sender implizit davon aus, dass jeder die Nachricht liest und entsprechend Bescheid wisse. In ähnlicher Art und Weise äußert sich M7. Demnach wäre die Kommunikation über einen Mikroblogging-Ansatz in Bezug auf diese Strategie ähnlich wie die Verwendung einer Mailingliste. Im Unternehmen komme es relativ häufig vor, dass Mitarbeiter nicht in Mailinglisten aufgenommen werden. Entsprechend sei es dann eine Fehlannahme, dass Mails an diese Mailingliste von allen relevanten Personen gelesen werden. Allerdings werde dieser negative Aspekt durch die Gruppenfunktion im integrierten Kommunikationsansatz neutralisiert.

M6 sieht dies hingegen gegensätzlich und erwartet einen großen Vorteil von dem Werkzeug, da Manager mehr Informationen sammeln können. Auch bei den übrigen beiden Kommunikationsstrategien (*Perspektive einnehmen* und *Fokussierung der Aufmerksamkeit*) sind die Interviewpartner gespalten. Während ein Teil die Möglichkeiten des Ansatzes in Bezug auf diese Strategien positiv beurteilt, schätzt der andere Teil diese negativ ein. Entsprechend fällt die aggregierte Bewertung dieser Strategien eher durchschnittlich aus (vgl. Tabelle F.1).

Ähnliche Ergebnisse gehen aus den Aussagen in Bezug auf die Beziehungen zwischen den Kommunikationsstrategien und dem gemeinsamen Verständnis bzw. der Arbeitsbeziehung hervor. Einige der Interviewpartner sehen diese Aspekte positiv, andere wiederum negativ. Somit ergibt sich kein klares Bild. Auffallend ist jedoch, dass die Beziehung zwischen der Kommunikationsstrategie *Fokussierung der Aufmerksamkeit* und der Arbeitsbeziehung leicht negativ eingeschätzt werden. Sechs der Interviewpartner sehen diesen Aspekt neutral an, zwei bewerten dies hingegen negativ. Dies liegt beispielsweise daran, dass die Möglichkeiten der Hervorhebung im Vergleich zu anderen Medien begrenzt sind. So können in dem integrierten Kommunikationsansatz Hervorhebungen lediglich durch Großbuchstaben dargestellt werden. Dies kann von manchen Personen allerdings als aggressiv aufgefasst werden und daher die Arbeitsbeziehung belasten. Es ist festzuhalten, dass die beiden Kommunikationsstrategien, die nach Abschnitt 3.3.3 explizit unterstützt werden sollen, von den Fachexperten die größte Zustimmung erfahren haben. Zusätzlich wird auch die Umsetzung der anderen Kommunikationsstrategien überwiegend positiv eingeschätzt.

Im Anschluss an die konkrete Diskussion der sechs Kommunikationsstrategien wurde den Interviewpartnern die Möglichkeit gegeben, weitere Strategien zu nennen, die sie in ihrer Kommunikation verwenden. Ein Teil der Interviewpartner hat hierzu Aussagen gemacht. Nach Überprüfung der genannten Aspekte konnte jedoch keine dieser Antworten als neue Kommunikationsstrategie klassifiziert werden. Vielmehr handelte es sich stets um Varianten der konkret benannten Strategien. Insofern erscheint die von Te'eni (2001) vorgegebene Klassifizierung von Kommunikationsstrategien in Bezug auf die hier durchgeführte Fallstudie als verwendbar.

Rangfolge

Nach der Bewertung der Umsetzung der einzelnen Kommunikationsstrategien und deren Auswirkungen wurden die Interviewpartner gebeten, die sechs aus dem KAMOK übernommenen Kommunikationsstrategien in eine Reihenfolge zu bringen. Dazu sollten die Strategien aufsteigend sortiert werden, beginnend bei der Strategie, die am stärksten vom Einsatz des vorgestellten Ansatzes beeinflusst wird. Die aggregierten Rangfolgen sind in Tabelle 5.3 dargestellt[10].

Es ist ersichtlich, dass die Fachexperten erwarten, dass die Kommunikationsstrategie *Kontextualisierung* am stärksten durch den in dieser Arbeit entwickelten integrierten Kommunikationsansatz beeinflusst wird. Demnach können Kontextinformationen mit Hilfe dieses Ansatzes auf eine bessere Art und Weise im Vergleich zur aktuellen Praxis geteilt werden. Zudem erwarten die Evaluationspartner einen relativ hohen Einfluss des Ansatzes auf die Kommunikationsstrategie

10 Die detaillierten Antwortausprägungen finden sich in Tabelle F.2 (siehe Anhang F auf S. 201).

Tabelle 5.3.: Aggregierte Rangfolgen

Strategie	**Rang**
Kontextualisierung	1,78
Kontrolle: Testen und Anpassen	3,00
Affektivität	3,56
Geplante Kontrolle	4,28
Perspektive einnehmen	4,17
Fokussierung der Aufmerksamkeit	4,44

Kontrolle durch Testen und Anpassen. An dritter Stelle folgt die Kommunikationsstrategie *Affektivität.* Auf die anderen drei Kommunikationsstrategien hat der Ansatz nach Einschätzung der Interviewpartner nur eine geringe Auswirkung. Diese werden durch den Ansatz kaum beeinflusst, was sich in den relativ hohen aggregierten Rängen widerspiegelt. Abschließend ist festzuhalten, dass die in Abschnitt 3.3.2 ermittelten Kommunikationsstrategien im integrierten Kommunikationsansatz offenbar zielführend umgesetzt sind.

5.3. Qualitative Evaluation

Im Rahmen der qualitativen Evaluation des Ansatzes wurden den selben Fachexperten wie bei der im vorherigen Abschnitt beschriebenen deskriptiven Evaluation offene Fragen gestellt. Diese sollten die Eignung des Ansatzes für das eigene Unternehmen, erwartete Schwierigkeiten sowie Verbesserungsvorschläge offenlegen. In den folgenden Unterabschnitten wird auf die entsprechenden Antworten eingegangen.

5.3.1. Eignung des Ansatzes für das eigene Unternehmen

Alle neun Interviewpartner sind der Meinung, dass der vorgestellte Ansatz für den Einsatz in ihrem Unternehmen geeignet sei. M1 und M6 finden insbesondere sinnvoll, dass man in dem Ansatz nicht auf einen Zugang zur Kommunikationsplattform festgelegt wird. Die nicht-technisch affinen Personen könnten über das

Web-Interface oder über ein mobiles Endgerät auf die Daten zugreifen, die Entwickler über das Plug-in aus der IDE. Daher halten sowohl M1 als auch M6 den Ansatz für sinnvoll und bewerten die Eignung für das eigene Unternehmen positiv. M6 macht allerdings die Einschränkung, dass der Ansatz nicht für jedes Projekt geeignet sei. In sehr kurzen Projekten (beispielsweise mit einer Dauer von zwei Wochen) sei der Ansatz nicht notwendig. In großen Projekten hätte er aber durchaus Potenzial. Weiterhin ergänzt M6, dass das Unternehmen sehr viel mit verteilten Teams arbeitet, für die der integrierte Kommunikationsansatz hilfreich wäre. Zudem sei für verteilt arbeitende Teams alles positiv zu werten, wodurch Inhalte generiert werden. Durch den medienbruchfreien Zugang zu der Kommunikationsplattform sei die Publikationshürde von Nachrichten dafür geringer.

M2 zieht einen Vergleich zu den aktuellen Kommunikationsmitteln im Unternehmen. Bei diesen könne man Kontextinformationen nur sehr schlecht teilen, was häufig ein Problem wäre. Für die Kommunikation zwischen den Entwicklern sei der Ansatz sehr gut geeignet, insbesondere weil Diskussionen im Code festgehalten werden. Der Ansatz müsste allerdings neben den aktuellen Kommunikationswerkzeugen genutzt werden, da diese vor allem in der Kommunikation zwischen den Entwicklern und den Projektleitern nicht ersetzt werden können. M3 fasst sich kürzer und bewertet die Frage nach der Eignung für das eigene Unternehmen knapp mit *„Ja, durchaus. Ich sehe das positiv“*. Auf die gleiche Art und Weise antworten E1 und E2: *„Yes, it's suitable“*.

Für M4 ist die Frage nicht so einfach zu beantworten. Grundsätzlich wäre es gut, einen solchen Ansatz im Unternehmen zu haben. Allerdings kann er nicht abschätzen, ob der Ansatz von den betroffenen Personen auch angenommen und verwendet wird. Dies könnte nur durch Ausprobieren herausgefunden werden. Ein solcher Test wird auch von M5 angeregt, da das Potenzial des Ansatzes vorhanden wäre. Die größte Herausforderung für jedes Unternehmen sei die Verbesserung der Kommunikation zwischen den beteiligten Parteien. Insbesondere Projektmanager und Entwickler würden in zwei unterschiedlichen Welten leben. Durch den vorgestellten Ansatz könnte jedoch ein gemeinsamer Raum geschaffen werden, um so eine gemeinsame Basis für die Kommunikation zu haben.

Auch M7 sieht den Ansatz für das Unternehmen als grundsätzlich geeignet an. Allerdings äußert er Bedenken in Bezug auf die Integration in die bestehende Werkzeuglandschaft, da bereits eine Reihe von bewährten Kommunikationskanälen zur Verfügung stehen. Diese bestehenden Kommunikationskanäle sollten einerseits nicht abgeschwächt, Informationen andererseits aber auch nicht redundant gespeichert werden. Diesen Aspekten müsste vor der Einführung eines solchen Ansatzes Rechnung getragen werden.

5.3.2. Erwartete Schwierigkeiten

Um möglichen Herausforderungen bei der Einführung des Ansatzes begegnen zu können, wurden die Interviewpartner um eine Einschätzung in Bezug auf erwartete Schwierigkeiten gebeten. M1 erwartet keine anderen Schwierigkeiten als beim Einsatz anderer Werkzeuge. Insbesondere die Notwendigkeit der einheitlichen Nutzung und der Definition eines Einsatzzwecks werden von ihm daher angesprochen. M2 sieht ebenfalls keine Schwierigkeiten oder Nachteile, die mit dem Ansatz verbunden sind, da durch die Nutzung die Kommunikation verbessert wird, was in jedem Fall positiv zu werten sei.

Für M3 steht die Schulung der Mitarbeiter im Vordergrund. Damit könne klar definiert werden, welche Inhalte über die Mikroblogging-Plattform ausgetauscht werden können. Dadurch, dass man nicht wisse, welche Mitarbeiter die Nachrichten lesen, habe man keine Garantie, ob die Nachrichten die richtigen Adressaten gefunden haben. Aus diesem Grund sei die Ausarbeitung von Richtlinien erforderlich, die in Schulungen vermittelt werden. Schulungen sind auch für M5 ein wichtiger Aspekt, da man dadurch den Mitarbeitern den Zweck des neuen Ansatzes vermitteln kann um somit zu verhindern, dass sich einzelne Personen gegen diese Innovation sperren und den effektiven Einsatz verhindern. Das reine Bereitstellen des Werkzeugs ohne strukturierte Einführung und Schulung könne also zu einem Problem werden. Damit einher gehen auch die Bedenken von M6, der die Installationskosten in Bezug auf den Aufwand und die dafür benötigte Zeit als Herausforderung ansieht. Wenn das Werkzeug einen komplexen Installationsprozess benötigt, dann hätte er Bedenken, neue Mitarbeiter mit dem Werkzeug arbeiten zu lassen. Dieser Aufwand ließe sich allerdings durch eine Vorinstallation des Werkzeugs durch den Administrator des Unternehmens minimieren[11].

11 Tatsächlich ist der Installationsaufwand für das Werkzeug äußerst gering (vgl. Anhang C.2).

M4 sieht dagegen die Umstellung des Kommunikationsverhaltens als herausfordernd an. Dadurch, dass Nachrichten einen breiten Adressatenkreis haben und nicht personalisiert sind, müsse sich jeder darüber im Klaren sein, welche Informationen über den Mikroblog veröffentlicht werden sollen. Eine technologische Schwierigkeit wird hingegen von E1 und M7 vorgebracht: Nicht alle Entwickler des Unternehmens arbeiten mit der *Eclipse IDE*, daher wäre es notwendig, auch für andere Entwicklungsplattformen entsprechende Plug-ins bereitzustellen[12]. Allerdings bietet nicht jede IDE die Möglichkeit, Plug-ins zu integrieren. Schließlich sieht E2 eine mögliche Informationsüberlastung in den Projektdiskussionen als Herausforderung an.

5.3.3. Verbesserungsvorschläge

Im Verlauf der Interviews haben die Fachexperten einige Verbesserungsvorschläge bezüglich des vorgestellten Ansatzes gemacht. Zudem hatten die Interviewpartner am Ende der Befragung Gelegenheit, weitere Verbesserungsvorschläge vorzubringen. Im Folgenden werden die genannten Aspekte kurz dargestellt. Anzumerken ist, dass einige der Verbesserungsvorschläge weit über das durch den integrierten Kommunikationsansatz angestrebte Ziel der Unterstützung der Kommunikationsstrategien *Kontextualisierung* und *Kontrolle durch Testen und Anpassen* hinausgehen. Dennoch liefern die vorgebrachten Ideen interessante Erweiterungsmöglichkeiten, die in zukünftigen Projekten realisiert werden könnten.

In Bezug auf die Nutzerfreundlichkeit des Werkzeugs regen M1 und E1 an, die Quellcodeausschnitte auch im *Eclipse*-Plug-in anzuzeigen, um so einfacher einen Überblick über den betroffenen Quellcode gewinnen zu können. Es ist anzumerken, dass in der vorliegenden Version des integrierten Kommunikationsansatzes mittels eines Doppelklicks auf das entsprechende Lesezeichen direkt an die Stelle im Code gesprungen werden kann, von der die Nachricht gesendet wurde (vgl. Abschnitt 4.4.2). Insofern erscheint der Mehrwert der von M1 und E1 vorgeschlagenen Erweiterung begrenzt.

12 Anzumerken ist, dass der Ansatz lediglich zu Demonstrationszwecken prototypisch für die *Java*-Entwicklung mit der *Eclipse IDE* implementiert wurde. Die Entwicklung wurde nicht auf das an der Evaluation beteiligte Unternehmen und die Vielzahl an in diesem Unternehmen verwendeten Programmiersprachen abgestimmt.

Ebenfalls mit Bezug auf die Nutzerfreundlichkeit des Plug-ins schlagen M2, M4 und M5 vor, Nachrichten farbig zu markieren, um so schneller einen Überblick darüber gewinnen zu können, welche Nachrichten von welcher Person stammen, oder um positive oder negative Nachrichten hervorheben zu können. Dadurch könne man auch sehen, wie viele Kommunikationspartner an einer Diskussion beteiligt waren. M4 wünscht sich zudem die Möglichkeit, die Nachrichten nach Absendername und Datum zu sortieren. Aus seiner Sicht wäre es außerdem sinnvoll, Nachrichten direkt an Personen adressieren zu können, um so die Informationsüberlastung von nicht betroffenen Entwicklern zu reduzieren. Zudem erwähnt M4 die Möglichkeit, Nachrichten als verbindlich zu markieren, um so die Antwortwahrscheinlichkeit zu erhöhen. Diese Aspekte widersprechen allerdings weitgehend dem Mikroblogging-Konzept und könnten lediglich über striktere Nutzungsrichtlinien im Unternehmen gelöst werden. Beispielsweise ist es denkbar, dass im Unternehmen ein bestimmtes *Tag* definiert wird, mit dem besonders wichtige Nachrichten markiert werden.

Aus Sicht von M1 und E2 wäre es hilfreich, wenn Personen, die Antworten zu codebezogenen Fragen geben können, die entsprechenden Änderungen am Code direkt selbst vornehmen könnten. Dies sollte aus der Web-Anwendung möglich sein. Realisieren könnte man dies laut M2 dadurch, dass man in dem Fenster, in dem man die Nachrichten verfasst, die aus dem Code versendet werden[13], eine Checkbox einfügt, ob man das Verändern des Codes erlauben möchte. Diese Berechtigung könnte man beispielsweise bestimmten Gruppen geben. Anzumerken ist, dass eine solche Funktion mit Bedacht eingesetzt werden muss, da vielschichtige Abhängigkeiten im betroffenen Code für Außenstehende häufig nicht bekannt sind. Somit könnte durch eine solche Funktion eine potenzielle Fehlerquelle entstehen.

Die Präsentation des Kontexts einer Nachricht wird von den Interviewpartnern überwiegend als sehr relevant und nützlich angesehen. Neben der Darstellung von Code wünschen sich M1, M4 und E2 allerdings zusätzlich, dass auch weitere Darstellungsformen für Kontextinformationen angeboten werden. So könnte es beispielsweise sinnvoll sein, auch Screenshots mit der Nachricht mitzusenden. Bezüglich der Darstellung des Quellcodes in der Web-Anwendung regt M4 an,

13 Vgl. Abbildung 4.18 auf S. 108.

dass die Nachricht selbst über dem Code angezeigt wird, damit man nicht hin- und herspringen muss, wenn die Frage zu dem Quellcodeausschnitt kompliziert ist. Zudem merkt M4 an, dass es auch sinnvoll sei, die Zeilen, die mitgesendet werden sollen, im *Eclipse*-Plug-in markieren zu können anstatt die betroffenen Zeilen manuell anzugeben.

Die Integration des Mikroblogging-Konzepts in weitere Werkzeuge des Softwareentwicklungsprozesses wird von M3, M5 und M7 gewünscht. So könnte man etwa ein Ticketingsystem oder ein Anforderungsmanagementsystem ebenfalls mit der Mikroblogging-Plattform verknüpfen, um auch in diesen Werkzeugen die Vorteile des integrierten Kommunikationsansatzes zu realisieren. E1 und E2 wünschen sich hingegen eine Integration in andere Kommunikationswerkzeuge wie etwa *Skype* sowie eine Integration in öffentliche Entwicklerforen wie beispielsweise *StackOverflow*[14], um so auf einfachere Art und Weise Quellcodeausschnitte mit Experten in diesen Foren diskutieren zu können.

Zudem erwähnt E1 die Möglichkeit, etwa durch blinkende Nachrichten darauf aufmerksam zu machen, dass eine Antwort auf eine eigene Frage eingegangen ist. Alternativ könnte dies über Pop-ups realisiert werden. Dies könnte jedoch wiederum die Konzentration der Entwickler negativ beeinflussen, was insbesondere von M4 kritisch gesehen wird.

Schließlich schlägt M6 vor, die Plattform auch für externe Stakeholder, wie etwa Kunden, zu öffnen. Wenn diese beispielsweise über eine mobile Applikation auf die Plattform zugreifen könnten, dann könnten diese stets auf dem aktuellen Stand bleiben und sehen, dass das Team an dem Projekt arbeitet. Dazu wäre allerdings ein neues Rechtekonzept mit eingeschränkten Nutzungsrechten erforderlich, da der integrierte Kommunikationsansatz auf die Kommunikation in allen Softwareentwicklungsprojekten eines Unternehmens abzielt und somit auch vertrauliche unternehmensinterne Informationen umfassen kann.

14 http://www.stackoverflow.com (06.06.2012). *StackOverflow* ist eines der bekanntesten und größten Foren für Softwareentwickler (Mamykina et al., 2011).

5.4. Zusammenfassung

In diesem Kapitel wurde die im konstruktionswissenschaftlichen Forschungsansatz notwendige Evaluation des entwickelten Artefakts vorgenommen. Dazu wurde zunächst aus verschiedenen Optionen eine geeignete Evaluationsmethode gewählt. Aufgrund der Fokussierung auf eine Konzeptdemonstration und den bekannten Problemen bei der Aussagekraft von formalen Experimenten wurde die Evaluation im Rahmen einer Fallstudie durchgeführt.

Im ersten Teil dieser Fallstudie wurde eine deskriptive Evaluation vorgenommen. Dazu wurde zunächst ein Evaluationsmodell entwickelt, das sich an das KAMOK von Te'eni (2001) anlehnt. Im Zentrum dieses Evaluationsmodells stehen die explizit im integrierten Kommunikationsansatz unterstützten Kommunikationsstrategien *Kontextualisierung* und *Kontrolle durch Testen und Anpassen*. Das gemeinsame Verständnis und die Arbeitsbeziehung zwischen den Kommunikationspartnern wurden als abhängige Konstrukte aus dem KAMOK übernommen.

Zur Bewertung des integrierten Kommunikationsansatzes anhand des Evaluationsmodells wurden anschließend in einem mittelständischen Unternehmen der deutschen Softwareindustrie Interviews mit neun Fachexperten geführt. Diese beurteilten anhand eines strukturierten Interviewleitfadens die Eignung des entwickelten Artefakts, die beiden Kommunikationsstrategien umzusetzen. Zudem schätzten sie die Auswirkungen dieser Umsetzung ein. Als Ergebnis dieser Evaluationsphase ist festzuhalten, dass nach Ansicht der Fachexperten beide Kommunikationsstrategien zielführend umgesetzt wurden. Die Unterstützung der übrigen vier im KAMOK genannten Kommunikationsstrategien wurden ebenfalls überwiegend positiv eingeschätzt, obwohl diese Unterstützung im integrierten Kommunikationsansatz nicht explizit gefordert wird.

Im Anschluss an die formale Beurteilung des integrierten Kommunikationsansatzes mittels des Evaluationsmodells wurde schließlich im zweiten Teil der Fallstudie eine qualitative Bewertung der Eignung des Ansatzes für das eigene Unternehmen vorgenommen und Einschätzungen hinsichtlich erwarteter Schwierigkeiten sowie von Verbesserungsvorschlägen vorgenommen. Grundsätzlich ist der integrierte Kommunikationsansatz aus Sicht der Interviewpartner für das an der Fallstudie beteiligte Unternehmen geeignet. Die Einschätzungen in Bezug auf erwartete Schwierigkeiten und Verbesserungspotenziale können als Quelle für zukünftige Weiterentwicklungen dienen (vgl. auch Abschnitt 6.4). Im folgenden Kapitel werden nun die Ergebnisse und Einschränkungen dieser Arbeit diskutiert.

6. Diskussion

In diesem Kapitel wird zunächst der Forschungsbeitrag dieser Arbeit diskutiert. Anschließend folgt eine methodische Bewertung der Arbeit in Bezug auf die von Hevner et al. (2004) empfohlene Vorgehensweise beim konstruktionswissenschaftlichen Forschungsansatz. Nach einer Darstellung der Limitationen, denen die Ergebnisse dieser Arbeit unterliegen, schließt das Kapitel mit einem Ausblick auf zukünftige technische Weiterentwicklungsmöglichkeiten und auf weiterführende wissenschaftliche Studien.

6.1. Forschungsbeitrag

Die Entwicklung innovativer Artefakte muss im konstruktionswissenschaftlichen Forschungsansatz stets in Bezug auf den angestrebten Forschungsbeitrag erfolgen. So fordern Hevner et al. (2004):

> *„Effective design science research must provide clear and verifiable contributions in the areas of the design artifact, design foundations and/or design methodologies“* (Hevner et al., 2004, S. 83).

In diesem Abschnitt wird daher auf den Forschungsbeitrag dieser Arbeit in Bezug auf die genannten Aspekte eingegangen.

Zunächst ist festzuhalten, dass die zugrundeliegenden Anforderungen an den integrierten Kommunikationsansatz im Rahmen der vorliegenden Arbeit theoriegeleitet aus dem kognitiv-affektiven Modell von Te'eni (2001) abgeleitet wurden. Dazu wurden zunächst die Eigenschaften der verteilten Softwareentwicklung bewertet und anschließend ermittelt, dass die Kommunikationsstrategien *Kontextualisierung* und *Kontrolle durch Testen und Anpassen* explizit unterstützt werden sollten. Aus dieser Verwendung des KAMOK ergibt sich ein Forschungsbeitrag in zweierlei Hinsicht.

Zum einen wurde das KAMOK bislang von Wissenschaft und Praxis weitgehend vernachlässigt (vgl. auch Abschnitt 3.1.3). Ein Grund ist sicherlich in dessen großen Umfang und der daraus resultierenden hohen Komplexität des Modells zu sehen. Aufgrund der Vielzahl an Konstrukten und Propositionen ist es kaum möglich, das gesamte Modell zu testen bzw. in die Entwicklung eines Ansatzes einzubeziehen. Daher berücksichtigen auch andere Autoren lediglich Teilaspekte des Modells in ihrer Forschung (Katz und Te'eni, 2007; Majchrzak et al., 2005). Die vorliegende Arbeit ist damit eine der ersten, die das Modell für die konkrete Ableitung von Anforderungen heranzieht und damit einhergehend für die konkrete Entwicklung eines neuartigen Artefakts verwendet.

Zum anderen wurde mit der Entwicklung und Ableitung eines konkreten Evaluationsmodells ein Ansatz entworfen, mit dessen Hilfe Teilaspekte des KAMOK evaluiert werden können. Dieses Evaluationsmodell kann in zukünftigen Arbeiten aufgegriffen und für Tests in Bezug auf das Modell von Te'eni (2001) herangezogen werden. Mit Hilfe dieses Evaluationsmodells konnte weiterhin gezeigt werden, dass der integrierte Kommunikationsansatz die aus dem KAMOK abgeleiteten Kommunikationsstrategien *Kontextualisierung* und *Kontrolle durch Testen und Anpassen* in angemessener Art und Weise unterstützt.

Aus praktischer Sicht ist festzuhalten, dass im Rahmen dieser Arbeit eine detaillierte Analyse von Kommunikationsmedien vorgenommen und insbesondere das Potenzial von sozialen Medien im Allgemeinen und von Mikroblogging im Besonderen für die verteilte Softwareentwicklung bewertet wurde. Diese Medien wurden bislang fast ausschließlich in Bezug auf ihre Eignung für den allgemeinen Einsatz im Unternehmen bzw. zur Kommunikation zwischen Unternehmen und Kunden betrachtet. Trotz ihrer unbestrittenen positiven Eigenschaften wurden sie in Bezug auf die Nutzung in der Softwareentwicklung jedoch bislang weitgehend vernachlässigt. Ein Beitrag dieser Arbeit liegt daher darin, die „zwei Welten“ *Softwareentwicklung* und *soziale Medien* näher zueinander zu bringen.

Daneben liegt nun durch die Konzeption und Realisierung eines integrierten Kommunikationsansatzes für die verteilte Softwareentwicklung ein Prototyp eines Kommunikationswerkzeugs vor, der als Blaupause für die Entwicklung einer marktreifen Lösung dienen kann. Da der Nutzen eines solchen Ansatzes im Rahmen dieser Arbeit gezeigt werden konnte, besteht nun eine erhöhte Erfolgswahrscheinlichkeit für die Entwicklung eines entsprechenden Werkzeugs. Es ist denkbar, dass bei einer solchen marktreifen Weiterentwicklung auch weitere Prozesse bzw. Projektphasen der Softwareentwicklung, wie etwa das Anforderungsmanagement oder die Testphase, mit einbezogen werden (vgl. auch Abschnitt 6.4).

Durch die nahtlose Integration in den Quellcode leistet der vorliegende Kommunikationsansatz weiterhin einen Beitrag zur Umsetzung von durchgängiger Nachvollziehbarkeit (englisch: *end-to-end traceability*) im Softwareentwicklungsprozess, wie sie vielfach gefordert wird (Asuncion et al., 2007; Klimpke und Hildenbrand, 2009; Spanoudakis und Zisman, 2004). So wird es durch die Verknüpfung des Kommunikationswerkzeugs mit den betroffenen Stellen des Quellcodes ermöglicht, die Diskussionen, die zu konkreten Entscheidungen geführt haben, ohne Mehraufwand implizit zu dokumentieren. Schließlich wird auch die häufig geforderte Unterstützung der Informiertheit im Softwareentwicklungsprozess durch den integrierten Kommunikationsansatz verbessert (Dourish und Bellotti, 1992; Seebach et al., 2011). Neben dem automatischen Mitsenden von wichtigen Informationen über den Kontext der Nachricht (wie etwa dem Aufenthaltsort des Absenders, dem Eingabemedium oder der betreffenden *Java*-Klasse) erfolgt dies insbesondere durch die Einbettung eines Kommunikationswerkzeugs in die natürliche Arbeitsumgebung der Entwickler und die damit verbundene Senkung der Kommunikationshürde für diese Personengruppe.

6.2. Methodische Bewertung

Wie bereits mehrfach angeführt, folgt die vorliegende Arbeit dem konstruktionswissenschaftlichen Forschungsprozess. Im Folgenden wird auf die Umsetzung der von Hevner et al. (2004) definierten Richtlinien für diese Vorgehensweise eingegangen.

Design als Artefakt

Das Ziel des konstruktionswissenschaftlichen Forschungsansatzes ist die Schaffung zweckmäßiger Artefakte, die auf wichtige organisatorische Probleme abzielen (Hevner et al., 2004, S. 82). Entsprechend wurde im Rahmen dieser Arbeit mit dem Konzept eines integrierten Kommunikationsansatzes ein Artefakt geschaffen, mit dessen Hilfe die Kommunikation in der verteilten Softwareentwicklung verbessert werden soll. Zur Demonstration des Ansatzes wurde ein aus zwei Bestandteilen bestehendes Werkzeug implementiert. Bei dieser Werkzeugunterstützung handelt es sich um die Instanziierung eines Lösungsentwurfs, der die Realisierbarkeit des Konzepts zeigt (Hevner et al., 2004; Markus et al., 2002).

Problemrelevanz

Verteilt arbeitende Softwareteams sind in ihrer täglichen Arbeit mit Herausforderungen konfrontiert, die aus der zeitlichen, geografischen, kulturellen und sprachlichen Distanz resultieren. Diese Distanzen beeinträchtigen unter anderem die Informiertheit der beteiligten Personen darüber, wer zu welchem Zeitpunkt woran arbeitet. Zudem sind die Möglichkeiten für informelle Kommunikation in verteilten Teams stark eingeschränkt. Die Verbesserung der Kommunikation in verteilten Softwareentwicklungsprojekten stellt daher ein stets aktuelles und relevantes Aufgabengebiet dar (Klimpke et al., 2011).

Weiterhin stellt das Aufrechterhalten eines angemessenen Maßes an Nachvollziehbarkeit von Begründungszusammenhängen ein nach wie vor aktuelles Problem der (verteilten und nicht-verteilten) Softwareentwicklung dar, das bislang nicht adäquat gelöst werden konnte. Einerseits sollten Begründungszusammenhänge nachvollziehbar dokumentiert werden, andererseits sollte der dafür notwendige Dokumentationsaufwand auf ein Minimum reduziert werden. Insofern zielt der in dieser Arbeit vorgestellte Ansatz auch in dieser Hinsicht auf ein relevantes Problem ab, zu dessen Lösung durch die Verknüpfung von Quellcode und Kommunikationsmedium beigetragen wird. Die Relevanz dieser zugrundeliegenden Probleme wurde insbesondere auch von den Fachexperten bestätigt, die an der Fallstudie zur Evaluation des integrierten Kommunikationsansatzes beteiligt waren.

Evaluation des Designs

Der integrierte Kommunikationsansatz wurde im Rahmen dieser Arbeit auf verschiedene Art und Weise evaluiert. Neben einer grundsätzlichen Bewertung des Innovationsgrads durch eine Analyse existierender Ansätze in Abschnitt 4.2.2 wurde das entwickelte Werkzeug während der Entwicklungsphase in einem Studentenprojekt eingesetzt und anhand der Rückmeldungen der Studenten weiterentwickelt (vgl. Abschnitt 4.4.3). Die eigentliche Evaluation des integrierten Kommunikationsansatzes in Bezug auf die Eignung, die geforderten Kommunikationsstrategien zu unterstützen, erfolgte in Kapitel 5 anhand einer Fallstudie mit neun Fachexperten eines Unternehmens, das Software geografisch verteilt entwickelt. Zudem erfolgte eine abschließende qualitative Bewertung des Ansatzes durch dieselben Fachexperten.

Stringenz und Forschungsbeitrag

Die Entwicklung des integrierten Kommunikationsansatzes erfolgte streng theoriegeleitet. Nachdem Anforderungen an einen solchen Ansatz aus dem KAMOK von Te'eni (2001) abgeleitet wurden, erfolgte zunächst die Auswahl einer Basistechnologie anhand der Anforderungen und anschließend die iterative Realisierung und die Evaluation des Ansatzes. Mittels des integrierten Kommunikationsansatzes wird gezeigt, wie die Aspekte des KAMOK, die für verteilt arbeitende Softwareteams relevant sind, in einem Lösungsansatz umgesetzt werden können. Daneben erweitert die vorliegende Arbeit das bestehende Wissen in Bezug auf Kommunikationswerkzeuge der verteilten Softwareentwicklung und stellt eine der ersten Studien dar, die die Potenziale von Mikroblogging in der Softwareentwicklung untersuchen. Der Forschungsbeitrag wird insbesondere im vorherigen Abschnitt 6.1 erläutert.

Design als iterativer Suchprozess

Nach Hevner et al. (2004) folgt der konstruktionswissenschaftliche Forschungsprozess keinem statischen Verlauf, sondern sollte als iterativer Suchprozess angelegt sein. Entsprechend wurde die Entwicklung des integrierten Kommunikationsansatzes im Rahmen dieser Arbeit in Iterationen durchgeführt. Diese sogenannten *generate/test cycles* zwischen der theoretischen Arbeit, der Artefaktentwicklung und der Evaluation führten letztendlich zum finalen Artefakt (Hevner et al., 2004).

Kommunikation der Forschungsergebnisse

Als siebte Richtlinie führen Hevner et al. (2004) die Kommunikation der Forschungsergebnisse an. Nachdem die Relevanz des Forschungsthemas im Rahmen von Fallstudien ermittelt und publiziert wurde (Klimpke und Hildenbrand, 2009; Klimpke et al., 2011), wurden die grundlegenden Ideen dieser Arbeit im *Doctoral Consortium* der *23rd International Conference on Advanced Information Systems Engineering (CAiSE)* präsentiert und diskutiert (Klimpke, 2011). Zudem werden die Forschungsergebnisse im Rahmen der vorliegenden Arbeit veröffentlicht.

Die in diesem Abschnitt erfolgte Bewertung des methodischen Vorgehens zeigt, dass die von Hevner et al. (2004) vorgeschlagenen Richtlinien zur Vorgehensweise beim konstruktionswissenschaftlichen Forschungsansatz bei der Erstellung dieser Arbeit eingehalten wurden. Im folgenden Abschnitt wird nun auf die Limitationen eingegangen, denen diese Arbeit unterliegt.

6.3. Limitationen

In diesem Abschnitt werden die Einschränkungen diskutiert, in deren Licht die Ergebnisse dieser Arbeit betrachtet werden müssen. Zunächst werden dabei methodische und technische Einschränkungen aufgezeigt, bevor Limitationen bezüglich der Evaluation des integrierten Kommunikationsansatzes beschrieben werden.

Grundsätzlich liegen dieser Arbeit verschiedene Annahmen zu Grunde. Zum einen wird angenommen, dass insbesondere große Softwareentwicklungsprojekte mit höherer Wahrscheinlichkeit erfolgreich verlaufen, wenn die Nachvollziehbarkeit von Begründungszusammenhängen gegeben ist. Zum anderen wird angenommen, dass der verteilte Softwareentwicklungsprozess effizienter werden kann, wenn die Kommunikation zwischen den beteiligten Personen verbessert wird. Zudem wird unterstellt, dass die Effizienz des Softwareentwicklungsprozesses auch dadurch verbessert werden kann, dass die beteiligten Mitarbeiter darüber informiert sind, welche Personen an welchen Themen zu welchem Zeitpunkt arbeiten. Diese Annahmen basieren auf Untersuchungen, die in den Abschnitten 2.2 und 2.3 angeführt wurden.

Eine weitere Einschränkung betrifft die theoriegeleitete Ableitung der Anforderungen aus dem kognitiv-affektiven Modell der organisationalen Kommunikation von Te'eni (2001). Die Verwendung dieses Modells wurde einerseits begründet hergeleitet (vgl. Abschnitt 3.1), andererseits sind in die Entwicklung des integrierten Kommunikationsansatzes ausschließlich die im KAMOK angeführten Aspekte eingeflossen. Aspekte, die nicht vom KAMOK abgedeckt werden, werden entsprechend auch nicht vom integrierten Kommunikationsansatz adressiert. Das Ziel dieser Konzentration auf ein theoretisches Modell ist neben der Ableitung von Anforderungen die Überprüfung, ob das verwendete Modell Gültigkeit besitzt. Aufgrund dieser Beschränkung auf ein einziges theoretisches Modell kann jedoch nicht ausgeschlossen werden, dass aus Theorie und Praxis nicht auch weitere sinnvolle Anforderungen an einen Kommunikationsansatz abgeleitet werden können.

Aufgrund der Fokussierung auf das KAMOK behalten die Kritikpunkte, die in Bezug auf dieses Modell vorgebracht werden können, auch bei der Betrachtung der Ergebnisse der vorliegenden Arbeit ihre Gültigkeit (vgl. Abschnitt 3.1.3). So werden Aspekte der unternehmensinternen Kommunikationspolitik wie beim KAMOK ausgeklammert. Zudem steht beim integrierten Kommunikationsansatz ebenfalls die Perspektive des Senders der Nachrichten im Vordergrund. Es ist jedoch denkbar, dass aus der Perspektive der Nachrichtenempfänger weitere Aspekte im integrierten Kommunikationsansatz umgesetzt werden sollten.

Darüber hinaus werden bei der Auswahl einer geeigneten Basistechnologie für den integrierten Kommunikationsansatz in erster Linie soziale Medien betrachtet (vgl. Abschnitt 4.2). Dazu wurden soziale und konventionelle Kommunikationsmedien hinsichtlich ihrer Eignung analysiert, die aus dem KAMOK abgeleiteten Anforderungen per Definition zu erfüllen, um so den Neuentwicklungsaufwand zu verringern. Hierzu wurde jedes Medium isoliert betrachtet, da die Kombination verschiedener Medientypen zu einer unüberschaubaren Menge an Varianten geführt hätte. Die Vielzahl an Varianten hätte es erschwert, die Auswirkungen der Anforderungen eindeutig auf eine einzelne Medienart zurückzuführen. Dennoch kann nicht ausgeschlossen werden, dass die Kombination von Medienarten im integrierten Kommunikationsansatz noch bessere Ergebnisse hervorbringen könnte. Allerdings ist anzumerken, dass das Ziel des integrierten Kommunikationsansatzes ausdrücklich nicht die Ablösung aller verwendeten Kommunikationsmedien ist; vielmehr sollte dieser Ansatz ergänzend zu existierenden Lösungen im Unternehmen verwendet werden. Insbesondere adressiert der integrierte Kommunikationsansatz durch den unternehmensöffentlichen Charakter die Kommunikation in verteilt arbeitenden Teams, die persönliche (eins-zu-eins) Kommunikation wird dabei nicht explizit unterstützt.

Neben diesen methodischen Einschränkungen muss als technische Einschränkung angeführt werden, dass der entwickelte Prototyp die Verwendung der Programmiersprache *Java* voraussetzt. *Java* wird einerseits heutzutage eine große Bedeutung zugeschrieben (vgl. Abschnitt 4.4.1), andererseits gibt es viele Projekte, die diese Programmiersprache nicht verwenden. Zudem existieren neben *Eclipse* verschiedene weitere integrierte Entwicklungsumgebungen für *Java*-Projekte. Für die Konzeptdemonstration mittels eines Prototyps sind diese Einschränkungen zwar vernachlässigbar; vor einer breiten Einführung des Ansatzes sollten jedoch weitere Programmiersprachen und insbesondere weitere Entwicklungsumgebungen unterstützt werden (siehe auch Abschnitt 6.4 für weitere Überlegungen hinsichtlich zukünftiger Weiterentwicklungsmöglichkeiten des Ansatzes).

Auch in Bezug auf die durchgeführte Evaluation des integrierten Kommunikationsansatzes sind Limitationen zu nennen. So wurde der Ansatz primär im Rahmen einer Fallstudie durch Interviews mit neun Fachexperten eines mittelständischen Unternehmens der Softwarebranche evaluiert. Ein Teil dieser Fachexperten ist auf der Managementebene des Unternehmens tätig; der integrierte Kommunikationsansatz zielt jedoch auf die Unterstützung der Zusammenarbeit der Softwareentwickler ab. Hieraus könnten sich Einschränkungen in Bezug auf die Gültigkeit der Aussagen der einzelnen Fachexperten ergeben. Da die Manager jedoch zum großen Teil vor ihrer Managementkarriere als Softwareentwickler tätig waren, sind diese in der Lage, den Entwicklungsprozess sowohl von der Entwickler- als auch von der Managerseite zu beurteilen, so dass die Einschätzungen eine erhöhte Aussagekraft haben.

Neben der Evaluation durch Fachexperten wurde eine frühe Version des Werkzeugs einem Test in einem Studentenprojekt unterzogen; ein Einsatz in einem realistischen Szenario erfolgte nicht. Allerdings ist das Ziel des konstruktionswissenschaftlichen Ansatzes die Bereitstellung von Prototypen, die das entwickelte Konzept demonstrieren (Hevner et al., 2004). Für den Test eines solchen Prototypen eignen sich „echte“ Projekte nur eingeschränkt, da das verwendete Kommunikationsmedium in solchen Projekten hohen Ansprüchen in Bezug auf

Sicherheit, Zuverlässigkeit und Skalierbarkeit unterliegt, die von der Wissenschaft üblicherweise kaum geleistet werden können (Vanderhaeghen et al., 2010).

Die tatsächlichen Potenziale des integrierten Kommunikationsansatzes kommen hingegen erwartungsgemäß erst in realistischen und langfristigen Projekten mit einer gewissen Größe zum Tragen. Die Ursache dafür liegt darin, dass die Nachvollziehbarkeit von Begründungszusammenhängen insbesondere dann wichtig ist, wenn entweder viele Entwickler den Quellcode nachvollziehen müssen oder wenn zwischen einzelnen Entwicklungsaufgaben längere Zeiträume liegen. Zudem ist diese Nachvollziehbarkeit auch für Wartungsaufgaben nach Abschluss der eigentlichen Entwicklungstätigkeiten von besonderer Bedeutung. Studien mit solchen Projekten sind jedoch meist nicht realisierbar (Sjøberg et al., 2007). Darüber hinaus ist in solchen Studien aufgrund der Einzigartigkeit und des innovativen Charakters von Softwareentwicklungsprojekten häufig unklar, was als Benchmark für die Bewertung herangezogen werden kann. Von einigen Autoren wird daher die Rolle formaler Experimente kritisiert, so dass die Evaluation mittels einer Fallstudie als sinnvoll erscheint (Kitchenham et al., 1995; Kitchenham, 2007). Nach dieser Darstellung der zu beachtenden Einschränkungen wird im folgenden Abschnitt ein Ausblick auf zukünftige Weiterentwicklungsmöglichkeiten und ergänzende Studien gegeben.

6.4. Ausblick

Der integrierte Kommunikationsansatz bietet vielfältige Ansatzpunkte für zukünftige Weiterentwicklungen. Im Folgenden wird zunächst auf technische Verbesserungspotenziale eingegangen, um so Anregungen zu geben, die bei der Entwicklung eines marktreifen Werkzeugs oder bei ergänzenden Studien aufgegriffen werden könnten. Anschließend folgt ein Ausblick auf zukünftige Studien.

6.4.1. Technische Verbesserungspotentiale

In der vorliegenden Version des Werkzeugs werden die Quellcodeausschnitte der Nachrichten, die aus dem Code versendet wurden, als statischer Anhang gemeinsam mit der Nachricht gespeichert. Aus Gründen der Performanz bildet der mitgesendete Quellcodeausschnitt daher den Entwicklungsstand zu einem bestimmten Zeitpunkt in der Vergangenheit ab. Wenn die Experten zu dem betroffenen Themengebiet die Nachricht nicht zeitnah nach der Veröffentlichung lesen, dann kann der betroffene Quellcode bereits wieder verändert worden und somit veraltet sein. Eine Weiterentwicklung könnte daher auf diesen Aspekt abzielen und den aktuellen Stand des betroffenen Quellcodes beim Anzeigen der Nachricht dynamisch anzeigen. An einer solchen dynamischen Ansicht des Quellcodes ist allerdings problematisch, dass der entsprechende Abschnitt des Quellcodes sich bezüglich des Umfangs ebenfalls dynamisch ändert. Entsprechend müsste eine Lösung gefunden werden, wie die Grenzen des betroffenen Bereichs definiert und an die Kommunikationsplattform übermittelt werden können.

Auch die Zeitleisten im *Eclipse*-Plug-in und auf der Webseite sind in der vorliegenden Version des Werkzeugs statisch aufgebaut; Nachrichten werden entsprechend nicht automatisch nachgeladen. Für die Konzeptdemonstration des integrierten Kommunikationsansatzes ist eine solche statische Darstellung durchaus ausreichend. Zudem haben die beteiligten Personen durch diese Darstellungsform des Nachrichtenstroms die Möglichkeit, selbst zu entscheiden, wann sie neue Nachrichten nachladen und lesen. Allerdings kann es hierdurch auch zu Verzögerungen im Kommunikationsprozess kommen, da Nachrichten nicht sofort alle Abonnenten erreichen. Eine sinnvolle Erweiterung für den Produktiveinsatz könnte daher die automatische Aktualisierung dieser Zeitleisten sein.

Wenn eine solche automatische Aktualisierung umgesetzt wird, dann kann auch der Vorschlag des Interviewpartners E1 aufgegriffen und beim Auftreten von neuen Nachrichten durch einen kurzen Hinweis oder durch ein blinkendes Informationsfeld die Aufmerksamkeit der Personen auf die neuen Nachrichten gelenkt werden (vgl. Abschnitt 5.3.3). Allerdings ist anzumerken, dass der Einsatz von dynamischen Hinweisfenstern oder blinkenden Nachrichten verstärkt dazu führen kann, dass Entwickler in ihrer Konzentration unterbrochen werden. Aus dem grundsätzlich wenig-disruptiven Medium würde dadurch ein disruptives Medium werden (vgl. Abschnitt 4.2.3).

Eine weitere sinnvolle Erweiterung stellt die Einbindung eines eigenen URL-Kürzungsdienstes dar. Die vorliegende Version des Werkzeugs nutzt ebenso wie die öffentliche *status.net*-Plattform öffentliche URL-Kürzungsdienste. Wie bereits in Abschnitt 4.4.3 dargestellt, entsteht durch diese Vorgehensweise kein Sicherheitsproblem, da lediglich ein Verweis auf eine geschützte Datei gekürzt wird.

Dennoch stellt die Einbindung eines eigenen URL-Kürzungsdienstes eine sinnvolle Erweiterung dar, da dadurch die Abhängigkeit vom Dienst eines Drittanbieters eliminiert wird. Durch die Verwendung eines eigenen URL-Kürzungsdienstes kann die Verfügbarkeit der gespeicherten Informationen durch den Betreiber der Kommunikationsplattform im Unternehmensintranet selbst sichergestellt werden.

Neben den genannten Aspekten sind auch einige der in Abschnitt 5.3.3 angeführten Verbesserungsvorschläge denkbar[1]. So könnten Nachrichten beispielsweise je nach Absender farbig markiert werden, um so schneller einen Überblick darüber gewinnen zu können, welche Nachrichten von welcher Person stammen. Dies ist allerdings nur bis zu einer begrenzten Anzahl an Teilnehmern sinnvoll möglich. Zudem könnten Nachrichten mit einer ergänzenden Semantik versehen werden, beispielsweise um positive, negative oder als wichtig markierte Nachrichten besonders hervorzuheben.

In Bezug auf die Nutzerfreundlichkeit des Werkzeugs könnte auch der Verbesserungsvorschlag von M4 bezüglich der Darstellungsform der Quellcodeausschnitte umgesetzt werden. Demnach könnte die entsprechende Nachricht im Pop-up-Fenster über dem angezeigten Quellcodeausschnitt eingeblendet werden, um so dafür zu sorgen, dass die konkrete Frage präsent bleibt und im Zweifelsfall nicht mehrfach zwischen Nachrichtenstrom und Pop-up-Fenster hin- und hergesprungen werden muss.

Zudem könnte der Ansatz mit weiteren Werkzeugen des Softwareentwicklungsprozesses (beispielsweise mit einem Ticketingsystem, mit Werkzeugen für die UML-Modellierung oder mit Werkzeugen für die Testphase) oder externen Plattformen integriert werden (wie etwa das bereits angeführte Forum *StackOverflow*). Durch die Integration der anderen Werkzeuge in den Ansatz könnte die Kommunikation weiter vereinfacht und die durchgängige Nachvollziehbarkeit des Softwareentwicklungsprozesses noch stärker realisiert werden. Durch die Integration von externen Foren könnte schließlich die Diskussion von Problemen in Bezug auf einzelne Quellcodeausschnitte erleichtert werden.

1 Anzumerken ist, dass in diesem Abschnitt ausschließlich die Anregungen der Fachexperten aufgegriffen werden, deren Umsetzung realistisch und sinnvoll erscheint.

6.4.2. Ergänzende Studien

Anhand der in Kapitel 5 erfolgten Evaluation konnte der Nutzen des integrierten Kommunikationsansatzes aufgezeigt werden. Diese Bewertung basiert auf der Einschätzung von erfahrenen Fachexperten und zeigt, dass das Ziel der Unterstützung der Kommunikationsstrategien *Kontextualisierung* und *Kontrolle durch Testen und Anpassen* durch den Ansatz realisiert wird. Der *tatsächliche* Nutzen wird allerdings erst dann sichtbar, wenn der Ansatz in einem realen Szenario in der Praxis eingesetzt wird. Nachdem im Rahmen dieser Arbeit das zugrundeliegende Konzept des Ansatzes demonstriert wurde, ist nun der Weg für die Weiterentwicklung des Ansatzes zu einer marktreifen Lösung geebnet, um einen solchen realistischen Praxistest letztendlich zu ermöglichen.

Erwartungsgemäß entfaltet sich das Nutzenpotenzial des Ansatzes erst in langfristigen Projekten vollständig, da in solchen Projekten verstärkt auf die Dokumentation der Begründungszusammenhänge zurückgegriffen werden muss. In einer zukünftigen Forschungsarbeit sollte der Einsatz des integrierten Kommunikationsansatzes daher in einer longitudinalen Studie im Unternehmensumfeld beobachtet werden. Dazu ist es erforderlich, angemessene Messmethoden zu entwickeln, um den tatsächlichen Nutzen der dokumentierten Begründungszusammenhänge zu zeigen. Schwierigkeiten liegen hierbei insbesondere in der Nicht-Vergleichbarkeit von Softwareentwicklungsprojekten aufgrund der Einzigartigkeit der Projekte. Gleiches gilt für den Nachweis des Nutzens gesteigerter Informiertheit im Unternehmen durch die erleichterte Kommunikation in verteilten Softwareentwicklungsprojekten.

7. Fazit

Ziel dieser Arbeit war die Konzeption und Realisierung eines Ansatzes zur Verbesserung der Kommunikation in der verteilten Softwareentwicklung. Dazu wurden nach einer allgemeinen Einführung im zweiten Kapitel zunächst die begrifflichen Grundlagen gelegt, um ein Verständnis für die Problemdomäne zu schaffen. Diese Grundlagen umfassten die verteilte Softwareentwicklung, die Nachvollziehbarkeit von Begründungszusammenhängen, die Informiertheit verteilt arbeitender Teams sowie eine allgemeine Einführung in soziale Medien.

Anschließend wurden im Rahmen des theoriegeleiteten Designs zunächst mit der Medienreichhaltigkeitstheorie, der Mediensynchronizitätstheorie und dem kognitiv-affektiven Modell der organisationalen Kommunikation drei Kommunikationstheorien diskutiert und mit dem KAMOK ein theoretisches Modell begründet ausgewählt. Nach einer detaillierten Darstellung der Aussagen des Modells wurde dieses für die theoriegeleitete Ableitung von Anforderungen herangezogen. Die Analyse der zugrundeliegenden Inputfaktoren der verteilten Softwareentwicklung ergab, dass insbesondere die Kommunikationsstrategien *Kontextualisierung* und *Kontrolle durch Testen und Anpassen* in der verteilten Softwareentwicklung relevant sind und daher entsprechend unterstützt werden sollten. Aus diesen Kommunikationsstrategien wurden anschließend aufbauend auf dem KAMOK Anforderungen an einen Kommunikationsansatz zur Unterstützung der verteilten Softwareentwicklung definiert.

Basierend auf diesen Anforderungen wurde in Kapitel 4 ein integrierter Kommunikationsansatz für die verteilte Softwareentwicklung konzipiert. Nach einer Untersuchung verschiedener sozialer Medien hinsichtlich ihrer Eignung, die im vorherigen Kapitel abgeleiteten Anforderungen per Definition erfüllen zu können, wurde die Mikroblogging-Technologie als geeignete Basistechnologie ausgewählt. Der integrierte Kommunikationsansatz wurde anschließend auf Grundlage dieser Technologie prototypisch realisiert. Durch die Integration der Kommunikation in die natürliche Arbeitsumgebung der Entwickler und die damit einhergehende Elimination des Medienbruchs zwischen IDE und Kommunikationsmedium ist es möglich, die Kommunikationsfrequenz zu steigern. Durch diese verstärkte Kommunikation steigt die Informiertheit der beteiligten Personen untereinander. Mithilfe der Möglichkeiten des Mitschickens von Quellcode wird zudem die Kommunikationsstrategie *Kontextualisierung* unterstützt. Mittels der so mitgesendeten Kontextinformationen kann insbesondere das gemeinsame Verständnis über Diskussionsinhalte schneller erreicht werden. Durch die Verknüpfung von Diskussionen mit dem Quellcode wird ebenfalls die Nachvollziehbarkeit des Entwicklungsprozesses verbessert und somit dem Ruf nach verstärkter Dokumentation von Begründungszusammenhängen gefolgt.

Daraufhin wurde der integrierte Kommunikationsansatz im fünften Kapitel einer Evaluation im Rahmen einer Fallstudie mit neun Fachexperten eines mittelständischen Unternehmens der Softwarebranche unterzogen. Dazu wurde der Ansatz zunächst in Bezug auf ein aus dem Modell von Te'eni (2001) abgeleitetes Evaluationsmodell hinsichtlich der Eignung bewertet, inwiefern die explizit umzusetzenden Kommunikationsstrategien unterstützt werden. Zudem wurden die Auswirkungen der Unterstützung dieser Kommunikationsstrategien auf das gemeinsame Verständnis und die Arbeitsbeziehung bewertet. Anschließend folgte eine qualitative Evaluation, in deren Rahmen die Eignung des Ansatzes für das an der Evaluation beteiligte Unternehmen sowie erwartete Schwierigkeiten und Verbesserungspotenziale aus Sicht der Fachexperten ermittelt wurden.

Im sechsten Kapitel wurde zunächst der Forschungsbeitrag dargestellt. Anschließend folgten eine Bewertung des methodischen Vorgehens bei der Entwicklung und eine Darstellung der Limitationen, denen die vorliegende Arbeit unterliegt. Zuletzt wurde ein Ausblick auf Weiterentwicklungsmöglichkeiten und Anknüpfungspunkte für zukünftige Forschungsfragen gegeben.

Als Fazit lässt sich abschließend festhalten, dass der in dieser Arbeit auf Basis des kognitiv-affektiven Modells von Te'eni (2001) entwickelte integrierte Kommunikationsansatz geeignet ist, die Kommunikationsstrategien *Kontextualisierung* und *Kontrolle durch Testen und Anpassen* angemessen zu unterstützen. Somit kann die Informiertheit der Projektmitarbeiter untereinander verbessert und die Nachvollziehbarkeit in verteilten Softwareentwicklungsprojekten erhöht werden. Schließlich werden durch den integrierten Kommunikationsansatz die verschiedenen Arten der Distanz zwischen verteilt arbeitenden Entwicklern reduziert.

A. Propositionen von Te'eni (2001)

Tabelle A.1.: Propositionen von Te'eni (2001)

Nr.	S.	Proposition
1	262	Beyond some minimal value of *communication complexity*, a reduction in it will result in higher levels of *mutual understanding* and *relationship*.
2A	269	*Contextualization* is selected for communication goals characterized by high *cognitive complexity*.
2B	269	*Affectivity* is selected for communication goals characterized by high *affective complexity*.
2C	270	*Control by testing and adjusting* is selected for communication goals characterized by high *cognitive complexity* coupled with high *dynamic complexity*.
2D	270	*Control by planning* is selected for communication goals characterized by high *cognitive complexity* coupled with low *dynamic complexity*.
2E	270	*Perspective taking* is selected for communication goals characterized by high *cognitive complexity* coupled with high *affective complexity*.
Folg.	270	*Contextualization* is selected over *control* when *mutual understanding* decreases.
3A	274	For *control by testing and adjusting*, high, rather than low, *interactivity* is more effective.
3B	274	For *contextualization*, high, rather than low, *channel capacity* is more effective.

Tabelle A.1.: Propositionen von Te'eni (2001) *(Fortsetzung)*

Nr.	S.	Proposition
3C	274	For *affectivity*, high, rather than low, *channel capacity* is more effective.
3D	275	For *perspective taking*, high, rather than low, *adaptiveness* is more effective.
4A	275	Senders will adapt to low *channel capacity* coupled with high *interactivity* by increasing *control through testing and adjusting.*
4B	275	Senders will adapt to low *channel capacity* coupled with low *interactivity* by increasing *control through planning.*
4C	275	Senders will adapt to low *channel capacity* coupled with low *interactivity* by decreasing *affectivity.*
4D	275	Senders will adapt to low *channel capacity* coupled with high *interactivity* by increasing *affectivity.*
5A	278	For *affectivity*, a small, rather than wide, *distribution* is more effective.
5B	278	For *contextualization*, high, rather than low, *message organization* is more effective.
5C	278	For *control by planning*, high, rather than low, *message organization* is more effective.
5D	278	For *affectivity*, low, rather than high, *formality* is more effective.
5E	279	For *control*, high, rather than low, *formality* is usually more effective.
5F	279	For *contextualization*, low, rather than high, *formality* is usually more effective.
6A	279	Senders will adapt to a *long message* by increasing *attention focusing.*

Tabelle A.1.: Propositionen von Te'eni (2001) *(Fortsetzung)*

Nr.	S.	Proposition
6B	279	Senders will adapt to low *message organization* by increasing *control through testing and adjusting*, provided media *interactivity* is high.
7A	279	When *interactivity* is high, senders will exchange *shorter*, rather than *longer, messages.*
7B	279	When *channel capacity* is low, senders will exchange messages of higher, rather than lower, *formality.*
8A	286	Higher *task variety* increases the *frequency of requesting information.*
8B	286	Lower *task analyzability* increases the use of *contextualization.*
8C	286	A short *time-to-complete* the task increases the use of *control by testing and adjusting.*
8D	286	A very *long time-to-complete* the task increases the use of *control by planning.*
9A	287	Greater *cognitive distance* increases the use of *contextualization.*
9B	287	Greater *cognitive distance* increases the *frequency of requesting information.*
9C	289	Greater *affective distance* reduces the *frequency of requesting information.*
10A	289	Individuals in *interdependent cultures* tend to engage in more *frequent communication* for managing relationships, provided the *affective* and *cognitive distance* does not exceed some threshold.
10B	289	Individuals in *interdependent cultures* tend to use more *perspective taking.*

Fortsetzung Abbildung A.2.

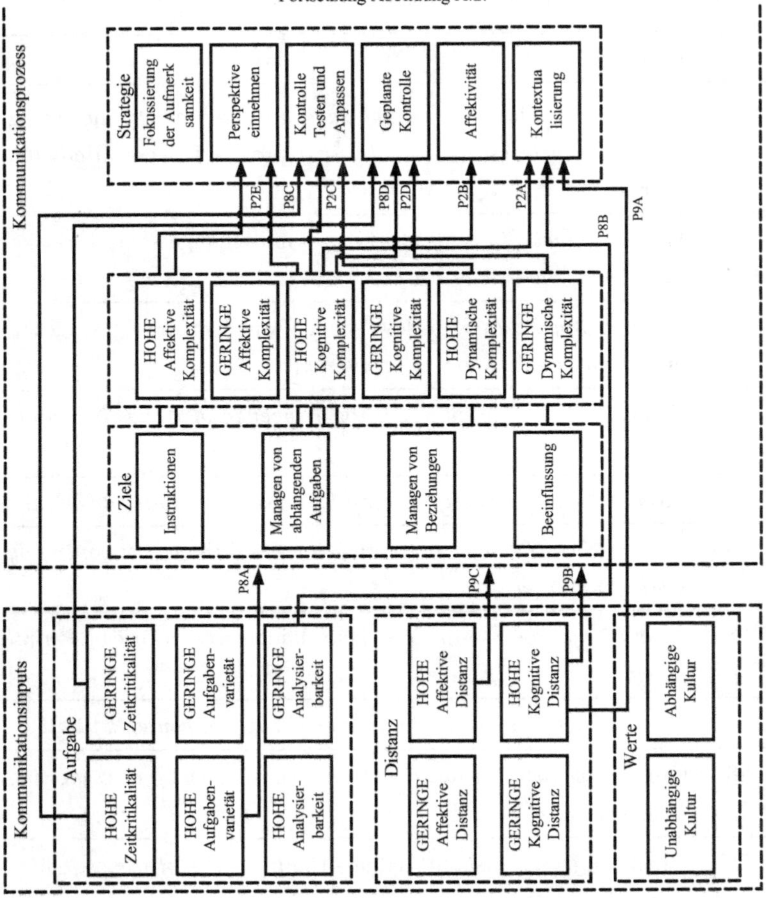

Abbildung A.1.: KAMOK von Te'eni (2001) (Teil 1)

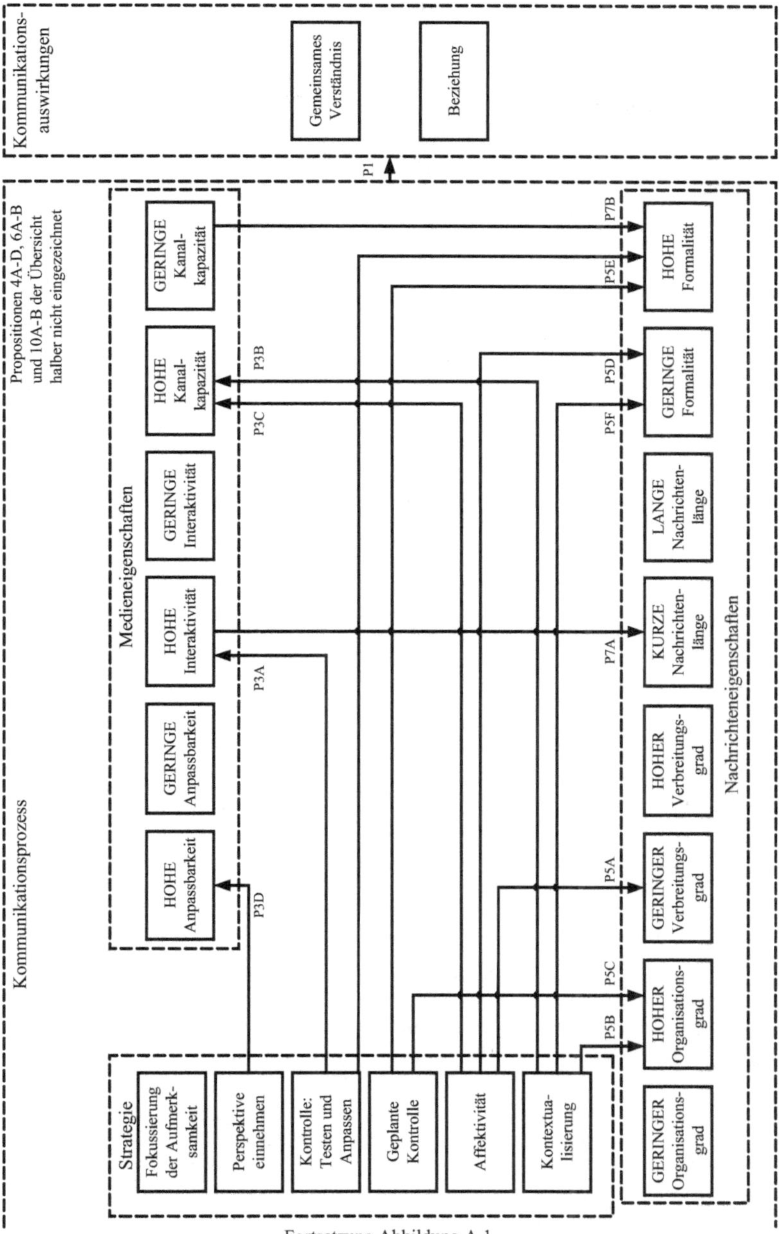

Fortsetzung Abbildung A.1.

Abbildung A.2.: KAMOK von Te'eni (2001) (Teil 2)

B. Werkzeuganalyse

Tabelle B.1.: Auflistung der betrachteten Mikroblogging-Werkzeuge (MB) und sozialen Netzwerkseiten (SNS)

Name	Art	Link	Datum
Bebo	SNS	http://www.bebo.com	09.11.2010
Communote	MB	http://www.communote.com	28.03.2011
Co-op	MB	http://www.coopapp.com	09.03.2011
Cubetree	MB	http://www.cubetree.com	14.03.2011
Echowaves	MB	https://www.echowaves.com	02.11.2010
Edmondo	MB	http://www.edmondo.com	08.11.2010
Elgg	MB	http://www.elgg.org	14.03.2011
Facebook	SNS	http://www.facebook.com	01.11.2010
Friendster	SNS	http://www.friendster.com	05.11.2010
Google+	SNS	http://plus.google.com	30.06.2011
Hictu	MB	http://www.hictu.com	08.11.2010
Hyves	SNS	http://www.hyves.nl	08.11.2010
Jaiku	MB	http://www.jaiku.com	02.11.2010
Jive	SNS	http://www.jivesoftware.com	29.10.2010
LinkedIn	SNS	http://www.linkedin.com	05.11.2010
MangoSpring	SNS	http://www.mangospring.com	10.03.2011
Mendeley	SNS	http://www.mendeley.com	14.02.2011
MySpace	SNS	http://www.myspace.com	05.11.2010

Tabelle B.1.: Auflistung der betrachteten Mikroblogging-Werkzeuge (MB) und sozialen Netzwerkseiten (SNS) *(Fortsetzung)*

Name	**Art**	**Link**	**Datum**
Ning	SNS	http://www.ning.com	01.11.2010
Orkut	SNS	http://www.orkut.com/	28.10.2010
Peoplesound	MB	http://www.peoplesound.com	08.11.2010
Ping	SNS	http://www.apple.com/itunes/ping	01.11.2010
Plurk	MB	http://www.plurk.com	29.10.2010
Pownce	MB	http://www.pownce.com	01.11.2010
Present.ly	MB	http://www.presently.com	02.11.2010
ResearchGate	SNS	http://www.researchgate.net	14.02.2011
Salesforce Chatter	SNS	http://www.salesforce.com/de/chatter	05.11.2010
Sharetronix	MB	http://www.sharetronix.com	10.03.2011
Skyrock	SNS	http://www.skyrock.com	09.11.2010
Snipia	MB	http://www.snipia.com	14.03.2011
Socialcast	MB	http://www.socialcast.com	14.03.2011
SocialGo	SNS	http://www.socialgo.com	29.10.2010
SocialText	SNS	http://www.socialtext.com	29.10.2010
Status.net	MB	http://www.status.net	01.11.2010
Studivz	SNS	http://www.studivz.net	09.11.2010
Tribe.net	SNS	http://albany.tribe.net	08.11.2010
Tumblr	MB	http://www.tumblr.com	01.11.2010
Twitter	MB	http://www.twitter.com	01.11.2010
Wall FM	SNS	http://www.oxwall.com	01.11.2010
WerKenntWen	SNS	http://www.wer-kennt-wen.de	09.11.2010

Tabelle B.1.: Auflistung der betrachteten Mikroblogging-Werkzeuge (MB) und sozialen Netzwerkseiten (SNS) *(Fortsetzung)*

Name	**Art**	**Link**	**Datum**
Xing	SNS	http://www.xing.com	09.11.2010
Yammer	SNS	http://www.yammer.com	29.10.2010
YourMembership	SNS	http://www.yourmembership.com	02.11.2010

Tabelle B.2.: Werkzeuganalyse

Name	Link	Hersteller	Gründung	Lizenz	Eigenbetrieb möglich
Communote	http://www.communote.com	Communardo	2008	proprietär	ja
Co-op	http://www.coopapp.com	Harvest	2008	proprietär	ja
Edmodo	http://www.edmodo.com	Edmodo	2008	proprietär	ja
Elgg	http://www.elgg.org	Elgg Foundation	2004	open source	ja
Jam	http://www.cubetree.com	Successfactors	2008	proprietär	ja
Plappadu	http://www.plappadu.com	plappadu	2007	proprietär	nein
Plurk	http://www.plurk.com	The A-Team	2008	proprietär	nein
Qaiku	http://www.qaiku.com	Rohea	2009	proprietär	nein
Salesforce Chatter	http://www.salesforce.com/de/chatter	Salesforce	1999	proprietär	ja
Sharetronix	http://www.sharetronix.com	Blogtronix	2009	open source	ja
Snipia	http://www.snipia.com	Joncovato	2010	proprietär	ja
Socialcast	http://www.socialcast.com	Socialcast	2007	proprietär	ja
Socialspring Streams	http://www.presently.com	Intridea	2008	proprietär	ja
Status.net	http://www.status.net	status.net	2009	open source	ja
Tumblr	http://www.tumblr.com	Tumblr	2007	proprietär	nein
Twitter	http://www.twitter.com	Twitter	2006	proprietär	nein
Yammer	http://www.yammer.com	Yammer	2008	proprietär	ja

Tabelle B.3.: Funktionen der Open-Source-Werkzeuge (Stand: 10.03.2011)

Funktionen		**status .net**	**Share-tronix**
Basisfunktionen	Folgen von Personen	✓	✓
	Weitergeben von Nachrichten	✓	✓
	Antworten auf Nachrichten	✓	✓
	Löschen von Nachrichten	✓	✓
	Konversationsansicht	✓	
	Anhängen von Code		
	URL-Kürzungsdienst	✓	
	Anhängen von Dateien	✓	
	Favorisieren von Nachrichten	✓	
	Anzeigen des Standorts	✓	
	Standort automatisch anzeigen	✓	
Gruppen	Erstellen von Gruppen	✓	✓
	Gruppen beitreten	✓	✓
	Öffentliche Gruppen	✓	✓
	Private Gruppen		✓
	Nachricht an Gruppe senden	✓	✓
Profile	Profil anlegen	✓	✓
	Onlinestatus anzeigen		✓
	Name anzeigen	✓	✓
	Foto anzeigen	✓	✓
	Interessen anzeigen	✓	✓
	Arbeitsort anzeigen	✓	✓
	Arbeitsort auf Karte anzeigen	✓	
	Anzeige derjenigen, die einer Person folgen	✓	✓
	Anzeige derjenigen, denen eine Person folgt	✓	✓
Dateien	Dateien hochladen	✓	
	Dateien herunterladen	✓	
Verfügbare Erweiterungen	Windows Desktop	✓	
	Mac Desktop	✓	
	iPhone	✓	
	Android	✓	
	Blackberry	✓	
	Win Mobile	✓	
Hashtags	Hashtags erstellen	✓	✓
	Nachrichten mit Hashtags anzeigen	✓	
	Hashtags folgen	✓	

C. Installation und Konfiguration

C.1. Installation der Web-Anwendung

C.1.1. Systemvoraussetzungen

Folgende Systemvoraussetzungen müssen für den Betrieb der vorliegenden Version der Web-Anwendung erfüllt sein[1]:

- PHP 5.2.3+
- MySQL 5.x
- Webserver: Bevorzugt Apache 2.2.x mit installierter *mod_rewrite*-Erweiterung

Die PHP-Installation muss folgende Erweiterungen beinhalten:

- CUrl
- XMLWriter
- GD
- mbstring

C.1.2. Installation

Die Installation der vorliegenden Version erfolgt analog zur üblichen Installation der *status.net*-Plattform[1]. Die entsprechenden Anpassungen (beispielsweise in Bezug auf anzulegende SQL-Tabellen) sind in den entsprechenden Skripten im Installationspaket vorhanden (siehe auch Anhang D.2).

1 vgl. auch http://gitorious.org/statusnet/mainline/blobs/master/INSTALL (07.09.2012).

C.2. Installation des *Eclipse*-Plug-ins

C.2.1. Systemvoraussetzungen

Die vorliegende Version des Plug-ins benötigt eine Installation der *Eclipse IDE*. Diese kann von der Homepage der *Eclipse Foundation*[2] bezogen werden. Das Plug-in wurde mit und für Eclipse 3.7.0 entwickelt und getestet; Abwärtskompatibilität kann nicht garantiert werden.

C.2.2. Installation

Für die Installation des *Eclipse*-Plug-ins muss lediglich die bereitgestellte Datei `uni.ma.weasel.jar` in den Ordner `~eclipse/plugins` des Installationsverzeichnisses von *Eclipse* kopiert werden.

C.3. Konfiguration des *Eclipse*-Plug-ins

1. Stellen Sie sicher, dass *Eclipse* volle Lese- und Schreibrechte im Betriebssystem hat.
2. Öffnen Sie *Eclipse*.
3. Öffnen Sie das Menü `Window/Show View/Other`.
4. Wählen Sie die Ansicht *Weasel* im Ordner *Weasel*. Das Plug-in wird jetzt im unteren Teil des Bildschirms angezeigt.
5. Klicken Sie auf *i* in der oberen rechten Ecke des Tabs *Weasel* (vgl. Abbildung C.1).
6. Tragen Sie den *OAuth Consumer Key* und das geheime Passwort *OAuth Consumer Secret* sowie die URL Ihrer Web-Anwendung in die entsprechenden Felder ein (vgl. Abbildung C.2). Die benötigten Daten finden Sie unter dem Menüpunkt *Connect* in der Web-Anwendung.
7. Loggen Sie sich über einen Browser in die Web-Anwendung ein.

2 http://www.eclipse.org (07.09.2012).

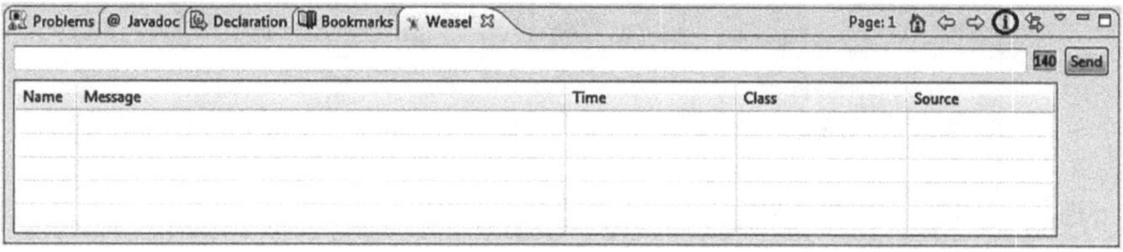

Abbildung C.1.: *Eclipse* Setup

8. Klicken Sie auf *Receive PIN* im *Eclipse*-Plug-in.
9. Erlauben Sie der Anwendung, die Web-Anwendung zu kontaktieren (vgl. Abbildung C.3).
10. Klicken Sie auf *Next* im *Eclipse*-Plug-in.
11. Geben Sie den PIN-Code ein, den Sie von der Web-Anwendung bekommen haben.
12. Klicken Sie auf *Finish*.

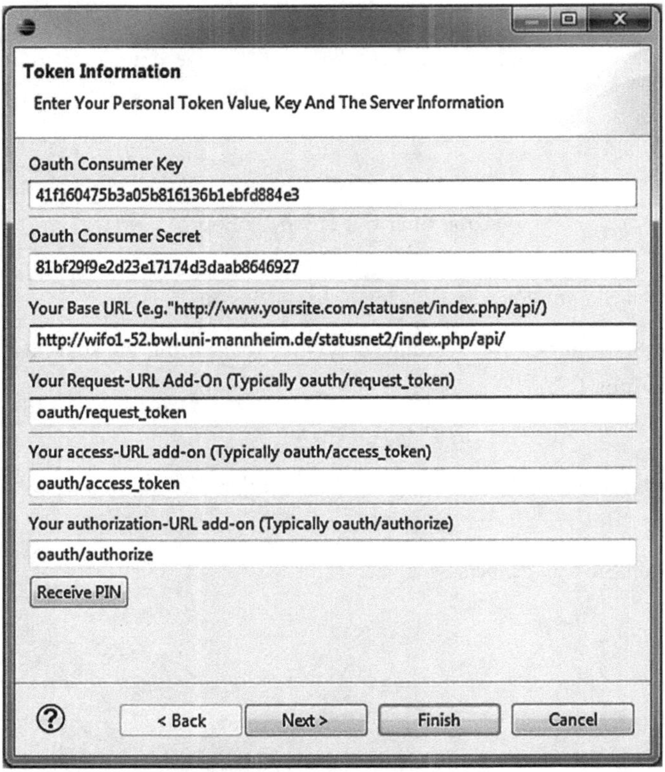

Abbildung C.2.: *Eclipse* Token Information

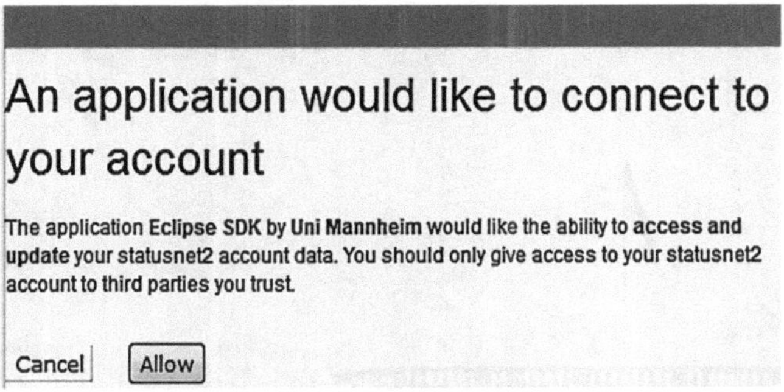

Abbildung C.3.: OAuth-Authentifizierung

D. Implementierungsdetails

D.1. OAuth-Authentifizierung

Zur Authentifizierung und Kommunikation zwischen dem *Eclipse*-Plug-in und der Web-Anwendung wird der *Open Authentication Standard „OAuth 1.0a“* verwendet. Dies ist ein offener Standard, der für die Autorisierung des Datenzugriffs von Drittanwendungen verwendet wird. Mittels dieses Standards können persönliche Daten sicher übertragen werden. Vorteile dieser Authentifizierung sind beispielsweise, dass der Provider alle Anwendungen anzeigen kann, denen der Nutzer eine Zugriffsberechtigung gegeben hat. Zudem kann der Provider die Erlaubnis zurückziehen (LeBlanc, 2011). Der Ablauf einer solchen OAuth-Authentifizierung geht aus Abbildung D.1 hervor[1].

1 vgl. auch http://oauth.net/core/diagram.png (24.08.2012).

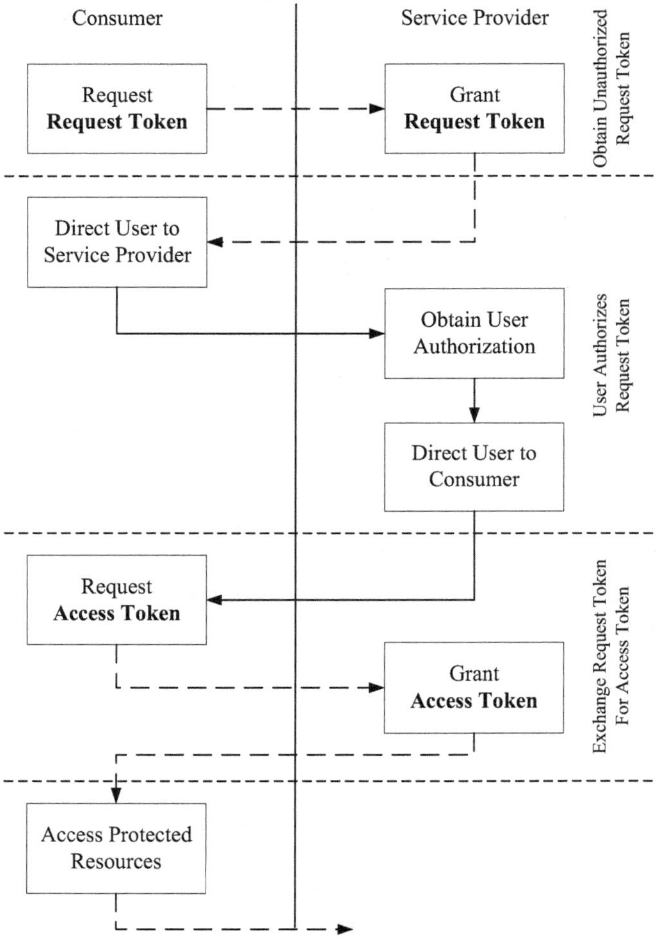

Abbildung D.1.: Ablauf einer OAuth-Authentifizierung

D.2. Web-Anwendung

Die gesamte *status.net*-Anwendung besteht aus ca. 4.700 Dateien. Um die in Abschnitt 4.4 beschriebene Funktionalität zu realisieren, wurden 20 Dateien geändert bzw. neu erstellt. In den folgenden Tabellen wird lediglich auf die erforderlichen Änderungen eingegangen. Tabelle D.1 beschreibt dazu die Inhalte der beteiligten Ordner, Tabelle D.2 enthält die geänderten oder neu erstellten Dateien und deren Modifikationen.

Tabelle D.1.: Inhalte der veränderten Ordner der Web-Anwendung

Ordner	**Inhalt**
js	Enthält alle JavaScript-Dateien.
lib	PHP-Bibliothek des Projekts; enthält die Klassen, die für die der Betrieb der Plattform gesteuert wird.
actions	Enthält alle PHP-Aktionen.
theme	Enthält die Designtemplates des Projekts (css-Dateien und Grafiken).
extlib	Enthält die von *status.net* genutzten externen Bibliotheken.
db	Datenbankverwaltung des Projekts.
classes	Enthält die Objektklassen der Datentypen.

Tabelle D.2.: Änderungen der Web-Anwendung (N = Neu; G = Geändert; H = Hinzugefügt)

Ordner	**Datei**	Δ	**Beschreibung**
js	`util.js`	G	Neue Funktion `NoticeCode`, die das Pop-up-Fenster für den Quellcode anzeigt.
js	`util.min.js`	G	Komprimierung der Datei `util.js`.
lib	`apiaction.php`	G	Neuer Eintrag `postedclass` im Array `twitter_status`.
lib	`apistatusesshow latest.php`	N	Zeigt die aktuellste Nachricht an.

Tabelle D.2.: Änderungen der Web-Anwendung (N = Neu; G = Geändert; H = Hinzugefügt) *(Fortsetzung)*

Ordner	Datei	Δ	Beschreibung
lib	`codeform.php`	N	Definiert die Eigenschaften des Pop-ups, in dem der Quellcode angezeigt wird.
lib	`router.php`	G	Neue API-Funktionen für die automatische Generierung von Links.
lib	`noticelist.php`	G	Neue Attribute um die Klasse anzuzeigen, aus der die Nachricht gesendet wurde.
lib	`default.php`	G	Neue Attribute für die Anzeige des Quellcodes. Somit können auch txt-Dokumente an Nachrichten angehängt werden.
lib	`attachmentlist.php`	G	Neue Funktion `showCode`. Diese zeigt den Quellcode mittels der Bibliothek `Geshi` im Pop-up an.
actions	`apiconvo.php`	N	API-Klasse, die Konversationen per XML bereitstellt.
actions	`apistatuseslaststatusnumber.php`	N	API-Klasse, die die ID der neuesten Nachricht per XML bereitstellt.
actions	`apistatusesupdate.php`	G	Neue Funktionalität für das Anzeigen der Klasse, aus der eine Nachricht gesesendet wurde.
actions	`code.php`	N	Hängt den mitgesendeten Quellcode an eine Nachricht an.
theme	`display.css`	G	Definition des Layouts der neu hinzugefügten Links in den Methoden `/base`, `/default` und `/rebase`.
extlib	`Geshi`	H	PHP-Bibliothek, die das farbige Markieren von Quellcode auf Webseiten unterstützt.

Tabelle D.2.: Änderungen der Web-Anwendung (N = Neu; G = Geändert; H = Hinzugefügt) *(Fortsetzung)*

Ordner	Datei	Δ	Beschreibung
db	`statusnet_pg.sql`	G	Neue Befehle für die Erstellung der Datenbanktabellen für das Anhängen des Quellcodes und das Anzeigen der Klassen, aus denen eine Nachricht gesendet wurde (in der Tabelle `Notice`).
db	`statusnet.sql`	G	Neue Befehle für die Erstellung der Datenbanktabellen für das Anhängen des Quellcodes und das Anzeigen der Klassen, aus denen eine Nachricht gesendet wurde (in der Tabelle `Notice`).
classes	`Notice_posted class.php`	N	Definition des Datentyps `Notice_posted class`.
classes	`Postedclass.php`	N	Definition des Datentyps `postedclass` sowie Funktion für das Einfügen der Werte.
classes	`Notice.php`	G	Neues Attribut `postedclass` und entsprechende `Getter` und `Setter`.

D.3. *Eclipse*-Plug-in

D.3.1. Manifest.MF

```
Manifest-Version: 1.0
Bundle-ManifestVersion: 2
Bundle-Name: Weasel
Bundle-SymbolicName: uni.ma.weasel;singleton:=true
Bundle-Version: 1.0.0.qualifier
Bundle-Activator: uni.ma.weasel.Activator
Bundle-Vendor: Wifo1
Require-Bundle: org.eclipse.ui,
 org.eclipse.core.runtime,
 org.eclipse.core.resources,
 org.eclipse.swt,
 org.eclipse.jface,
 org.eclipse.ui.workbench,
 org.eclipse.core.filebuffers,
 org.eclipse.ui.editors
Bundle-RequiredExecutionEnvironment: JavaSE-1.6
Bundle-ActivationPolicy: lazy
Bundle-ClassPath: lib/commons-codec-1.4.jar,
 lib/dom4j-1.6.1.jar,
 lib/jaxen-1.1.3.jar,
 lib/signpost-core.jar,
 .
Import-Package: org.eclipse.core.filebuffers,
 org.eclipse.jdt.core,
 org.eclipse.jface.text.source
```

D.3.2. build.properties

```
source.. = src/
output.. = bin/
bin.includes = plugin.xml,\
               META-INF/,\
               .,\
               lib/commons-codec-1.4.jar,\
               lib/dom4j-1.6.1.jar,\
               lib/jaxen-1.1.3.jar,\
               lib/signpost-core.jar,\
               icons/
```

D.3.3. plugin.xml

```
<?xml version="1.0" encoding="UTF-8"?>
<?eclipse version="3.4"?>
<plugin>
  <extension point="org.eclipse.ui.perspectiveExtensions">
    <perspectiveExtension
      targetID="org.eclipse.jdt.ui.JavaPerspective">
      <view
        id="uni.ma.weasel.views.WeaselView"
        ratio="0.5"
        relationship="right"
        relative="org.eclipse.ui.views.TaskList">
      </view>
    </perspectiveExtension>
  </extension>
  <extension point="org.eclipse.help.contexts">
      <contexts file="contexts.xml">
      </contexts>
  </extension>
  <extension point="org.eclipse.ui.views">
    <category
      id="uni.ma.weasel"
      name="Weasel">
    </category>
    <view
      category="uni.ma.weasel"
      class="uni.ma.weasel.views.WeaselView"
      icon="icons/small.gif"
      id="uni.ma.weasel.views.WeaselView"
      name="Weasel">
    </view>
  </extension>
  <extension
    id="uni.ma.weasel.marker.StatusMarker"
```

```
    name="Status Marker"
    point="org.eclipse.core.resources.markers">
    <persistent
      value="true">
    </persistent>
    <super
      type="org.eclipse.core.resources.bookmark">
    </super>
    <attribute
      name="Status">
    </attribute>
    <attribute
      name="id">
    </attribute>
    <attribute
      name="line">
    </attribute>
  </extension>
  <extension point="org.eclipse.ui.popupMenus">
    <viewerContribution
      id=
      "org.eclipse.ui.articles.action.contribution.popup.editor"
      targetID="#CompilationUnitEditorContext">
      <action
        id="uni.ma.weasel.actions.contribution.postFromCode"
        label="Post new Message from Code"
        class="uni.ma.weasel.popup.actions.PopupAction"
        icon="icons/small.gif"
        menubarPath="additions">
      </action>
    </viewerContribution>
  </extension>
  <extension point="org.eclipse.ui.editors.annotationTypes">
    <type
```

```
      markerType="uni.ma.weasel.marker.StatusMarker"
      name="uni.ma.weasel.annotations.StatusAnnotation"
      super="org.eclipse.ui.workbench.texteditor.bookmark">
    </type>
  </extension>
  <extension
    point="org.eclipse.ui.editors.markerAnnotationSpecification">
    <specification
      annotationType="uni.ma.weasel.annotations.StatusAnnotation"
      colorPreferenceValue="244, 255, 230"
      icon="icons/small.gif"
      verticalRulerPreferenceKey="highlight.rulers.vertical"
      textPreferenceKey="highlight.text"
      colorPreferenceKey="highlight.color"
      highlightPreferenceKey="highlight.background"
      textPreferenceValue="true"
      textStylePreferenceValue="DASHED_BOX"
      overviewRulerPreferenceKey="highlight.rulers.overview"
      presentationLayer="4"
      highlightPreferenceValue="true"
      label="Weasel-Status"
      verticalRulerPreferenceValue="true"
      overviewRulerPreferenceValue="true"
      textStylePreferenceKey="highlight.text.style" >
    </specification>
  </extension>
</plugin>
```

D.3.4. Paketdiagramm

Abbildung D.2 zeigt ein Paketdiagramm des *Eclipse*-Plug-ins.

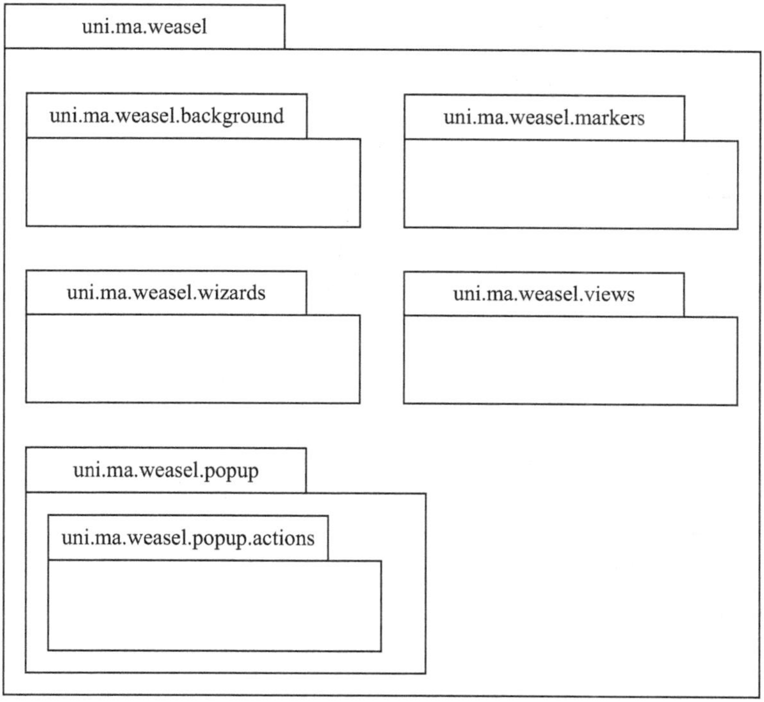

Abbildung D.2.: Paketdiagramm des *Eclipse*-Plug-ins

D.3.5. Beschreibung der *Java*-Klassen

Tabelle D.3.: Beschreibung der Klassen des *Eclipse*-Plug-ins

Klasse	Beschreibung
uni.ma.weasel	
`Activator`	Initialisiert und aktiviert das Plug-in.
uni.ma.weasel.background	
`OAuthInstance`	Initialisiert eine Oauth-Instanz. Registriert die Verbindung mit dem Server und sorgt für den Datenaustausch über das Oauth-Protokoll (OAuth-Standard 1.0a).
`Settings`	Verwaltet die Einstellungen für den Betrieb des Plug-ins.
`Status`	Klasse für die Instanziierung der vom Server abgerufenen Nachrichten.
uni.ma.weasel.markers	
`StatusMarker`	Speichert den *Toggle-Punkt* (Lesezeichen), der an eine Nachricht angehängt wird, wenn diese aus dem Code versendet wird.
uni.ma.weasel.popup.actions	
`PopupAction`	Steuert das Pop-up-Menü, das beim Senden einer Nachricht aus dem Quellcode im Kontextmenü aufgerufen wird.
`StatusDialog`	Dialogfenster, in dem die Nachrichten formuliert werden, die aus dem Code gesendet werden.
uni.ma.weasel.views	
`WeaselView`	Zentrale Klasse, in der die Eigenschaften und Methoden des Plug-ins in der Ansicht im unteren Teil von *Eclipse* definiert werden.

Tabelle D.3.: Beschreibung der Klassen des *Eclipse*-Plug-ins *(Fortsetzung)*

Klasse	Beschreibung
uni.ma.weasel.wizards	
`CaptureStatusnet InformationWizard`	Ruft die Formulare für die OAuth-Verbindung auf und prüft den PIN-Code nach erfolgreicher Konfiguration.
`FinishedPage`	Beendet die Eingabe der OAuth-Authentifizierung.
`InformationPage`	Formular für die Eingabe der Oauth-Verbindungsdaten.
`ServerInformation`	Formular für die Eingabe der Server-Informationen.

D.3.6. Eingebundene Bibliotheken

Tabelle D.4.: Eingebundene Bibliotheken

Bibliothek	Funktion
`commons-codec-1.4.jar`	De- und Encoder der HTTP-Requests und URLs.
`dom4j-1.6.1.jar`	De- und Encoder von XML-Dokumenten.
`jaxen.1.1.3.jar`	Navigation durch XML-Dokumente.
`signpost-core.jar`	Stellt die wesentlichen OAuth-Funktionen bereit.

E. Interviewleitfaden

Allgemeine Informationen

Name:	
Position:	
Nationalität:	
Anzahl der Jahre Erfahrung in Entwicklungsprojekten:	
Anzahl durchgeführter Entwicklungsprojekte:	
Durchschnittliche Anzahl der Teammitglieder pro Entwicklungsprojekt:	

Kontextualisierung

Unter Kontextualisierung versteht man das **explizite Bereitstellen von Kontextinformationen** in der Nachricht. Im Gegensatz zum reinen Aufschreiben der Nachricht muss der Sender der Nachricht eine explizite Interpretation des Diskussionsgegenstands mitliefern.

Beispiele

- We need to sort these data. Any ideas? (+ Code angehängt)
- What is the purpose of this code? (+ Code angehängt)

Fragen

1. Wie wirkt sich der vorgestellte Mikroblogging-Ansatz Ihrer Meinung nach auf das Bereitstellen von Kontextinformationen aus?

Bitte markieren Sie einen der Werte von -3 (Kontextinformationen können viel schlechter bereitgestellt werden) bis +3 (Kontextinformationen können viel besser bereitgestellt werden). Markieren Sie 0, wenn Sie keine Änderung erwarten.

-3	-2	-1	0	1	2	3
o	o	o	o	o	o	o

2. Wie wirkt sich die in 1 genannte Veränderung auf das gemeinsame Verständnis der betroffenen Inhalte zwischen Ihnen und Ihren Kollegen aus?

   Bitte markieren Sie einen der Werte von -3 (gemeinsames Verständnis mit meinen Kollegen kann viel schlechter erreicht werden) bis +3 (gemeinsames Verständnis mit meinen Kollegen kann viel besser erreicht werden). Markieren Sie 0, wenn Sie keine Änderung erwarten.

-3	-2	-1	0	1	2	3
o	o	o	o	o	o	o

3. Wie wirkt sich die in 1 genannte Veränderung auf die Arbeitsbeziehung zwischen Ihnen und Ihren Kollegen aus?

   Bitte markieren Sie einen der Werte von -3 (Arbeitsbeziehungen können viel schlechter aufgebaut werden) bis +3 (Arbeitsbeziehungen können viel besser aufgebaut werden). Markieren Sie 0, wenn Sie keine Änderung erwarten.

-3	-2	-1	0	1	2	3
o	o	o	o	o	o	o

Affektivität

Unter Affektivität versteht man die Einbeziehung **emotionaler Sprach- und Textelemente in eine Nachricht**. Diese beschreiben Emotionen und Stimmungen, die jedoch nicht immer angenehm sein müssen.

Beispiele

- I like the new user interface. Good job @Sven :)
- Just found a solution for #bug42 :)
- Happy birthday @Kai
- Customer #xyz just canceled his order :(

Fragen

4. Wie wirkt sich der vorgestellte Mikroblogging-Ansatz Ihrer Meinung nach darauf aus, in einer Nachricht emotionale Komponenten darzustellen?

   Bitte markieren Sie einen der Werte von -3 (affektive Komponenten können viel schlechter eingesetzt werden) bis +3 (affektive Komponenten können viel besser eingesetzt werden). Markieren Sie 0, wenn Sie keine Änderung erwarten.

-3	-2	-1	0	1	2	3
o	o	o	o	o	o	o

5. Wie wirkt sich die in 4 genannte Veränderung auf das gemeinsame Verständnis der betroffenen Inhalte zwischen Ihnen und Ihren Kollegen aus?

   Bitte markieren Sie einen der Werte von -3 (gemeinsames Verständnis mit meinen Kollegen kann viel schlechter erreicht werden) bis +3 (gemeinsames Verständnis mit meinen Kollegen kann viel besser erreicht werden). Markieren Sie 0, wenn Sie keine Änderung erwarten.

-3	-2	-1	0	1	2	3
o	o	o	o	o	o	o

6. Wie wirkt sich die in 4 genannte Veränderung auf die Arbeitsbeziehung zwischen Ihnen und Ihren Kollegen aus?

   Bitte markieren Sie einen der Werte von -3 (Arbeitsbeziehungen können viel schlechter aufgebaut werden) bis +3 (Arbeitsbeziehungen können viel besser aufgebaut werden). Markieren Sie 0, wenn Sie keine Änderung erwarten.

-3	-2	-1	0	1	2	3
o	o	o	o	o	o	o

Kontrolle durch Testen und Anpassen

Bei dieser Strategie spielt der Sender eine aktive Rolle indem er sicherstellt, dass Kommunikationsprozesse effektiv laufen. Dabei ist **schnelles Feedback** wesentlich für effektive Kontrolle. Dies kann beispielsweise dadurch erreicht werden, dass der Sender wiederholt den Empfänger fragt, ob die Kommunikation erfolgreich war und die Nachricht anhand der Reaktion des Empfängers entsprechend anpasst. Durch das unmittelbare Feedback wird der Sender situativ in die Lage versetzt, seine Nachricht anzupassen und ggf. zu verbessern. Bei ausbleibendem Feedback hat der Sender die Möglichkeit, die Antwort anzumahnen.

Beispiele

- @Kai Attached is a part of the code we just talked about. Do you see my point? (+ Code angehängt)
- Has everyone received the mail from customer #xyz? !globalise

Fragen

7. Wie wirkt sich der vorgestellte Mikroblogging-Ansatz Ihrer Meinung nach auf diese Kommunikationsstrategie aus?

   Bitte markieren Sie einen der Werte von -3 (die Kommunikation kann viel schlechter getestet und angepasst werden) bis +3 (die Kommunikation kann viel besser getestet und angepasst werden). Markieren Sie 0, wenn Sie keine Änderung erwarten.

-3	-2	-1	0	1	2	3
o	o	o	o	o	o	o

8. Wie wirkt sich die in 7 genannte Veränderung auf das gemeinsame Verständnis der betroffenen Inhalte zwischen Ihnen und Ihren Kollegen aus?

   Bitte markieren Sie einen der Werte von -3 (gemeinsames Verständnis mit meinen Kollegen kann viel schlechter erreicht werden) bis +3 (gemeinsames Verständnis mit meinen Kollegen kann viel besser erreicht werden). Markieren Sie 0, wenn Sie keine Änderung erwarten.

-3	-2	-1	0	1	2	3
o	o	o	o	o	o	o

9. Wie wirkt sich die in 7 genannte Veränderung auf die Arbeitsbeziehung zwischen Ihnen und Ihren Kollegen aus?

   Bitte markieren Sie einen der Werte von -3 (Arbeitsbeziehungen können viel schlechter aufgebaut werden) bis +3 (Arbeitsbeziehungen können viel besser aufgebaut werden). Markieren Sie 0, wenn Sie keine Änderung erwarten.

-3	-2	-1	0	1	2	3
o	o	o	o	o	o	o

Geplante Kontrolle

Mit Hilfe dieser Kommunikationsstrategie kann ein Sender festlegen, wer welche Nachricht erhält. Der Sender **steuert damit den Kommunikationsprozess**. Dabei können mehrere Empfänger auf Kopie genommen werden, um den Empfänger zu einer Reaktion zu zwingen. Zusätzlich kann die gleiche Nachricht mehrmals an den gleichen Empfänger versendet werden, umformuliert werden oder vorhergehende Kommunikation zusammenfassen.

Beispiele

- Implementation of requirement 42 is more complex than expected. Will delay #schedule! !webaudiostore

Fragen

10. Wie wirkt sich der vorgestellte Mikroblogging-Ansatz Ihrer Meinung nach auf die geplante Kontrolle aus?

    Bitte markieren Sie einen der Werte von -3 (Kontrolle kann viel schlechter geplant werden) bis +3 (Kontrolle kann viel besser geplant werden). Markieren Sie 0, wenn Sie keine Änderung erwarten.

-3	-2	-1	0	1	2	3
o	o	o	o	o	o	o

11. Wie wirkt sich die in 10 genannte Veränderung auf das gemeinsame Verständnis der betroffenen Inhalte zwischen Ihnen und Ihren Kollegen aus?

    Bitte markieren Sie einen der Werte von -3 (gemeinsames Verständnis mit meinen Kollegen kann viel schlechter erreicht werden) bis +3 (gemeinsames Verständnis mit meinen Kollegen kann viel besser erreicht werden). Markieren Sie 0, wenn Sie keine Änderung erwarten.

-3	-2	-1	0	1	2	3
o	o	o	o	o	o	o

12. Wie wirkt sich die in 10 genannte Veränderung auf die Arbeitsbeziehung zwischen Ihnen und Ihren Kollegen aus?

    Bitte markieren Sie einen der Werte von -3 (Arbeitsbeziehungen können viel schlechter aufgebaut werden) bis +3 (Arbeitsbeziehungen können viel besser aufgebaut werden). Markieren Sie 0, wenn Sie keine Änderung erwarten.

-3	-2	-1	0	1	2	3
o	o	o	o	o	o	o

Perspektive einnehmen

Diese Kommunikationsstrategie wird dadurch charakterisiert, dass der Sender der Nachricht die **Perspektive des Empfängers** einnimmt, um so für diesen verständlich zu kommunizieren. Insbesondere ist es notwendig festzustellen, was der Kommunikationspartner von der Nachricht sieht und hört. Dies kann etwa dadurch demonstriert werden, dass man Interesse am Standpunkt des Empfängers zeigt, indem man dessen Einstellung herausfindet und unterstützt, gemeinsame Ansichten zeigt und in einer persönlichen Art und Weise miteinander spricht.

Beispiele

- I understand your concerns regarding the progress, but you must believe me that we'll finish the project as planned. !webaudiostore.

Fragen

13. Wie wirkt sich der vorgestellte Mikroblogging-Ansatz Ihrer Meinung nach auf diese Kommunikationsstrategie aus?

    Bitte markieren Sie einen der Werte von -3 (man kann viel schlechter die Perspektive des Anderen einnehmen) bis +3 (man kann viel besser die Perspektive des Anderen einnehmen). Markieren Sie 0, wenn Sie keine Änderung erwarten.

-3	-2	-1	0	1	2	3
o	o	o	o	o	o	o

14. Wie wirkt sich die in 13 genannte Veränderung auf das gemeinsame Verständnis der betroffenen Inhalte zwischen Ihnen und Ihren Kollegen aus?

    Bitte markieren Sie einen der Werte von -3 (gemeinsames Verständnis mit meinen Kollegen kann viel schlechter erreicht werden) bis +3 (gemeinsames Verständnis mit meinen Kollegen kann viel besser erreicht werden). Markieren Sie 0, wenn Sie keine Änderung erwarten.

-3	-2	-1	0	1	2	3
o	o	o	o	o	o	o

15. Wie wirkt sich die in 13 genannte Veränderung auf die Arbeitsbeziehung zwischen Ihnen und Ihren Kollegen aus?

    Bitte markieren Sie einen der Werte von -3 (Arbeitsbeziehungen können viel schlechter aufgebaut werden) bis +3 (Arbeitsbeziehungen können viel besser aufgebaut werden). Markieren Sie 0, wenn Sie keine Änderung erwarten.

-3	**-2**	**-1**	**0**	**1**	**2**	**3**
o	o	o	o	o	o	o

Fokussierung der Aufmerksamkeit

Bei dieser Strategie versucht der Sender, die **Informationsverarbeitung des Empfängers zu steuern** oder sogar zu manipulieren. Dieser Prozess enthält die Nutzung verschiedener Techniken, um die Informationsverarbeitung zu beeinflussen, wie etwa die Veränderung des Formats (Größe, Großbuchstaben, Unterstreichen, etc.), Änderung des Stils, Erzeugung einer unüblichen Darstellung (bspw. Anordnung der Sätze, Wiederholung, Überschriften).

Beispiele

- We need to implement #requirement25 ASAP! #webaudiostore
- We are TWO WEEKS behind #schedule! !webaudiostore

Fragen

16. Wie wirkt sich der vorgestellte Mikroblogging-Ansatz Ihrer Meinung nach auf diese Kommunikationsstrategie aus?

    Bitte markieren Sie einen der Werte von -3 (man kann viel schlechter die Aufmerksamkeit auf bestimmte Aspekte der Nachricht lenken) bis +3 (man kann viel besser die Aufmerksamkeit auf bestimmte Aspekte der Nachricht lenken). Markieren Sie 0, wenn Sie keine Änderung erwarten.

-3	-2	-1	0	1	2	3
o	o	o	o	o	o	o

17. Wie wirkt sich die in 16 genannte Veränderung auf das gemeinsame Verständnis der betroffenen Inhalte zwischen Ihnen und Ihren Kollegen aus?

    Bitte markieren Sie einen der Werte von -3 (gemeinsames Verständnis mit meinen Kollegen kann viel schlechter erreicht werden) bis +3 (gemeinsames Verständnis mit meinen Kollegen kann viel besser erreicht werden). Markieren Sie 0, wenn Sie keine Änderung erwarten.

-3	-2	-1	0	1	2	3
o	o	o	o	o	o	o

18. Wie wirkt sich die in 16 genannte Veränderung auf die Arbeitsbeziehung zwischen Ihnen und Ihren Kollegen aus?

    Bitte markieren Sie einen der Werte von -3 (Arbeitsbeziehungen können viel schlechter aufgebaut werden) bis +3 (Arbeitsbeziehungen können viel besser aufgebaut werden). Markieren Sie 0, wenn Sie keine Änderung erwarten.

-3	-2	-1	0	1	2	3
o	o	o	o	o	o	o

Weitere Strategien

Bitte geben Sie ein Beispiel für eine weitere von Ihnen eingesetzte Kommunikationsstrategie.

In welchen Fällen setzen Sie diese Kommunikationsstrategie ein?

Fragen

19. Wie wirkt sich der vorgestellte Mikroblogging-Ansatz Ihrer Meinung nach auf diese Kommunikationsstrategie aus?

    Bitte markieren Sie einen der Werte von -3 bis +3. Markieren Sie 0, wenn Sie keine Änderung erwarten.

-3	-2	-1	0	1	2	3
o	o	o	o	o	o	o

20. Wie wirkt sich die in 19 genannte Veränderung auf das gemeinsame Verständnis der betroffenen Inhalte zwischen Ihnen und Ihren Kollegen aus?

    Bitte markieren Sie einen der Werte von -3 (gemeinsames Verständnis mit meinen Kollegen kann viel schlechter erreicht werden) bis +3 (gemeinsames Verständnis mit meinen Kollegen kann viel besser erreicht werden). Markieren Sie 0, wenn Sie keine Änderung erwarten.

-3	-2	-1	0	1	2	3
o	o	o	o	o	o	o

21. Wie wirkt sich die in 19 genannte Veränderung auf die Arbeitsbeziehung zwischen Ihnen und Ihren Kollegen aus?

    Bitte markieren Sie einen der Werte von -3 (Arbeitsbeziehungen können viel schlechter aufgebaut werden) bis +3 (Arbeitsbeziehungen können viel besser aufgebaut werden). Markieren Sie 0, wenn Sie keine Änderung erwarten.

-3	-2	-1	0	1	2	3
o	o	o	o	o	o	o

Rangfolge

Bitte bringen Sie die Kommunikationsstrategien in eine Reihenfolge, beginnend bei der Strategie, die am stärksten vom Einsatz des vorgestellten Ansatzes beeinflusst wird. *Bitte geben Sie dieser Strategie die Nummer 1.*

Strategie	Rang
Kontextualisierung	
Affektivität	
Kontrolle: Testen und Anpassen	
Geplante Kontrolle	
Perspektive einnehmen	
Fokussierung der Aufmerksamkeit	

Offene Fragen

22. Ist der vorgestellte Ansatz für den Einsatz in Ihrem Unternehmen geeignet?
23. Welche Schwierigkeiten könnten beim Einsatz des vorgestellten Ansatzes entstehen?
24. Haben Sie Verbesserungsvorschläge bezüglich des vorgestellten Ansatzes?

F. Evaluationsergebnisse

In Abbildung F.1 sind die Ergebnisse der Evaluation anhand des um die nicht explizit unterstützten Kommunikationsstrategien erweiterten Evaluationsmodells mit Hilfe des arithmetischen Mittels der Antwortausprägungen dargestellt. Eine detaillierte Auflistung der Antwortausprägungen findet sich in Tabelle F.1. Die Bewertungen der Rangfolgen sind schließlich in Tabelle F.2 dargestellt.

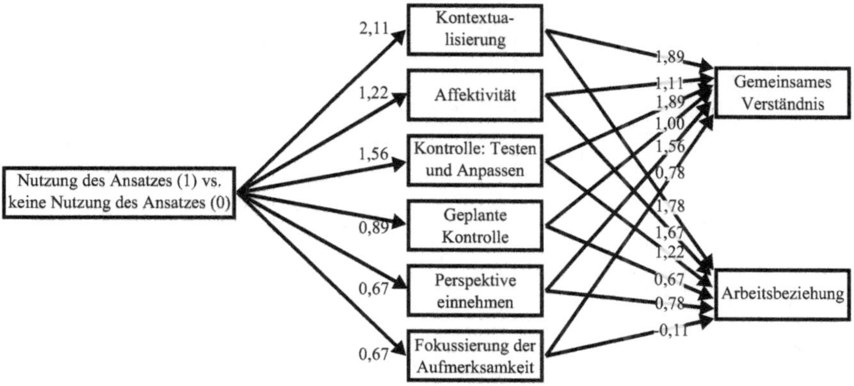

Abbildung F.1.: Erweitertes Evaluationsmodell mit Auswertung. Dargestellt wird das arithmetische Mittel der Antwortausprägungen auf der siebenstufigen Likertskala.

Tabelle F.1.: Evaluationsergebnisse (# = Nummer der Frage; Ø = Durchschnitt; σ = Standardabweichung)

Strategie	#	**Interviewpartner** M1	M2	M3	M4	M5	M6	M7	E1	E2	Ø	σ
Kontextualisierung	1	2	2	2	2	3	2	1	2	3	2,11	0,60
	2	2	2	2	1	2	3	1	1	3	1,89	0,78
	3	3	0	2	3	2	3	1	1	1	1,78	1,09
Affektivität	4	3	2	1	1	2	0	2	0	0	1,22	1,09
	5	3	0	0	3	2	1	1	0	0	1,11	1,27
	6	3	2	2	2	1	2	2	0	1	1,56	0,88
Testen & Anpassen	7	2	1	1	2	3	1	-1	2	3	1,56	1,24
	8	3	1	2	3	3	1	-1	2	3	1,89	1,36
	9	2	1	1	3	2	2	0	0	0	1,22	1,09
Geplante Kontrolle	10	0	1	-2	-1	1	3	0	3	3	0,89	1,83
	11	0	2	0	-1	1	2	0	2	3	1,00	1,32
	12	1	0	0	0	0	3	0	0	2	0,67	1,12
Perspektive einnehmen	13	2	1	2	3	3	0	-2	-1	-2	0,67	2,00
	14	1	1	3	3	3	2	0	0	1	1,56	1,24
	15	2	1	2	3	1	1	-2	0	-1	0,78	1,56
Fokuss. der Aufmerks.	16	0	0	0	1	-1	3	-2	2	3	0,67	1,73
	17	0	0	0	3	0	2	-1	1	2	0,78	1,30
	18	0	0	0	0	0	-1	-1	1	0	-0,11	0,60

Tabelle F.2.: Evaluationsergebnisse Rangfolgen (Ø = Durchschnitt; σ = Standardabweichung)

Strategie	Interviewpartner									Ø	σ
	M1	**M2**	**M3**	**M4**	**M5**	**M6**	**M7**	**E1**	**E2**		
Kontextualisierung	1	2	1	1	2	1	5	2	1	1,78	0,29
Affektivität	3	1	4	5	3	6	1	4	5	3,56	1,95
Testen & Anpassen	2	3	3	4	1	2	2	6	4	3,00	2,57
Geplante Kontrolle	5,5	5	6	6	4	4	4	1	3	4,28	3,39
Perspektive einnehmen	5,5	4	2	2	5	5	3	5	6	4,17	2,65
Fokuss. der Aufmerks.	6	6	5	3	6	3	6	3	2	4,44	2,95

Literaturverzeichnis

[Abbott und Jones 2002]

ABBOTT, P. ; JONES, M.: The Importance of Being Nearest: Nearshore Software Outsourcing and Globalization Discourse. In: *Proceedings of the IFIP TC8/WG8.2 Working Conference on Global and Organizational Discourse about Information Technology*, 2002, S. 375–397

[Ågerfalk 2010]

ÅGERFALK, P. J.: Getting Pragmatic. In: *European Journal of Information Systems* 19 (2010), Nr. 3, S. 251–256

[Ågerfalk et al. 2005]

ÅGERFALK, P. J. ; FITZGERALD, B. ; HOLMSTRÖM, H. ; LINGS, B. ; LUNDELL, B. ; CONCHÚIR, E. O.: A Framework for Considering Opportunities and Threats in Distributed Software Development. In: *Proceedings of the International Workshop on Distributed Software Development*, 2005, S. 47–61

[Ågerfalk et al. 2008]

ÅGERFALK, P. J. ; FITZGERALD, B. ; OLSSON, H. H. ; CONCHÚIR, E. O.: Benefits of Global Software Development: The Known and Unknown. In: *Lecture Notes in Computer Science* Bd. 5007. Berlin, Deutschland : Springer, 2008, S. 1–9

[Ågerfalk et al. 2009]

ÅGERFALK, P. J. ; FITZGERALD, B. ; SLAUGHTER, S. A.: Flexible and Distributed Information Systems Development: State of the Art and Research Challenges. In: *Information Systems Research* 20 (2009), Nr. 3, S. 31–328

[Aizenbud-Reshef et al. 2006]

AIZENBUD-RESHEF, N. ; NOLAN, B. T. ; RUBIN, J. ; SHAHAM-GAFNI, Y.: Model Traceability. In: *IBM Systems Journal* 45 (2006), Nr. 3, S. 515–526

[Alavi und Leidner 2001]
ALAVI, M. ; LEIDNER, D. E.: Knowledge Management and Knowledge Management Systems: Conceptual Foundations and Research Issues. In: *MIS Quarterly* 25 (2001), Nr. 1, S. 107–136

[Ali-Hassan und Nevo 2009]
ALI-HASSAN, H. ; NEVO, D.: Identifying Social Computing Dimensions: A Multidimensional Scaling Study. In: *Proceedings of the International Conference on Information Systems*, 2009

[Asuncion et al. 2007]
ASUNCION, H. U. ; FRANÇOIS, F. ; TAYLOR, R. N.: An End-to-End Industrial Software Traceability Tool. In: *Proceedings of the the 6th Joint Meeting of the European Software Engineering Conference and the ACM SIGSOFT Symposium on The Foundations of Software Engineering*, 2007, S. 115–124

[Avison und Banks 2008]
AVISON, D. ; BANKS, P.: Cross-Cultural (Mis)Communication in IS Offshoring: Understanding through Conversation Analysis. In: *Journal of Information Technology* 23 (2008), Nr. 4, S. 249–268

[Avison und Fitzgerald 2003]
AVISON, D. ; FITZGERALD, G.: *Information Systems Development: Methodologies, Techniques and Tools.* 3. Auflage. New York, USA : McGraw-Hill, 2003

[Balzert 2009]
BALZERT, H.: *Lehrbuch der Software-Technik: Basiskonzepte und Requirements Engineering.* 3. Auflage. Heidelberg, Deutschland : Spektrum, 2009

[Barnes et al. 2010]
BARNES, S. J. ; BÖHRINGER, M. ; KURZE, C. ; STIETZEL, J.: Towards an Understanding of Social Software: The Case of Arinia. In: *Proceedings of the 43th Hawaii International Conference on System Sciences*, 2010

[Begel et al. 2010]
BEGEL, A. ; DELINE, R. ; ZIMMERMANN, T.: Social Media for Software

Engineering. In: *Proceedings of the FSE/SDP Workshop on Future of Software Engineering Research*, 2010, S. 33–38

[Berente et al. 2011]
BERENTE, N. ; HANSEN, S. ; PIKE, J. C. ; BATEMAN, P. J.: Arguing the Value of Virtual Worlds: Patterns of Discursive Sensemaking of an Innovative Technology. In: *MIS Quarterly* 35 (2011), Nr. 3, S. 685–709

[Bhat et al. 2006]
BHAT, J. ; GUPTA, M. ; MURTHY, S.: Overcoming Requirements Engineering Challenges: Lessons from Offshore Outsourcing. In: *IEEE Software* 23 (2006), Nr. 5, S. 38–44

[Black und Jacobs 2010]
BLACK, S. ; JACOBS, J.: Using Web 2.0 to Improve Software Quality. In: *Proceedings of the 1st Workshop on Web 2.0 for Software Engineering*, 2010, S. 6–11

[Böhringer und Gluchowski 2009]
BÖHRINGER, M. ; GLUCHOWSKI, P.: Microblogging. In: *Informatik-Spektrum* 32 (2009), Nr. 6, S. 505–510

[Böhringer und Richter 2009a]
BÖHRINGER, M. ; RICHTER, A.: Adopting Enterprise 2.0: A Case Study on Microblogging. In: WANDTKE, H. (Hrsg.) ; KAIN, S. (Hrsg.) ; STRUVE, D. (Hrsg.): *Mensch & Computer*. München, Deutschland : Oldenbourg, 2009, S. 293–302

[Böhringer und Richter 2009b]
BÖHRINGER, M. ; RICHTER, A.: Adopting Social Software to the Intranet: A Case Study on Enterprise Microblogging. In: WANDKE, H. (Hrsg.): *Mensch und Computer 2009: Grenzenlos frei?* München, Deutschland : Oldenbourg, 2009

[Böhringer et al. 2009]
BÖHRINGER, M. ; RICHTER, A. ; KOCH, M.: Awareness 2.0 – Ein Anwenderbeispiel von Microblogging im Unternehmen. In: *Information – Wissenschaft & Praxis* 60 (2009), Nr. 4, S. 209–213

[Böhringer und Röhrborn 2009]
Böhringer, M. ; Röhrborn, D. ; Back, A. (Hrsg.) ; Koch, M. (Hrsg.) ; Smolnik, S. (Hrsg.) ; Tochtermann, K. (Hrsg.): *Communardo Software GmbH: Enterprise Microblogging.* München, Deutschland, August 2009

[Boyd und Ellison 2008]
Boyd, D. M. ; Ellison, N. B.: Social Network Sites: Definition, History and Scholarship. In: *Journal of Computer-Mediated Communication* 13 (2008), Nr. 1, S. 210–230

[Bruegge et al. 2006]
Bruegge, B. ; Dutoit, A. H. ; Wolf, T.: Sysiphus: Enabling Informal Collaboration in Global Software Development. In: *Proceedings of the International Conference on Global Software Engineering*, 2006, S. 139–148

[Bughin 2008]
Bughin, J.: The Rise of Enterprise 2.0. In: *Journal of Direct, Data and Digital Marketing Practice* 9 (2008), Nr. 3, S. 251–259

[Burg und Pirchner 2006]
Burg, T. N. ; Pirchner, R.: Social Software im Unternehmen. In: *wissensmanagement.net* (2006), Nr. 3

[Burnette und Staudemeyer 2010]
Burnette, E. ; Staudemeyer, J.: *Eclipse IDE – kurz & gut.* 2. Auflage. Bejing; Cambridge; Farnham; Köln; Sebastopol; Taipei; Tokyo : O'Reilly, 2010

[Cadiz et al. 2001]
Cadiz, J. ; Venolia, G. D. ; Jancke, G. ; Gupta, A.: Sideshow: Providing Peripheral Awareness of Important Information / Microsoft Research, Collaboration, and Multimedia Group. 2001 (MSR-TR-2001-83). – Forschungsbericht

[Cao et al. 2012]
Cao, X. ; Vogel, D. R. ; Guo, X. ; Liu, H. ; Gu, J.: Understanding the Influence of Social Media in the Workplace: An Integration of Media Synchronicity and Social Capital Theories. In: *Proceedings of the 45th Hawaii International Conference on System Sciences*, 2012, S. 3938–3947

[Carmel 1999]
CARMEL, E.: *Global Software Teams: Collaborating across Borders and Time Zones.* Upper Saddle River, USA : Prentice Hall PTR, 1999

[Carmel 2006]
CARMEL, E.: Building Your Information Systems from the Other Side of the World: How Infosys Manages Time Zone Differences. In: *MIS Quarterly Executive* 5 (2006), Nr. 1, S. 43–53

[Carmel und Abbott 2006]
CARMEL, E. ; ABBOTT, P.: Configurations of Global Software Development: Offshore versus Nearshore. In: *Proceedings of the International Workshop on Global Software Development for the Practitioner*, 2006, S. 3–7

[Carmel und Agarwal 2001]
CARMEL, E. ; AGARWAL, R.: Tactical Approaches for Alleviating Distance in Global Software Development. In: *IEEE Software* 18 (2001), Nr. 2, S. 22–29

[Carmel und Agarwal 2002]
CARMEL, E. ; AGARWAL, R.: The Maturation of Offshore Sourcing of Information Technology Work. In: *MIS Quarterly Executive* 1 (2002), Nr. 2, S. 65–77

[Carmel et al. 2009]
CARMEL, E. ; DUBINSKY, Y. ; ESPINOSA, J. A.: Follow the Sun Software Development: New Perspectives, Conceptual Foundation, and Exploratory Field Study. In: *Proceedings of the 42nd Hawaii International Conference on System Sciences*, 2009

[Carmel und Espinosa 2011]
CARMEL, E. ; ESPINOSA, J. A.: *I'm Working While They're Sleeping: Time Zone Separation Challenges and Solutions.* Nedder Stream Press, 2011

[Carmel et al. 2010]
CARMEL, E. ; ESPINOSA, J. A. ; DUBINSKY, Y.: „Follow the Sun“ Workflow in Global Software Development. In: *Journal of Management Information Systems* 27 (2010), Nr. 1, S. 17–37

[Carmel und Prikladnicki 2010]
CARMEL, E. ; PRIKLADNICKI, R.: Does Time Zone Proximity Matter for Brazil? A Study of the Brazilian I.T. Industry. 2010. – Forschungsbericht

[Casey 2009]
CASEY, V.: Leveraging or Exploiting Cultural Difference? In: *Proceedings of the International Conference on Global Software Engineering*, 2009, S. 8–17

[Casey 2010]
CASEY, V.: Imparting the Importance of Culture to Global Software Development. In: *ACM Inroads* 1 (2010), September, Nr. 3, S. 51–57

[Casey und Richardson 2006]
CASEY, V. ; RICHARDSON, I.: Uncovering the Reality within Virtual Software Teams. In: *Proceedings of the International Workshop on Global Software Development for the Practitioner*, 2006, S. 66–72

[Cheng et al. 2003]
CHENG, L.-T. ; DE SOUZA, C. R. ; HUPFER, S. ; PATTERSON, J. ; ROSS, S.: Building Collaboration into IDEs. In: *Queue* 1 (2003), S. 40–50

[Clayberg und Rubel 2009]
CLAYBERG, E. ; RUBEL, D.: *Eclipse: Building Commercial-Quality Plug-Ins.* 3. Auflage. Boston, USA : Addison-Wesley, 2009

[Cleland-Huang et al. 2007]
CLELAND-HUANG, J. ; SETTIMI, R. ; ROMANOVA, E. ; BERENBACH, B. ; CLARK, S.: Best Practices for Automated Traceability. In: *IEEE Computer* 40 (2007), Nr. 6, S. 27–35

[Conchúir et al. 2009a]
CONCHÚIR, E. O. ; ÅGERFALK, P. J. ; HOLMSTRÖM OLSSON, H. ; FITZGERALD, B.: Global Software Development: Where are the Benefits? In: *Communications of the ACM* 52 (2009), Nr. 8, S. 127–131

[Conchúir et al. 2009b]
CONCHÚIR, E. O. ; HOLMSTRÖM OLSSON, H. ; ÅGERFALK, P. J. ; FITZGERALD, B.: Benefits of Global Software Development: Exploring the Unex-

plored. In: *Software Process: Improvement and Practice* 14 (2009), Nr. 4, S. 201–212

[Cooke und Buckley 2008]
COOKE, M. ; BUCKLEY, N.: Web 2.0, Social Networks and the Future of Market Research. In: *International Journal of Market Research* 50 (2008), Nr. 2, S. 267–292

[Cramton 2001]
CRAMTON, C. D.: The Mutual Knowledge Problem and Its Consequences for Dispersed Collaboration. In: *Organization Science* 12 (2001), Nr. 3, S. 346–371

[Cramton und Hinds 2007]
CRAMTON, C. D. ; HINDS, P. J.: Intercultural Interaction in Distributed Teams: Salience of and Adaptations to Cultural Differences. In: *Proceedings of the Academy of Management Annual Meeting*, 2007, S. 1–6

[Cronin und Weingart 2007]
CRONIN, M. A. ; WEINGART, L. R.: Representational Gaps, Information Processing, and Conflict in Functionally Diverse Teams. In: *Academy of Management Review* 32 (2007), Nr. 3, S. 761–773

[Culnan et al. 2010]
CULNAN, M. J. ; MCHUGH, P. J. ; ZUBILLAGA, J. I.: How Large U.S. Companies Can Use Twitter and Other Social Media to Gain Business Value. In: *MIS Quarterly Executive* 9 (2010), Nr. 4, S. 243–259

[Cummings et al. 2009]
CUMMINGS, J. N. ; ESPINOSA, J. A. ; PICKERING, C. K.: Crossing Spatial and Temporal Boundaries in Globally Distributed Projects: A Relational Model of Coordination Delay. In: *Information Systems Research* 20 (2009), Nr. 3, S. 420–439

[Cusick und Prasad 2006]
CUSICK, J. ; PRASAD, A.: A Practical Management and Engineering Approach to Offshore Collaboration. In: *IEEE Software* 23 (2006), Nr. 5, S. 20–29

[Daft und Lengel 1984]
DAFT, R. L. ; LENGEL, R. H.: Information Richness: A New Approach to Managerial Behaviour and Organizational Design. In: *Research in Organizational Behaviour* 6 (1984), S. 191–233

[Daft und Lengel 1986]
DAFT, R. L. ; LENGEL, R. H.: Organizational Information Requirements, Media Richness and Structural Design. In: *Management Science* 32 (1986), Nr. 5, S. 554–571

[Daft et al. 1987]
DAFT, R. L. ; LENGEL, R. H. ; TREVINO, L. K.: Message Equivocality, Media Selection and Manager Performance: Implications for Information Systems. In: *MIS Quarterly* 11 (1987), Nr. 3, S. 355–366

[Damian et al. 2007]
DAMIAN, D. ; MARCZAK, S. ; KWAN, I.: Collaboration Patterns and the Impact of Distance on Awareness in Requirements-Centred Social Networks. In: *15th IEEE International Requirements Engineering Conference*, 2007, S. 59–68

[Dennis et al. 2008]
DENNIS, A. R. ; FULLER, R. M. ; VALACICH, J. S.: Media, Tasks, and Communication Processes: A Theory of Media Synchronicity. In: *MIS Quarterly* 32 (2008), Nr. 3, S. 575–600

[Dennis und Kinney 1998]
DENNIS, A. R. ; KINNEY, S. T.: Testing Media Richness Theory in the New Media: the Effects of Cues, Feedback, and Task Equivocality. In: *Information Systems Research* 9 (1998), Nr. 3, S. 256–274

[Dennis und Valacich 1999]
DENNIS, A. R. ; VALACICH, J. S.: Rethinking Media Richness: Towards a Theory of Media Synchronicity. In: *Proceedings of the 32nd Hawaii International Conference on System Sciences*, 1999

[Dennis et al. 1998]
DENNIS, A. R. ; VALACICH, J. S. ; SPEIER, C. ; MORRIS, M. G.: Beyond

Media Richness: An Empirical Test of Media Synchronicity Theory. In: *Proceedings of the 31st Hawaii International Conference on System Sciences*, 1998, S. 48–57

[Dibbern et al. 2008]
DIBBERN, J. ; WINKLER, J. ; HEINZL, A.: Explaining Variations in Client Extra Costs Between Software Projects Offshored to India. In: *MIS Quarterly* 32 (2008), Nr. 2, S. 333–366

[DiMicco et al. 2008]
DIMICCO, J. ; MILLEN, D. R. ; GEYER, W. ; DUGAN, C. ; BROWNHOLTZ, B. ; MULLER, M.: Motivations for Social Networking at Work. In: *Proceedings of the 2008 ACM Conference on Computer Supported Cooperative Work*, 2008, S. 711–720

[Dourish und Bellotti 1992]
DOURISH, P. ; BELLOTTI, V.: Awareness and Coordination in Shared Workspaces. In: *Proceedings of the 1992 ACM Conference on Computer-Supported Cooperative Work*, 1992, S. 107–114

[Dourish und Bly 1992]
DOURISH, P. ; BLY, S.: Portholes: Supporting Awareness in a Distributed Work Group. In: *Proceedings of the SIGCHI Conference on Human Factors in Computing Systems*, 1992, S. 541–547

[Dunlap und Lowenthal 2009]
DUNLAP, J. C. ; LOWENTHAL, P. R.: Tweeting the Night Away: Using Twitter ot Enhance Social Presence. In: *Journal of Information Systems Education* 20 (2009), Nr. 2

[Dutoit und Paech 2001]
DUTOIT, A. H. ; PAECH, B.: Rationale Management in Software Engineering. In: CHANG, S. K. (Hrsg.): *Handbook of Software Engineering and Knowledge Engineering* Bd. 1. World Scientific Publishing, 2001, S. 787–816

[Dutoit et al. 2006]
DUTOIT, A. H. ; MCCALL, R. ; MISTRÍK, I. ; PAECH, B.: Rationale Management in Software Engineering: Concepts and Techniques. In: DUTOIT, A. H.

(Hrsg.) ; McCall, R. (Hrsg.) ; Mistrík, I. (Hrsg.) ; Paech, B. (Hrsg.): *Rationale Management in Software Engineering.* Springer, 2006, S. 1–48

[Ebert 2011]
Ebert, C.: *Global Software and IT: A Guide to Distributed Development, Projects, and Outsourcing.* Hoboken, USA : Wiley, 2011

[Egyed 2006]
Egyed, A.: Tailoring Software Traceability to Value-Based Needs. In: Biffl, S. (Hrsg.) ; Aurum, A. (Hrsg.) ; Boehm, B. W. (Hrsg.) ; Erdogus, H. (Hrsg.) ; Grünbacher, P. (Hrsg.): *Value-Based Software Engineering.* Springer, 2006, Kapitel 14, S. 287–308

[Ehrlich und Shami 2010]
Ehrlich, K. ; Shami, N. S.: Microblogging Inside and Outside the Workplace. In: Cohen, W. W. (Hrsg.) ; Gosling, S. (Hrsg.): *Proceedings of the 4th International AAAI Conference on Weblogs and Social Media*, 2010

[Ellison et al. 2007]
Ellison, N. B. ; Steinfield, C. ; Lampe, C.: The Benefits of Facebook "Friends:" Social Capital and College Student's Use of Online Social Network Sites. In: *Journal of Computer-Mediated Communication* 12 (2007), Nr. 4, S. 1143–1168

[Eppler und Mengis 2004]
Eppler, M. ; Mengis, J.: The Concept of Information Overload: A Review of Literature from Organization Science, Accounting, Marketing, MIS, and Related Disciplines. In: *The Information Society* 20 (2004), Nr. 5, S. 325–344

[Espinosa und Carmel 2004]
Espinosa, J. A. ; Carmel, E.: The Effect of Time Separation on Coordination Costs in Global Software Teams: A Dyad Model. In: *Proceedings of the 37th Hawaii International Conference on System Sciences*, 2004

[Espinosa et al. 2012]
Espinosa, J. A. ; Cummings, J. N. ; Pickering, C.: Time Separation, Coordination, and Performance in Technical Teams. In: *IEEE Transactions on Engineering Management* 59 (2012), Nr. 1, S. 91–103

[Fitzpatrick et al. 2006]
FITZPATRICK, G. ; MARSHALL, P. ; PHILLIPS, A.: CVS Integration with Notification and Chat: Lightweight Software Team Collaboration. In: *Proceedings of the 2006 20th Anniversary Conference on Computer Supported Cooperative Work*, 2006, S. 49–58

[Frank 2006]
FRANK, U.: *Towards a Pluralistic Conception of Research Methods in Information Systems Research.* Essen : Institut für Informatik und Wirtschaftsinformatik (ICB), Universität Duisburg-Essen, 2006 (ICB research report 7)

[Geer 2005]
GEER, D.: Eclipse Becomes the Dominant Java IDE. In: *IEEE Computer* 38 (2005), Nr. 7, S. 16–18

[Geiger et al. 2011]
GEIGER, D. ; SEEDORF, S. ; SCHULZE, T. ; NICKERSON, R. C. ; SCHADER, M.: Managing the Crowd: Towards a Taxonomy of Crowdsourcing Processes. In: *Proceedings of the 17th Americas Conference on Information Systems*, 2011

[Geisser et al. 2008]
GEISSER, M. ; HAPPEL, H.-J. ; HILDENBRAND, T. ; KORTHAUS, A. ; SEEDORF, S.: New Applications for Wikis in Software Engineering. In: *Proceedings of the PRIMIUM Subconference at the Multikonferenz Wirtschaftsinformatik*, 2008

[Gotel und Finkelstein 1994]
GOTEL, O. C. Z. ; FINKELSTEIN, A. C. W.: An Analysis of the Requirements Traceability Problem. In: *Proceedings of the First International Conference on Requirements Engineering*, 1994, S. 94–101

[Goth 2005]
GOTH, G.: Beware the March of this IDE: Eclipse is Overshadowing other Tool Technologies. In: *IEEE Software* 22 (2005), Nr. 4, S. 108–111

[Gray et al. 2011]
GRAY, P. H. ; PARISE, S. ; IYER, B.: Innovation Impacts of Using Social Bookmarking Systems. In: *MIS Quarterly* 35 (2011), Nr. 3, S. 629–643

[Gregory 2010]
GREGORY, R. W.: Review of the IS Offshoring Literature: The Role of Cross-Cultural Differences and Management Practices. In: *Proceedings of the 18th European Conference on Information Systems*, 2010

[Grosseck und Holotescu 2008]
GROSSECK, G. ; HOLOTESCU, C.: Can we use Twitter for Educational Activities? In: *4th International Scientific Conference, eLearning and Software for Education*, 2008

[Günther et al. 2009]
GÜNTHER, O. ; KRASNOVA, H. ; RIEHLE, D. ; SCHÖNDIENST, V.: Modeling Microblogging Adoption in the Enterprise. In: *Proceedings of the 15th Americas Conference on Information Systems*, 2009

[Gutwin et al. 1996]
GUTWIN, C. ; GREENBERG, S. ; ROSEMAN, M.: Workspace Awareness in Real-Time Distributed Groupware: Framework, Widgets, and Evaluation. In: *Proceedings of HCI on People and Computers XI*, 1996, S. 281–298

[Gutwin et al. 2004]
GUTWIN, C. ; PENNER, R. ; SCHNEIDER, K.: Group Awareness in Distributed Software Development. In: *Proceedings of the 2004 ACM Conference on Computer Supported Cooperative Work*, 2004, S. 72–81

[Guzzi et al. 2010]
GUZZI, A. ; PINZGER, M. ; VAN DEURSEN, A.: Combining Micro-Blogging and IDE Interactions to Support Developers in their Quests. In: *IEEE International Conference on Software Maintenance*, 2010

[Habermas 1984]
HABERMAS, J.: *The Theory of Communicative Action: Reason and Rationalization of Society*. Bd. 1. Boston, USA : Beacon Press, 1984

[Habermas 1987]
HABERMAS, J.: *The Theory of Communicative Action: Lifeworld and Social System*. Bd. 2. Boston, USA : Beacon Press, 1987

[Handel und Herbsleb 2002]
HANDEL, M. ; HERBSLEB, J. D.: What is Chat Doing in the Workplace? In: *Proceedings of the 2002 ACM Conference on Computer Supported Cooperative Work*, 2002

[Heidemann 2010]
HEIDEMANN, J.: Online Social Networks – Ein sozialer und technischer Überblick. In: *Informatik-Spektrum* 33 (2010), Nr. 3, S. 262–271

[Heindl und Biffl 2005]
HEINDL, M. ; BIFFL, S.: A Case Study on Value-Based Requirements Tracing. In: *Proceedings of the 10th European Software Engineering Conference Held Jointly with 13th ACM SIGSOFT International Symposium on Foundations of Software Engineering*, 2005, S. 60–69

[Heindl und Biffl 2006]
HEINDL, M. ; BIFFL, S.: Risk Management with Enhanced Tracing of Requirements Rationale in Highly Distributed Projects. In: *Proceedings of the 2006 International Workshop on Global Software Development for the Practitioner*, 2006, S. 20–26

[Heinrich 2000]
HEINRICH, L. J.: Bedeutung von Evaluation und Evaluationsforschung in der Wirtschaftsinformatik. In: HEINRICH, L. J. (Hrsg.) ; HÄNTSCHEL, I. (Hrsg.): *Evaluation und Evaluationsforschung in der Wirtschaftsinformatik: Handbuch für Praxis, Lehre und Forschung*. München, Deutschland : Oldenbourg, 2000, S. 35–48

[Hennig und Seeberger 2008]
HENNIG, M. ; SEEBERGER, H.: Einführung in den Extension Point Mechanismus von Eclipse. In: *Java Spektrum* 2008 (2008), Nr. 1, S. 19–25

[Herbsleb 2007]
HERBSLEB, J. D.: Global Software Engineering: The Future of Socio-Technical Coordination. In: *Future of Software Engineering*, 2007, S. 188–198

[Herbsleb und Mockus 2003]
HERBSLEB, J. D. ; MOCKUS, A.: An Empirical Study of Speed and Communication in Globally Distributed Software Development. In: *IEEE Transactions on Software Engineering* 29 (2003), Nr. 6, S. 481–494

[Herbsleb et al. 2001]
HERBSLEB, J. D. ; MOCKUS, A. ; FINHOLT, T. A. ; GRINTER, R. E.: An Empirical Study of Global Software Development: Distance and Speed. In: *Proceedings of the 23rd International Conference on Software Engineering*, 2001, S. 81–90

[Herbsleb und Moitra 2001]
HERBSLEB, J. D. ; MOITRA, D.: Global Software Development. In: *IEEE Software* 18 (2001), Nr. 2, S. 16–20

[Herbsleb et al. 2005]
HERBSLEB, J. D. ; PAULISH, D. J. ; BASS, M.: Global Software Development at Siemens: Experience from nine Projects. In: *Proceedings of the 27th International Conference on Software Engineering*, 2005, S. 524–533

[Hevner und Chatterjee 2010]
HEVNER, A. ; CHATTERJEE, S.: *Design Research in Information Systems.* New York, USA : Springer, 2010 (Integrated Series in Information Systems 22)

[Hevner et al. 2004]
HEVNER, A. R. ; MARCH, S. T. ; PARK, J. ; RAM, S.: Design Science in Information Systems Research. In: *MIS Quarterly* 28 (2004), Nr. 1, S. 75–105

[Highsmith und Cockburn 2001]
HIGHSMITH, J. ; COCKBURN, A.: Agile Software Development: The Business of Innovation. In: *IEEE Computer* 34 (2001), Nr. 9, S. 120–127

[Hildenbrand 2008]
HILDENBRAND, T.: *Improving Traceability in Distributed Collaborative Software Development – A Design Science Approach.* Bd. 33. Frankfurt, Deutschland : Peter Lang, 2008

[Hinds und Bailey 2003]
HINDS, P. J. ; BAILEY, D. E.: Out of Sight, Out of Sync: Understanding Conflict in Distributed Teams. In: *Organization Science* 14 (2003), Nr. 6, S. 615–632

[Hinds und Mortensen 2005]
HINDS, P. J. ; MORTENSEN, M.: Understanding Conflict in Geographically Distributed Teams. In: *Organization Science* 16 (2005), Nr. 3, S. 290–307

[Holmström et al. 2006]
HOLMSTRÖM, H. ; CONCHÚIR, E. O. ; ÅGERFALK, P. J. ; FITZGERALD, B.: Global Software Development Challenges: A Case Study on Temporal, Geographical and Socio-Cultural Distance. In: *Proceedings of the International Conference on Global Software Engineering*, 2006

[Honeycutt und Herring 2009]
HONEYCUTT, C. ; HERRING, S. C.: Beyond Microblogging: Conversation and Collaboration via Twitter. In: *Proceedings of the 42nd Hawaii International Conference on System Sciences*, 2009, S. 1–10

[Huberman et al. 2009]
HUBERMAN, B. A. ; ROMERO, D. M. ; WU, F.: Social Networks that Matter: Twitter under the Microscope. In: *First Monday* 14 (2009), Nr. 1

[Jackson et al. 2007]
JACKSON, A. ; YATES, J. ; ORLIKOWSKI, W.: Corporate Blogging: Building Community through Persistent Digital Talk. In: *Proceedings of the 40th Hawaii International Conference on System Sciences*, 2007

[Janis 1989]
JANIS, I. L.: *Crucial Decisions: Leadership in Policymaking and Crisis Management.* New York, USA : Free Press, 1989

[Jarvenpaa und Leidner 1999]
JARVENPAA, S. L. ; LEIDNER, D. E.: Communications and Trust in Global Virtual Teams. In: *Organization Science* 10 (1999), Nr. 6, S. 791–815

[Java et al. 2007]
JAVA, A. ; SONG, X. ; FININ, T. ; TSENG, B.: Why we Twitter: Understanding Microblogging Usage and Communities. In: *Proceedings of the 9th WebKDD and 1st SNA-KDD 2007 Workshop on Web Mining and Social Network Analysis*, 2007, S. 56–65

[Kankanhalli et al. 2006]
KANKANHALLI, A. ; TAN, B. C. ; WEI, K.-K.: Conflict and Performance in Global Virtual Teams. In: *Journal of Management Information Systems* 23 (2006), Nr. 3, S. 237–274

[Kaplan und Haenlein 2010]
KAPLAN, A. M. ; HAENLEIN, M.: Users of the World, Unite! The Challenges and Opportunities of Social Media. In: *Business Horizons* 53 (2010), Nr. 1, S. 59–68

[Katajisto 2010]
KATAJISTO, L.: Implementing Social Media in Technical Communication. In: *International Professional Communication Conference*, 2010, S. 236–242

[Katz und Te'eni 2007]
KATZ, A. ; TE'ENI, D.: The Contingent Impact of Contextualization on Computer-Mediated Collaboration. In: *Organization Science* 18 (2007), Nr. 2, S. 261–279

[Kim et al. 2012]
KIM, T. ; HINDS, P. ; PENTLAND, A.: Awareness as an Antidote to Distance: Making Distributed Groups Cooperative and Consistent. In: *Proceedings of the ACM 2012 Conference on Computer Supported Cooperative Work*, 2012, S. 1237–1246

[Kitchenham et al. 1995]
KITCHENHAM, B. A. ; PICKARD, L. ; PFLEEGER, S. L.: Case Studies for Method and Tool Evaluation. In: *IEEE Software* 12 (1995), Nr. 4, S. 52–62

[Kitchenham 2007]

KITCHENHAM, B. A.: Empirical Paradigm – The Role of Experiments. In: BASILI, V. R. (Hrsg.) ; ROMBACH, H. D. (Hrsg.) ; SCHNEIDER, K. (Hrsg.) ; KITCHENHAM, B. A. (Hrsg.) ; PFAHL, D. (Hrsg.) ; SELBY, R. W. (Hrsg.): *Empirical Software Engineering Issues: Critical Assessment and Future Directions*. Berlin, Germany : Springer, 2007 (Lecture Notes in Computer Science), S. 25–32

[Klein 1993]

KLEIN, M.: Capturing Design Rationale in Concurrent Engineering Teams. In: *IEEE Computer* 26 (1993), Nr. 1, S. 39–47

[Klimpke 2011]

KLIMPKE, L.: Microblogging in Global Software Development. In: BOLDYREFF, C. (Hrsg.) ; ISLAM, S. (Hrsg.) ; LEONARD, M. (Hrsg.) ; THALHEIM, B. (Hrsg.): *Proceedings of the CAiSE Doctoral Consortium*, 2011

[Klimpke und Hildenbrand 2009]

KLIMPKE, L. ; HILDENBRAND, T.: Towards End-to-End Traceability: Insights and Implications from Five Case Studies. In: *Proceedings of the 4th International Conference on Software Engineering Advances*, 2009, S. 465–470

[Klimpke et al. 2011]

KLIMPKE, L. ; KRAMER, T. ; BETZ, S. ; NORDHEIMER, K.: Globally Distributed Software Development in Small and Medium-Sized Enterprises in Germany: Reasons, Locations, and Obstacles. In: *Proceedings of the 19th European Conference on Information Systems*, 2011

[Ko et al. 2007]

KO, A. J. ; DELINE, R. ; VENOLIA, G.: Information Needs in Collocated Software Development Teams. In: *Proceedings of the 29th International Conference on Software Engineering*, 2007, S. 344–353

[Kohler et al. 2011]

KOHLER, T. ; FUELLER, J. ; MATZLER, K. ; STIEGER, D.: Co-Creation in Virtual Worlds: The Design of the User Experience. In: *MIS Quarterly* 35 (2011), Nr. 3, S. 773–788

[Kotlarsky und Oshri 2005]
KOTLARSKY, J. ; OSHRI, I.: Social Ties, Knowledge Sharing and Successful Collaboration in Globally Distributed System Development Projects. In: *European Journal of Information Systems* 14 (2005), Nr. 1, S. 37–48

[Kotonya und Sommerville 1998]
KOTONYA, G. ; SOMMERVILLE, I.: *Requirements Engineering: Processes and Techniques*. New York, USA : Wiley & Sons, 1998

[Kramer et al. 2013]
KRAMER, T. ; KLIMPKE, L. ; HEINZL, A.: Outsourcing Decisions of Small and Medium-Sized Enterprises: A Multiple-Case Study Approach in the German Software Industry. In: *Proceedings of the 46th Hawaii International Conference on System Sciences*, 2013

[Krishna et al. 2004]
KRISHNA, S. ; SAHAY, S. ; WALSHAM, G.: Managing Cross-Cultural Issues in Global Software Outsourcing. In: *Communications of the ACM* 47 (2004), Nr. 4, S. 62–66

[Lachenmaier und Ott 2012]
LACHENMAIER, P. ; OTT, F.: The „Wisdom of the Crowd Pattern“: A Person-Centric Data Aggregation Approach for Social Software. In: *13th International Conference on Information Reuse and Integration*, 2012, S. 706–711

[Lane und Ågerfalk 2008]
LANE, M. ; ÅGERFALK, P. J.: On the Suitability of Particular Software Development Roles to Global Software Development. In: *Proceedings of the International Conference on Global Software Engineering*, 2008, S. 3–12

[Lanubile et al. 2010]
LANUBILE, F. ; EBERT, C. ; PRIKLADNICKI, R. ; VIZCAINO, A.: Collaboration Tools for Global Software Engineering. In: *IEEE Software* 27 (2010), Nr. 2, S. 52–55

[LaToza et al. 2006]
LATOZA, T. D. ; VENOLIA, G. ; DELINE, R.: Maintaining Mental Models:

A Study of Developer Work Habits. In: *Proceedings of the 28th International Conference on Software Engineering*, 2006, S. 492–501

[LeBlanc 2011]
LEBLANC, J.: *Programming Social Applications*. Sebastopol, USA : O'Reilly, 2011

[Lee und Baskerville 2003]
LEE, A. S. ; BASKERVILLE, R. L.: Generalizing Generalizability in Information Systems Research. In: *Information Systems Research* 14 (2003), Nr. 3, S. 221–243

[Lee et al. 2003]
LEE, C. ; GUADAGNO, L. ; JIA, X.: An Agile Approach to Capturing Requirements and Traceability. In: *Proceedings of the 2nd International Workshop on Traceability in Emerging Forms of Software Engineering*, 2003

[Lee 1997]
LEE, J.: Design Rationale Systems: Understanding the Issues. In: *IEEE Expert* 12 (1997), Nr. 3, S. 78–85

[Leidner et al. 2010]
LEIDNER, D. ; KOCH, H. ; GONZALEZ, E.: Assimilating Generation Y IT New Hires into USAA's Workforce: The Role of an Enterprise 2.0 System. In: *MIS Quarterly Executive* 9 (2010), Nr. 4, S. 229–242

[Leimeister 2010]
LEIMEISTER, J. M.: Kollektive Intelligenz. In: *WIRTSCHAFTSINFORMATIK* 52 (2010), Nr. 4, S. 239–242

[Levina und Vaast 2008]
LEVINA, N. ; VAAST, E.: Innovating or Doing as Told? Status Differences and Overlapping Boundaries in Offshore Collaboration. In: *MIS Quarterly* 32 (2008), Nr. 2, S. 307–322

[Li et al. 2008]
LI, Y. ; LI, J. ; YANG, Y. ; LI, M.: Requirement-Centric Traceability for Change Impact Analysis: A Case Study. In: WANG, Q. (Hrsg.) ; PFAHL,

D. (Hrsg.) ; RAFFO, D. M. (Hrsg.): *Making Globally Distributed Software Development a Success Story.* Berlin, Deutschland : Springer, 2008 (Lecture Notes in Computer Science 5007), S. 100–111

[Lietsala und Sirkkunen 2008]
LIETSALA, K. ; SIRKKUNEN, E.: *Social Media – Introduction to the Tools and Processes of Participatory Economy.* Tampere, Finnland : Tampere University Press, 2008

[Lindvall und Sandahl 1996]
LINDVALL, M. ; SANDAHL, K.: Practical Implications of Traceability. In: *Software – Practice & Experience* 26 (1996), Nr. 10, S. 1161– 1180

[Lings et al. 2007]
LINGS, B. ; LUNDELL, B. ; ÅGERFALK, P. J. ; FITZGERALD, B.: A Reference Model for Successful Distributed Development of Software Systems. In: *Proceedings of the International Conference on Global Software Engineering,* 2007, S. 130–139

[Lipnack und Stamps 1997]
LIPNACK, J. ; STAMPS, J.: *Virtual Teams: Reaching across Space, Time, and Organizations with Technology.* New York, USA : Wiley & Sons, 1997

[Liukkunen und Markkula 2012]
LIUKKUNEN, K. ; MARKKULA, J.: Communication Tools for Geographically Distributed Work. In: *International Journal of Industrial Engineering and Management* 3 (2012), Nr. 1, S. 1–7

[Lutz 2009]
LUTZ, B.: Linguistic Challenges in Global Software Development: Lessons Learned in an International SW Development Division. In: *Proceedings of the International Conference on Global Software Engineering,* 2009, S. 249–253

[Maicher et al. 2011]
MAICHER, M. ; SAUERZAPF, G. ; KILLICH, J.: Application Management Outsourcing Risiken von Near-/Offshoring. In: *HMD – Praxis der Wirtschaftsinformatik* 48 (2011), Nr. 278, S. 17–29

[Majchrzak et al. 2009]
MAJCHRZAK, A. ; CHERBAKOV, L. ; IVES, B.: Harnessing the Power of the Crowds with Corporate Social Networking Tools: How IBM Does It. In: *MIS Quarterly Executive* 8 (2009), Nr. 2, S. 103–108

[Majchrzak et al. 2005]
MAJCHRZAK, A. ; MALHOTRA, A. ; JOHN, R.: Perceived Individual Collaboration Know-How Development Through Information Technology–Enabled Contextualization: Evidence from Distributed Teams. In: *Information Systems Research* 16 (2005), Nr. 1, S. 9–27

[Malhotra und Majchrzak 2005a]
MALHOTRA, A. ; MAJCHRZAK, A.: Enabling Knowledge Creation in Far-Flung Teams: Best Practices for IT Support and Knowledge Sharing. In: *Journal of Knowledge Management* 8 (2005), Nr. 4, S. 75–88

[Malhotra und Majchrzak 2005b]
MALHOTRA, A. ; MAJCHRZAK, A.: Virtual Workspace Technologies. In: *MIT Sloan Management Review* 46 (2005), Nr. 2, S. 11–14

[Malhotra et al. 2001]
MALHOTRA, A. ; MAJCHRZAK, A. ; CARMAN, R. ; LOTT, V.: Radical Innovation without Collocation: A Case Study at Boeing-Rocketdyne. In: *MIS Quarterly* 25 (2001), Nr. 2, S. 229–249

[Mamykina et al. 2011]
MAMYKINA, L. ; MANOIM, B. ; MITTAL, M. ; HRIPCSAK, G. ; HARTMANN, B.: Design Lessons from the Fastest Q&A Site in the West. In: *Proceedings of the 2011 Annual Conference on Human Factors in Computing Systems*, 2011, S. 2857–2866

[March und Smith 1995]
MARCH, S. T. ; SMITH, G. F.: Design and Natural Science Research on Information Technology. In: *Decision Support Systems* 15 (1995), Nr. 4, S. 251–266

[Markus et al. 2002]
MARKUS, M. L. ; MAJCHRZAK, A. ; GASSER, L.: A Design Theory for

Systems That Support Emergent Knowledge Processes. In: *MIS Quarterly* 26 (2002), Nr. 3, S. 179–212

[Maznevski und Chudoba 2000]
MAZNEVSKI, M. L. ; CHUDOBA, K. M.: Bridging Space over Time: Global Virtual Team Dynamics and Effectiveness. In: *Organization Science* 11 (2000), Nr. 5, S. 473–492

[McAfee 2006]
MCAFEE, A. P.: Enterprise 2.0: The Dawn of Emergent Collaboration. In: *MIT Sloan Management Review* 47 (2006), Nr. 3, S. 21–28

[McFedries 2007]
MCFEDRIES, P.: Technically Speaking: All A-Twitter. In: *IEEE Spectrum* 44 (2007), Nr. 10, S. 84–84

[Meyer und Dibbern 2010]
MEYER, P. ; DIBBERN, J.: An Exploratory Study about Microblogging Acceptance at Work. In: *Proceedings of the 16th Americas Conference on Information Systems*, 2010

[Mohan et al. 2009]
MOHAN, K. ; KUMAR, N. ; BENBUNAN-FICH, R.: Examining Communication Media Selection and Information Processing in Software Development Traceability: An Empirical Investigation. In: *IEEE Transactions on Professional Communication* 52 (2009), Nr. 1, S. 17–39

[Mohan und Ramesh 2007]
MOHAN, K. ; RAMESH, B.: Tracing Variations in Software Product Families. In: *Communications of the ACM* 50 (2007), Nr. 12, S. 68–73

[Mohan et al. 2008]
MOHAN, K. ; XU, P. ; CAO, L. ; RAMESH, B.: Improving Change Management in Software Development: Integrating Traceability and Software Configuration Management. In: *Decision Support Systems* 45 (2008), Nr. 4, S. 922–936

[Mullick et al. 2006]
MULLICK, N. ; BASS, M. ; EL HOUDA, Z. ; PAULISH, D. ; CATALDO, M. ;

HERBSLEB, J. ; BASS, L. ; SANGWAN, R.: Siemens Global Studio Project: Experiences Adopting an Integrated GSD Infrastructure. In: *Proceedings of the International Conference on Global Software Engineering*, 2006, S. 203–212

[Murphy et al. 2006]
MURPHY, G. C. ; KERSTEN, M. ; FINDLATER, L.: How are Java Software Developers using the Eclipse IDE? In: *IEEE Software* 23 (2006), Nr. 4, S. 76–83

[Murugesan 2007]
MURUGESAN, S.: Understanding Web 2.0. In: *IT Professional* 9 (2007), Nr. 4, S. 34–41

[Niinimäki und Lassenius 2008]
NIINIMÄKI, T. ; LASSENIUS, C.: Experiences of Instant Messaging in Global Software Development Projects: A Multiple Case Study. In: *Proceedings of the International Conference on Global Software Engineering*, 2008, S. 55–64

[Niinimäki et al. 2009]
NIINIMÄKI, T. ; PIRI, A. ; LASSENIUS, C.: Factors Affecting Audio and Text-Based Communication Media Choice in Global Software Development Projects. In: *Proceedings of the International Conference on Global Software Engineering*, 2009, S. 153–162

[Noll et al. 2010]
NOLL, J. ; BEECHAM, S. ; RICHARDSON, I.: Global Software Development and Collaboration: Barriers and Solutions. In: *ACM Inroads* 1 (2010), Nr. 3, S. 66–78

[Olson und Olson 2000]
OLSON, G. M. ; OLSON, J. S.: Distance Matters. In: *Human-Computer Interaction* 15 (2000), Nr. 2, S. 139–178

[Omoronyia et al. 2009]
OMORONYIA, I. ; FERGUSON, J. ; ROPER, M. ; WOOD, M.: Using Developer Activity Data to Enhance Awareness during Collaborative Software Development. In: *Computer Supported Cooperative Work* 18 (2009), Nr. 5, S. 509–558

[Omoronyia et al. 2010]
OMORONYIA, I. ; FERGUSON, J. ; ROPER, M. ; WOOD, M.: A Review of Awareness in Distributed Collaborative Software Engineering. In: *Software: Practice and Experience* 40 (2010), Nr. 12, S. 1107–1133

[O'Reilly, III 1980]
O'REILLY, III, C. A.: Individuals and Information Overload in Organizations: Is More Necessarily Better? In: *The Academy of Management Journal* 23 (1980), Nr. 4, S. 684–696

[Orlikowski 2002]
ORLIKOWSKI, W. J.: Knowing in Practice: Enacting a Collective Capability in Distributed Organizing. In: *Organization Science* 13 (2002), Nr. 3, S. 249–273

[Oulasvirta et al. 2010]
OULASVIRTA, A. ; LEHTONEN, E. ; KURVINEN, E. ; RAENTO, M.: Making the Ordinary Visible in Microblogs. In: *Personal Ubiquitous Computing* 14 (2010), Nr. 3, S. 237–249

[Pahlke 2012]
PAHLKE, I.: Leveraging Social Capital in the Virtual Work Environment? Knowledge Exchange through Social Media Platforms. In: *Proceedings of the 20th European Conference on Information Systems*, 2012

[Peffers et al. 2007]
PEFFERS, K. ; TUUNANEN, T. ; ROTHENBERGER, M. ; CHATTERJEE, S.: A Design Science Research Methodology for Information Systems Research. In: *Journal of Management Information Systems* 24 (2007), Nr. 3, S. 45–77

[Perry et al. 1994]
PERRY, D. E. ; STAUDENMAYER, N. A. ; VOTTA, L. G.: People, Organizations, and Process Improvement. In: *IEEE Software* 11 (1994), Nr. 4, S. 36–45

[Pietsch 2012]
PIETSCH, G.: Social Media in Unternehmen – Entwicklungsstand und Entwicklungspotenzial. In: SCHULTEN, M. (Hrsg.) ; MERTENS, A. (Hrsg.) ;

HORX, A. (Hrsg.): *Social Branding.* Berlin, Deutschland : Gabler, 2012, S. 451–466

[Piri et al. 2009]
PIRI, A. ; NIINIMAKI, T. ; LASSENIUS, C.: Descriptive Analysis of Fear and Distrust in Early Phases of GSD Projects. In: *Proceedings of the International Conference on Global Software Engineering*, 2009, S. 105–114

[Pohl 2008]
POHL, K.: *Requirements Engineering – Grundlagen, Prinzipien, Techniken.* 2. Auflage. Heidelberg, Deutschland : dpunkt.verlag, 2008

[Polaschek und Schone 2009]
POLASCHEK, J. ; SCHONE, B.: A Case Study of Micro-Blogging for Learning at Qualcomm. In: *DevLearn*, 2009

[Pooley und Warren 2008]
POOLEY, R. ; WARREN, C.: Reuse through Requirements Traceability. In: *The 3rd International Conference on Software Engineering Advances*, 2008, S. 65–70

[Powell et al. 2004]
POWELL, A. ; PICCOLI, G. ; IVES, B.: Virtual Teams: A Review of Current Literature and Directions for Future Research. In: *The DATA BASE for Advances in Information Systems* 35 (2004), Nr. 1, S. 6–36

[Pries-Heje et al. 2008]
PRIES-HEJE, J. ; BASKERVILLE, R. ; VENABLE, J. R.: Strategies for Design Science Research Evaluation. In: *Proceedings of the 16th European Conference on Information Systems*, 2008

[Prikladnicki et al. 2012]
PRIKLADNICKI, R. ; MARCZAK, S. ; CARMEL, E. ; EBERT, C.: Technologies to Support Collaboration across Time Zones. In: *IEEE Software* 29 (2012), Nr. 3, S. 10–13

[Procaccino et al. 2006]
PROCACCINO, J. D. ; VERNER, J. M. ; LORENZET, S. J.: Defining and

Contributing to Software Development Success. In: *Communications of the ACM* 49 (2006), Nr. 8, S. 79–83

[Ramesh 1998]
RAMESH, B.: Factors Influencing Requirements Traceability Practice. In: *Communications of the ACM* 41 (1998), Nr. 12, S. 37–44

[Ramesh und Jarke 2001]
RAMESH, B. ; JARKE, M.: Toward Reference Models for Requirements Traceability. In: *IEEE Transactions on Software Engineering* 27 (2001), Nr. 1, S. 58–93

[Ransbotham und Kane 2011]
RANSBOTHAM, S. ; KANE, G. C.: Membership Turnover and Collaboration Success in Online Communities: Explaining Rises and Falls from Grace in Wikipedia. In: *MIS Quarterly* 35 (2011), Nr. 3, S. 613–627

[Redmiles et al. 2007]
REDMILES, D. ; VAN DER HOEK, A. ; AL-ANI, B. ; HILDENBRAND, T. ; QUIRK, S. ; SARMA, A. ; FILHO, R. S. S. ; DE SOUZA, C. ; TRAINER, E.: Continuous Coordination: A New Paradigm to Support Globally Distributed Software Development Projects. In: *WIRTSCHAFTSINFORMATIK* 49 (Sonderheft) (2007), S. S28–S38

[Reel 1999]
REEL, J. S.: Critical Success Factors in Software Projects. In: *IEEE Software* 16 (1999), Nr. 3, S. 18–23

[Reinhardt 2009]
REINHARDT, W.: Communication is the Key – Support Durable Knowledge Sharing in Software Engineering by Microblogging. In: *Proceedings of the 1st International Workshop on Software Engineering within Social Software Environments* Bd. 150, 2009, S. 329–340

[Richter und Koch 2009]
RICHTER, A. ; KOCH, M.: Zum Einsatz von Social Networking Services im

Unternehmen. In: HANSEN, H. R. (Hrsg.) ; KARAGIANNIS, D. (Hrsg.): *Internationale Tagung Wirtschaftsinformatik*. Wien, Österreich : Österreichische Computer Gesellschaft, 2009

[Richter und Riemer 2009]
RICHTER, A. ; RIEMER, K.: Corporate Social Networking Sites – Modes of Use and Appropriation through Co-Evolution. In: *Proceedings of the 20th Australasian Conference on Information Systems*, 2009

[Riemer et al. 2011]
RIEMER, K. ; ALTENHOFEN, A. ; RICHTER, A.: What are you Doing? – Enterprise Microblogging as Context Building. In: *Proceedings of the 19th European Conference on Information Systems*, 2011

[Riemer und Richter 2010]
RIEMER, K. ; RICHTER, A.: Tweet Inside: Microblogging in a Corporate Context. In: *Proceedings 23rd Bled eConference eTrust: Implications for the Individual, Enterprises and Society*, 2010

[Riemer et al. 2010]
RIEMER, K. ; RICHTER, A. ; BÖHRINGER, M.: Enterprise Microblogging. In: *WIRTSCHAFTSINFORMATIK* 52 (2010), Nr. 6, S. 387–390

[Robert und Dennis 2005]
ROBERT, L. ; DENNIS, A.: Paradox of Richness: A Cognitive Model of Media Choice. In: *IEEE Transactions on Professional Communication* 48 (2005), Nr. 1, S. 10–21

[Robertson und Robertson 2006]
ROBERTSON, S. ; ROBERTSON, J.: *Mastering the Requirements Process*. 2. Auflage. Upper Saddle River, USA : Addison-Wesley Longman, 2006

[Roehm et al. 2012]
ROEHM, T. ; TIARKS, R. ; KOSCHKE, R. ; MAALEJ, W.: How do Professional Developers Comprehend Software? In: *Proceedings of the 34th International Conference on Software Engineering*, 2012, S. 255–265

[Sarma et al. 2012]
SARMA, A. ; REDMILES, D. F. ; VAN DER HOEK, A.: Palantír: Early Detection

of Development Conflicts Arising from Parallel Code Changes. In: *IEEE Transactions on Software Engineering* 38 (2012), Nr. 4, S. 889–908

[Schmidt et al. 2012]
SCHMIDT, C. T. ; SPOHRER, K. ; KUDE, T. ; HEINZL, A.: The Impact of Peer-Based Software Reviews on Team Performance: The Role of Feedback and Transactive Memory Systems. In: *Proceedings of the International Conference on Information Systems*, 2012

[Schmidt 2002]
SCHMIDT, K.: The Problem with 'Awareness': Introductory Remarks on 'Awareness in CSCW'. In: *Computer Supported Cooperative Work* 11 (2002), S. 285–298

[Schober 1993]
SCHOBER, M. F.: Spatial Perspective-Taking in Conversation. In: *Cognition* 47 (1993), Nr. 1, S. 1–24

[Schoberth und Heinzl 2001]
SCHOBERTH, T. ; HEINZL, A.: Virtual Communities as a Communication Instrument for Infomediaries: Typologies and Properties. In: *Proceedings of the 7th Americas Conference on Information Systems*, 2001

[Schoberth et al. 2003]
SCHOBERTH, T. ; PREECE, J. ; HEINZL, A.: Online Communities: A Longitudinal Analysis of Communication Activities. In: *Proceedings of the 36th Hawaii International Conference on System Sciences*, 2003

[Schwartz 2007]
SCHWARTZ, D. G.: Integrating Knowledge Transfer and Computer-Mediated Communication: Categorizing Barriers and Possible Response. In: *Knowledge Management Research & Practice* 5 (2007), Nr. 4, S. 249–259

[Schwartz und Te'eni 2000]
SCHWARTZ, D. G. ; TE'ENI, D.: Tying Knowledge to Action with kMail. In: *IEEE Intelligent Systems and their Applications* 15 (2000), Nr. 3, S. 33–39

[Schwarz et al. 2012]
SCHWARZ, A. ; SCHWARZ, C. ; JUNG, Y. ; PÉREZ, B. ; WILEY-PATTON,

S.: Towards an Understanding of Assimilation in Virtual Worlds: The 3C Approach. In: *European Journal of Information Systems* 21 (2012), Nr. 3, S. 303–320

[Seebach 2012]
SEEBACH, C.: Searching for Answers–Knowledge Exchange through Social Media in Organizations. In: *Proceedings of the 45th Hawaii International Conference on System Sciences*, 2012, S. 3908–3917

[Seebach et al. 2011]
SEEBACH, C. ; BECK, R. ; PAHLKE, I.: Situation Awareness Through Social Collaboration Platforms in Distributed Work Environments. In: *Proceedings of the International Conference on Information Systems*, 2011

[Serrano und Torres 2010]
SERRANO, N. ; TORRES, J. M.: Web 2.0 for Practitioners. In: *IEEE Software* 27 (2010), Nr. 3, S. 11–15

[Simon 1996]
SIMON, H. A.: *The Sciences of the Artificial.* 3. Auflage. Cambridge, USA : MIT Press, 1996

[Sinha et al. 2006]
SINHA, V. ; SENGUPTA, B. ; CHANDRA, S.: Enabling Collaboration in Distributed Requirements Management. In: *IEEE Software* 23 (2006), Nr. 5, S. 52–61

[Sjøberg et al. 2007]
SJØBERG, D. I. K. ; DYBÅ, T. ; JØRGENSEN, M.: The Future of Empirical Methods in Software Engineering Research. In: *Future of Software Engineering*, 2007, S. 358–378

[Smudde 2005]
SMUDDE, P.: Blogging Ethics and Public Relations: A Proactive and Dialogic Approach. In: *Public Relations Quarterly* 50 (2005), Nr. 3, S. 34–38

[Sommerville 2010]
SOMMERVILLE, I.: *Software Engineering.* 9. Auflage. Amsterdam, Niederlande : Addison-Wesley Longman, 2010

[Spanoudakis und Zisman 2004]
SPANOUDAKIS, G. ; ZISMAN, A.: Software Traceability: A Roadmap. In: *Handbook of Software Engineering and Knowledge Engineering.* River Edge, USA : World Scientific Publishing, 2004, S. 395–428

[Srinivasan und Te'eni 1995]
SRINIVASAN, A. ; TE'ENI, D.: Modeling as Constrained Problem Solving: An Empirical Study of the Data Modeling Process. In: *Management Science* 41 (1995), Nr. 3, S. 419–434

[Stocker und Mayer 2012]
STOCKER, A. ; MAYER, H.: Unternehmen und soziale Medien – wie passt das zusammen? In: *Elektotechnik und Informationstechnik* 129 (2012), Nr. 2, S. 72–75

[Stocker und Müller 2011]
STOCKER, A. ; MÜLLER, J.: Microblogging als Baustein im IT-gestützten Wissensmanagement von Siemens BT. In: *HMD – Praxis der Wirtschaftsinformatik* 48 (2011), Nr. 277, S. 38–50

[Storey et al. 2010]
STOREY, M.-A. ; TREUDE, C. ; VAN DEURSEN, A. ; CHENG, L.-T.: The Impact of Social Media on Software Engineering Practices and Tools. In: *Proceedings of the FSE/SDP Workshop on Future of Software Engineering Research,* 2010, S. 359–364

[Storey et al. 2005]
STOREY, M.-A. ; ČUBRANIĆ, D. ; GERMAN, D. M.: On the Use of Visualization to Support Awareness of Human Activities in Software Development: A Survey and a Framework. In: *Proceedings of the 2005 ACM Symposium on Software Visualization,* 2005, S. 193–202

[Sum et al. 2008]
SUM, S. ; MATHEWS, M. R. ; POURGHASEM, M. ; HUGHES, I.: Internet Technology and Social Capital: How the Internet Affects Senior's Social Capital and Wellbeing. In: *Journal of Computer-Mediated Communication* 14 (2008), Nr. 1, S. 202–220

[Te'eni et al. 2001]
TE'ENI, D. ; SAGIE, A. ; SCHWARTZ, D. G. ; ZAIDMAN, N. ; AMICHAI-HAMBURGER, Y.: The Process of Organizational Communication: A Model and Field Study. In: *IEEE Transactions on Professional Communication* 44 (2001), Nr. 1, S. 6–20

[Te'eni 1992]
TE'ENI, D.: Analysis and Design of Process Feedback in Information Systems: Old and New Wine in New Bottles. In: *Accounting, Management and Information Technologies* 2 (1992), Nr. 1, S. 1–18

[Te'eni 2001]
TE'ENI, D.: Review: A Cognitive-Affective Model of Organizational Communication for Designing IT. In: *MIS Quarterly* 25 (2001), Nr. 2, S. 251–312

[Te'eni 2006]
TE'ENI, D.: The Language-Action Perspective as a Basis for Communication Support Systems: Developing a Framework for Effective Design Principles. In: *Communications of the ACM* 49 (2006), Nr. 5, S. 65–70

[Te'eni 2011]
TE'ENI, D.: Thinking About Designing for Talking: Communication Support Systems. In: CARUGATI, A. (Hrsg.) ; ROSSIGNOLI, C. (Hrsg.): *Emerging Themes in Information Systems and Organization Studies.* Heidelberg, Deutschland : Physica-Verlag, 2011, S. 33–43

[Treude und Storey 2012]
TREUDE, C. ; STOREY, M.-A.: Work Item Tagging: Communicating Concerns in Collaborative Software Development. In: *IEEE Transactions on Software Engineering* 38 (2012), Nr. 1, S. 19–34

[Tyre und von Hippel 1997]
TYRE, M. J. ; VON HIPPEL, E.: The Situated Nature of Adaptive Learning in Organizations. In: *Organization Science* 8 (1997), Nr. 1, S. 71–83

[Uitz 2012]
UITZ, I.: Social Media – Is It Worth the Trouble? In: *Journal of Internet Social Networking & Virtual Communities* (2012)

[Uusitalo et al. 2008]
UUSITALO, E. J. ; KOMSSI, M. ; KAUPPINEN, M. ; DAVIS, A. M.: Linking Requirements and Testing in Practice. In: *International Conference on Requirements Engineering*, 2008, S. 265–270

[Vaast und Davidson 2008]
VAAST, E. ; DAVIDSON, E.: New Actors and New Media in Technology Discourse: An Investigation of Tech Blogging. In: *Proceedings of the International Conference on Information Systems*, 2008

[van der Heijden 2004]
VAN DER HEIJDEN, H.: User Acceptance of Hedonic Information Systems. In: *MIS Quarterly* 28 (2004), Nr. 4, S. 695–704

[Vanderhaeghen et al. 2010]
VANDERHAEGHEN, D. ; FETTKE, D. ; PETER, L.: Organisations- und Technologieoptionen des Geschäftsprozessmanagements aus der Perspektive des Web 2.0. In: *WIRTSCHAFTSINFORMATIK* 52 (2010), Nr. 1, S. 17–32

[Vlaar et al. 2008]
VLAAR, P. W. L. ; FENEMA, P. C. ; TIWARI, V.: Cocreating Understanding and Value in Distributed Work: How Members of Onsite and Offshore Vendor Teams Give, Make, Demand, and Break Sense. In: *MIS Quarterly* 32 (2008), Nr. 2, S. 227–255

[Walls et al. 1992]
WALLS, J. G. ; WIDMEYER, G. R. ; EL SAWY, O. A.: Building an Information System Design Theory for Vigilant EIS. In: *Information Systems Research* 3 (1992), Nr. 1, S. 36–59

[Watkins und Neal 1994]
WATKINS, R. ; NEAL, M.: Why and How of Requirements Tracing. In: *IEEE Software* 11 (1994), Nr. 4, S. 104–106

[Watson-Manheim und Bélanger 2007]
WATSON-MANHEIM, M. B. ; BÉLANGER, F.: Communication Media Repertoires: Dealing with the Multiplicity of Media Choices. In: *MIS Quarterly* 31 (2007), Nr. 2, S. 267–293

[Wegner 1995]
WEGNER, D. M.: A Computer Network Model of Human Transactive Memory. In: *Social Cognition* 13 (1995), Nr. 3, S. 319–339

[Wegner et al. 1985]
WEGNER, D. M. ; GUILIANO, T. ; HERTEL, P. T.: Cognitive Interdependence in Close Relationships. In: ICKES, W. (Hrsg.): *Compatible and Incompatible Relationships.* New York, USA : Springer, 1985, S. 253–276

[Whitehead 2007]
WHITEHEAD, J.: Collaboration in Software Engineering: A Roadmap. In: *Future of Software Engineering*, 2007, S. 214–225

[Winkler et al. 2008]
WINKLER, J. K. ; DIBBERN, J. ; HEINZL, A.: The Impact of Cultural Differences in Offshore Outsourcing – Case Study Results from German-Indian Application Development Projects. In: *Information Systems Frontiers* 10 (2008), Nr. 2, S. 243–258

[Yang und Jiang 2007]
YANG, Z. ; JIANG, M.: Using Eclipse as a Tool-Integration Platform for Software Development. In: *IEEE Software* 24 (2007), Nr. 2, S. 87–89

[Ye et al. 2012]
YE, Q. ; FANG, B. ; HE, W. ; HSIEH, J. P.-A.: Can Social Capital be Transfered Cross the Boundary of the Real and Virtual Worlds? An Empirical Investigation of Twitter. In: *Journal of Electronic Commerce Research* 13 (2012), Nr. 2, S. 145–156

[Yetim 2009]
YETIM, F.: From Communicative Action Theory to Socio-Technical Artifacts: Presentation of Three System Prototypes. In: BECKER, J. (Hrsg.) ; KRCMAR, H. (Hrsg.) ; NIEHAVES, B. (Hrsg.): *Wissenschaftstheorie und gestaltungsorientierte Wirtschaftsinformatik.* Heidelberg, Deutschland : Physica-Verlag, 2009, S. 23–42

[Yin 2008]
YIN, R. K.: *Case Study Research: Design and Methods.* 4. Auflage. Thousand Oaks, USA : Sage Publications, 2008

[Zhang et al. 2010a]
ZHANG, J. ; QU, Y. ; CODY, J. ; WU, Y.: A Case Study of Micro-blogging in the Enterprise: Use, Value, and Related Issues. In: *Proceedings of the 28th International Conference on Human Factors in Computing Systems*, 2010

[Zhang et al. 2010b]
ZHANG, J. ; QU, Y. ; HANSEN, D.: Modeling User Acceptance of Internal Microblogging at Work. In: *Proceedings of the CHI 2010 Workshop on Microblogging*, 2010

[Zhao und Rosson 2009]
ZHAO, D. ; ROSSON, M. B.: How and Why People Twitter: The Role that Micro-blogging Plays in Informal Communication at Work. In: *Proceedings of the ACM 2009 International Conference on Supporting Group Work*, 2009, S. 243–252

ENTSCHEIDUNGSUNTERSTÜTZUNG FÜR ÖKONOMISCHE PROBLEME

Herausgegeben von Christian Becker, Wolfgang Gaul, Armin Heinzl, Alexander Mädche und Martin Schader

Band 1 Ingo Böckenholt: Mehrdimensionale Skalierung qualitativer Daten. Ein Instrument zur Unterstützung von Marketingentscheidungen. 1989.

Band 2 Jürgen Joseph: Arbeitswissenschaftliche Aspekte der betrieblichen Einführung neuer Technologien am Beispiel von Computer Aided Design (CAD). Felduntersuchung zur Ermittlung arbeitswissenschaftlicher Empfehlungen für die Einführung neuer Technologien. 1990.

Band 3 Eva Schönfelder: Entwicklung eines Verfahrens zur Bewertung von Schichtsystemen nach arbeitswissenschaftlichen Kriterien. 1992.

Band 4 Michael Bargl: Akzeptanz und Effizienz computergestützter Dispositionssysteme in der Transportwirtschaft. Empirische Studien zur Implementierungsforschung von Entscheidungsunterstützungssystemen am Beispiel computergestützter Tourenplanungssysteme. 1994.

Band 5 Reinhold Decker: Analyse und Simulation des Kaufverhaltens auf Konsumgütermärkten. Konzeption eines modell- und wissensorientierten Systems zur Auswertung von Paneldaten. 1994.

Band 6 Wolfgang Gaul / Martin Schader (Hrsg.): Wissensbasierte Marketing-Datenanalyse. Das WIMDAS-Projekt. 1994.

Band 7 Daniel Baier: Konzipierung und Realisierung einer Unterstützung des kombinierten Einsatzes von Methoden bei der Positionierungsanalyse. 1994.

Band 8 Ulrich Lutz: Preispolitik im internationalen Marketing und westeuropäische Integration. 1994.

Band 9 Kirsten Petersen: Design eines Courseware-Entwicklungssystems für den computerunterstützten universitären Unterricht. CULLIS-Teilprojekt I. 1996.

Band 10 Stefan Neumann: Einsatz von Interactive Video im computerunterstützten universitären Unterricht. CULLIS Teilprojekt II. 1996.

Band 11 Eberhard Aust: Simultane Conjointanalyse, Benefitsegmentierung, Produktlinien- und Preisgestaltung. 1996.

Band 12 Peter Heydebreck: Technologische Verflechtung. Ein Instrument zum Erreichen von Produkt- und Prozeßinnovationserfolg. 1996.

Band 13 Michael Pesch: Effiziente Verkaufsplanung im Investitionsgütermarketing. 1997.

Band 14 Frank Wartenberg: Entscheidungsunterstützung im persönlichen Verkauf. 1997.

Band 15 Thomas Lechler: Erfolgsfaktoren des Projektmanagements. 1997.

Band 16 Alexandre Saad: Anbahnung und Erfolg von europäischen kooperativen F&E-Projekten. Eine empirische Analyse anhand von ESPRIT-Projekten. 1998.

Band 17 Michael Löffler: Integrierte Preisoptimierung. 1999.

Band 18 Frank Säuberlich: KDD und Data Mining als Hilfsmittel zur Entscheidungsunterstützung. 2000.

INFORMATIONSTECHNOLOGIE UND ÖKONOMIE

(Neuer Reihentitel ab Band 19)

Band 19 Rainer Kiel: Dialog-gesteuerte Regelsysteme. Definition, Eigenschaften und Anwendungen. 2001.

Band 20 Axel Korthaus: Komponentenbasierte Entwicklung computergestützter betrieblicher Informationssysteme. 2001.

Band 21 Markus Aleksy: Entwicklung einer komponentenbasierten Architektur zur Implementierung paralleler Anwendungen mittels CORBA. Mit Beispielen aus den Wirtschaftswissenschaften. 2003.

Band 22 Michael Zapf: Flexible Kundeninteraktionsprozesse im Communication Center. 2003.

Band 23 Yvonne Staack: Kundenbindung im eBusiness. Eine kausalanalytische Untersuchung der Determinanten, Dimensionen und Verhaltenskonsequenzen der Kundenbindung im Online-Shopping und Online-Brokerage. 2004.

Band 24 Lars Schmidt-Thieme: Assoziationsregel-Algorithmen für Daten mit komplexer Strutkur. Mit Anwendungen im Web Mining. 2003.

Band 25 Stefan Hocke: Flexibilitätsmanagement in der Logistik. Systemtheoretische Fundierung und Simulation logistischer Gestaltungsparameter. 2004.

Band 26 Viktor Jung: Markteintrittsgestaltung neugegründeter Unternehmen. Situationsspezifische und erfolgsbezogene Analyse. 2004.

Band 27 Lars Brehm: Postimplementierungsphase von ERP-Systemen in Unternehmen. Organisatorische Gestaltung und kritische Erfolgsfaktoren. 2004.

Band 28 Ralf Gitzel: Model-Driven Software Development Using a Metamodel-Based Extension Mechanism for UML. 2006.

Band 29 Bernd Stauß: Optimale Gestaltung von Auswahlmenüs und deren Verwendung im Variantenmanagement. 2006.

Band 30 Nils Schumacher: EDI via XML. Potentiale und Strategien für global orientierte kleine und mittlere Unternehmen. 2007.

Band 31 Christian Cuske: Quantifizierung operationeller Technologierisiken bei Kreditinstituten. Eine Ontologie-zentrierte Vorgehensweise im Spannungsfeld bankinterner und aufsichtsrechtlicher Sichtweise. 2007.

Band 32 Matthias Merz: Konzeptioneller Entwurf und prototypische Implementierung einer Sicherheitsarchitektur für die Java Data Objects-Spezifikation. 2008.

Band 33 Tobias Hildenbrand: Improving Traceability in Distributed Collaborative Software Development. A Design Science Approach. 2008.

Band 34 Karen H. L. Tso-Sutter: Towards Metadata-Aware Algorithms for Recommender Systems. 2010.

Band 35 Thomas Schoberth: Eine Längsschnittstudie der Kommunikationsaktivität in virtuellen Gemeinschaften. 2010.

Band 36 Nima Mazloumi: Entwurf eines Referenzmodells und Frameworks zur Erstellung hybrider Lehr- und Lernszenarien. Mit Fallbeispielen aus der Betriebswirtschaftslehre und der Wirtschaftsinformatik. 2010.

Band 37 Anja Zöller: Effizienzanalyse grundlegender Gestaltungsgrößen der OP-Organisation. 2010.

Band 38 Jessica Katharina Winkler: International Entry Mode Choices of Software Firms. An Analysis of Product-Specific Determinants. 2009.

Band 39 Martin J. Lafleur: *Loyalty Profiling.* Erfolgsdimensionen und Modellansätze eines effizienten und effektiven Customer Relationship Management. 2010.

Band 40 Ingo Ott: Effizientes Prozessmanagement im öffentlichen Dienst. 2010.

Band 41 Stefan Seedorf: Ontologie-gestützte Entwicklung komponentenbasierter Anwendungssysteme. Ein wissensbasiertes Informationssystem zur Unterstützung der Entwicklung und Wartung von Geschäftskomponenten (KompIS). 2010.

Band 42 Dominic Gastes: Erhebungsprozesse und Konsistenzanforderungen im Analytic Hierarchy Process (AHP). 2011.

Band 43 *erscheint in Kürze*

Band 44 Olaf Thiele: Informationsvisualisierungen auf mobilen Endgeräten zur Unterstützung des betrieblichen Datenmanagements. 2011.

Band 45 Krisztian Antal Buza: Fusion Methods for Time-Series Classification. 2011.

Band 46 Thomas Kude: The Coordination of Inter-Organizational Networks in the Enterprise Software Industry. The Perspective of Complementors. 2012.

Band 47 Alexandra Rebecca Klages: Clusteranalyse für Netzwerke. 2012.

Band 48 Christian Thum: Enabling Lightweight Real-time Collaboration. 2012.

Band 49 Miroslav Lazic: The Impact of Information Technology Governance on Business Performance. 2013.

Band 50 Verena Elisabeth Majuntke: Application Coordination in Pervasive Systems. 2013.

Band 51 Lars Klimpke: Konzeption und Realisierung eines integrierten Mikroblog-basierten Kommunikationsansatzes für die verteilte Softwareentwicklung. 2013.

www.peterlang.de

FSC
www.fsc.org
MIX
Papier | Fördert
gute Waldnutzung
FSC® C083411

Kolibri 360 GmbH
Ferdinand-Jühlke-Straße 7
99095 Erfurt, Deutschland
produktsicherheit@kolibri360.de